동물해방 대 인간존중

동물해방 대 인간존중

문성학 지음

머리말

　동물윤리학자인 피터 싱어(P. Singer)는 인간이 동물을 다루는 전통적인 방식에 대해 근본적인 의문을 제기하였다. 그는 인간과 동물 사이에는 근본적인 질적 차이가 존재하지 않는다는 찰스 다윈(C. Darwin)의 진화론적 관점과 쾌락은 선이고 고통은 악이라는 고전적 공리주의의 관점을 결합하여, 자본주의적 공장식 축산으로 말미암아 대량화되고 있는 고통으로부터 동물들을 해방시켜야 한다는 '동물해방론'을 주장하고 있다. 그의 동물해방론이 기폭제가 되어 톰 리건(T. Regan)은 '삶의 주체'로서 동물에게도 삶에 대한 권리가 있다는 '동물권리론'을 주장하기에 이르렀다. 이들의 주장이 참이라면, 인류는 동물들을 대함에 있어서 지금까지 유지해온 관행들을 대대적으로 수정하거나 포기하지 않으면 안 될 것이다. 첫째로, 전 세계적으로 행해지는 수많은 동물실험들이 대부분 중지되어야 할 것이다. 둘째로, 당연한 귀결이지만 싼값에 다량의 고기를 생산하기 위해 도입된 공장식 축산업도 폐지되어야 할 것이다. 셋째로, 자라나는 후세들을 위한 학습장으로 활용되고 있는 수많은 기존의 동물원들도 문을 닫아야 할 것이다. 동물들을 좁은 공간에 가두어놓고 사물을 전시하듯이 사람들에게 보여주는 기존의 동물원들은 동물들에게 적지 않은 고통을 주기 때문이다, 넷째로, 동물들 특히 쾌고감수능력을 가진 동물들을 식용으로 하는 육식문화가 윤리적으로 금지되어야 할 것이다. 즉 윤리적 채식주의를 받아들여야 한다. 다섯째로, 서커스, 사냥, 투견, 투우, 낚시같이 동물들을 상대로 하는 오락이 금지되어야 한다. 여섯째로, 동물들을 고통스럽게 도축하여 모피를 얻는 모피산업도 문을 닫도록 해야 한다. 이 모든 귀결들은 우리 삶에 엄청난 변화를 몰고 올 것들이다. 그러나 싱어를 위시한 동물윤리학자들은 자신들의 주장과 그 주장에서 필연적으로 요구되는 현실적인 변화들을 정당화하면서 '가장자리경우논증'이라는 논증에 전적으로 의지하고 있다. 그러므로 과연 가장자리경우논증이 타당한 논증인가 하는 것이 대단히 중요한 문제로 부각된다. 그런데 이 논증의 타당성 여부는 결국 '인간이란 무엇인가?' 하는 근본적인 철학적 인간학의 물음에 어떻게 답하느냐에 달려 있다. 이런 관점에서 본다면, 이 책에서 필자가 논의하는 모든 문제는 '인간이란 무엇인가' 하는 근본적인 철학적 물음과 연결되어 있다. 필자는 동물윤리학자들이 가장자리경우논증을 구성하면서 전제하고 있는 인간관은 잘못된 것이라고 생각한다. 이에 대해서는 이 책의 본문에서 상세히 밝히겠지만, 필자는 칸트주의적 인간관과 인격의 개념에 근거하여 가장자리경우논증이 잘못된 논증임을 밝히고 있다. 만약 가장자리경우논증이 잘못된 논증임이 밝혀졌다면, 그 논증에 의거하고 있는 동물윤리학의 입지는 매우 위태롭다는 것이 필자의 생각이다.

피터 싱어가 우리 시대를 대표하는 철학자 중의 한 사람이라는 점은 의심의 여지가 없어 보인다. 더구나 그는 세상을 바꾸고 있는 사상가라는 점에서 각별한 주목을 받고 있다. 형이상학으로서의 철학의 죽음이 선언된 이후, 철학은 세계관의 제공자라는 자신의 역할을 상실하게 된다. 철학이 자신의 새로운 역할에 대해 암중모색하고 있는 상황에서 안락사, 동물복지, 세계적 빈곤, 효율적 기부 등등의 실천철학적인 이슈들을 갖고 철학의 역할을 새롭게 재정립하고 있는 그의 성과를 절대로 과소평가해서는 안 될 것이다. 특히 동물복지에 대한 사람들의 관심을 제고시키고 효율적 기부운동을 확산시킨 것은 그의 커다란 업적일 것이다. 그럼에도 불구하고 그가 동물들의 복지를 외치는 이면에서, 독일철학자 칸트에 의해 세속적으로 정당화된 후 서양문화의 전통이 된 인간존엄사상을 철저하게 부정하고 또 유아살해를 정당화하는 비인간적인 주장을 펼치고 있다는 것 또한 부정할 수 없다.

싱어에 대한 필자의 감정과 평가는 참으로 이중적이다. 한편으로는 자신의 이론적 주장과 삶을 일치시켜 가는 그의 모습을 존중하지만, 다른 한편으로는 자신의 동물해방론을 관철시키기 위해 몇 주되지 않은 태아보다 다 자란 붕어가 더 존중되어야 한다는 비상식적인 주장을 펼칠 때, 말로 형언하기 곤란한 불편함을 경험하게 된다. 왜 싱어는 한편으로는 가난한 자들, 고통받는 동물, 다 자란 새우나 붕어들의 지지자이자 친구이면서, 다른 한편으로는 중증의 치매노인과 신생아들의 적이 되었는가? 필자는 피터 싱어의 동물해방론이나 그의 채식주의에 대해 열광하는 추종자들이 싱어 사상의 밝은 면만 보고 어두운 측면은 애써 외면하는 것을 이해할 수가 없었다.

필자는 이 책에서 싱어의 이론이 보여주는 기이한 이중성의 근본 이유를 밝혔다고 생각하는데, 필자가 보기에 그것은 이익평등고려원칙과 가장자리경우논증의 결합 때문이다. 그 결합을 통해 '종차별주의의 오류'라는 새로운 오류가 만들어졌다. 필자는 이익평등고려원칙이 동물에 비해 인간의 이익을 평등하게 고려해주지 못하고 있고, 가장자리경우논증도 논증으로서 전혀 정당하지 못한 논증이며, 종차별주의의 오류도 성립할 수 없다고 생각한다.

비록 싱어가 동물해방론을 정당화시키는 논리에 결함이 있다고 하더라도, 필자는 현재의 공장식 축산의 문제점에 대한 그의 지적에는 우리가 경청해야 할 점이 있다고 생각한다. 필자는 이 책을 통해 독자들이 피터 싱어를 균형 잡힌 시각에서 볼 수 있는 기회를 가질 수 있기를 바란다.

복현동 연구실에서
저자 씀

목 차

　피터 싱어는 한편으로는 가난한 자와 동물들의 옹호자이다. 가난한 자를 돕는 것과 동물들의 복지를 고려하는 것이 윤리적 의무임을 역설한다. 이는 싱어 사상의 밝은 면이다. 그러나 다른 한편으로는 식물인간, 중증의 치매노인, 태아 그리고 신생아와 같은 인간—동물 윤리학자들의 용어로는 '가장자리 인간'—들의 생명권에 대해서는 비우호적이다. 이는 그의 사상의 어두운 면이다. 자기 입장의 밝은 면과 어두운 면을 정당화할 때, 그는 공리주의자로서 '이익평등고려원칙'을 사용한다. 그러나 우리가 싱어 사상의 어두운 면, 즉 열 살 된 붕어의 생명권이 태아의 생명권보다 소중하다는 주장을 접할 때, 사람들은 붕어는 물고기이고 태아는 인간 종의 구성원임을 내세워 싱어를 비판한다. 이때 싱어는 인간이 동물보다 더 중시되어야 할 하등의 이유가 없음을 논증하기 위해 '가장자리경우논증'을 전가보도(傳家寶刀)처럼 휘둘러댄다.

　공리주의자로서 싱어의 실천 윤리사상을 관통하는 원리는 이익평등고려원칙이다. 그리고 이 원칙을 적용하면서 인간의 잠재능력과 동물의 잠재능력의 차이를 무시하게 만드는 논증이 가장자리경우논증이다. 그의 이익평등고려원칙은 인간과 동물의 잠재적 이익의 차이를 전혀 고려하지 않고 있다. 그 차이를 고려하지 않는 것은 결정적인 잘못임에도 불구하고, 싱어는 그 차이를 인정하자는 반대자들의 요구를 '가장자리경우논증'으로 물리칠 수 있다고 생각한다. 그리고 그 차이를 끝까지 주장하는 사람들에게 '종차별주의자'라는 딱지를 붙인다. 그러나 필자는 이익평등고려원칙은 실천윤리학의 모든 문제들을 풀 수 있는 마스터키의 역할을 할 수 없다고 생각하며, 가장자리경우논증에 의지하여 동물해방론이나 동물권리론 혹은 채식주의를 주장하는 것은 실천철학계의 스캔들이라고 생각한다. 싱어는 자신의 주장을 효율적으로 공박한 어떤 학자도 만나지 못했다고 말하면서 자신의 이론이 옳다는 사실에 대한 강한 확신을 표현했다. 필자는 이 책에서 그의 이런 확신이 얼마나 터무니없는가를 보여줄 것이다. 독자들의 이해를 돕기 위해 이하에서는 각 장들에서 필자가 주장하는 바의 핵심을 요약해두고자 한다.

제1장에서 필자는 싱어 실천윤리학의 핵심원칙인 이익평등고려원칙의 문제점을 철저하게 해부한다. 피터 싱어는 쾌고감수능력이 있는 동물들을 가혹하게 다루면서, 쾌고감수능력이 없는 가장자리 인간들의 생명을 그들이 단지 인간이라는 생물 종의 구성원이라는 이유 하나만으로 신성시하는 것은 종차별주의라고 비판했다. 그의 이런 비판의 배후에는 이익평등고려원칙에 대한 확고한 신념이 있다. 필자

는 이 장에서 이익평등고려원칙을 세 가지 측면에서 비판하고 있다. 첫째로, 이익평등고려원칙은 우리의 직관적인 도덕적 진리와 상충한다. 둘째로, 그 원칙은 동물과 비교해서 인간의 이익을 평등하게 고려하지 못하고 있다. 셋째로, 싱어는 이익평등고려원칙에 근거한 자신의 동물해방론이 인간의 지위를 낮추는 것이 아니라 동물의 지위를 높이는 것이라고 주장하는데, 이 역시 잘못이다.

제2장에서 필자는 피터 싱어의 인간 개념에서 발견되는 몇 가지 이론적인 모순점들을 보여줄 것이다. 싱어는 인간을 한편으로는 자연에 종속된 존재로 간주하면서 다른 한편으로는 초월적인 존재로 간주한다. 이것이 그의 인간개념의 첫 번째 비일관성이다. 그의 두 번째 비일관성은 이성의 능력에 대한 그의 입장과 관련되어 있다. 그는 이성의 능력이 진화의 산물이라고 믿으면서 동시에 이성능력은 진화의 맹목성에 저항할 수 있는 능력이라고 믿기도 한다. 세 번째로, 인간의 도덕능력에 대한 평가에 있어서도 그는 모순적인 태도를 노출하고 있다. 이 세 가지 모순들을 고려한다면, 싱어는 인간과 동물 간에는 질적인 차이가 없다는 자신의 주장을 증명하지 못했다는 사실이 분명해진다. 싱어의 이론이 대중들의 호응을 얻고 있음에도 불구하고, 그의 동물해방론의 이론적 기초가 꽤나 허약하다. 그렇지만 필자가 싱어 이론의 약점을 드러내는 이유는 인간이 동물을 무자비하게 다루는 과거의 관행으로 되돌아가기 위함이 아니라, 동물복지라는 미명하에서 인간의 존엄성을 파괴하는 것이 잘못임을 보이기 위함이다.

제3장에서 우리는 싱어의 채식주의를 비판적으로 다룬다. 싱어는 공리주의에 입각하여 이익평등고려원칙을 만들고, 그 원칙에 근거하여 종차별주의를 공격한다. 그리고 육식을 종차별적 행위의 전형적

사례라고 비판한다. 그러므로 우리가 종차별주의의 잘못을 범하지 않으려면 채식을 하는 것은 불가피하다. 그는 윤리적 차원에서 채식주의를 주장하며, 또 일체의 동물성 음식을 멀리하는 완전채식주의를 실천에 옮겨야 함을 역설한다. 그런데 공리주의는 쾌락총량극대화의 관점에서, 쾌고를 담고 있는 그릇에 불과한 자의식이 없는 동물들을 대체 가능한 존재로 보게 된다. 이리하여 동물들은 자의식이 없는 대체 가능한 동물과 자의식적인 대체 불가능한 동물로 나누어진다. 그러나 싱어는 대체 가능한 동물들을 인간이 자비롭게 도축해먹으면서 다른 대체 동물들을 행복하게 사육하면 이론적으로 육식이 가능하게 된다는 결론에 빠져들게 된다. 그는 이런 식으로 자신의 생각을 전개해 나가는 과정에서, 그가 그토록 비난해 마지않았던 종차별주의적 사고방식을 보여준다. 자의식 여부를 기준으로 어떤 동물들은 죽이는 것이 허용되지만 어떤 동물들은 허용되지 않는다는 것은 종차별주의적 사유이기 때문이다. 이는 무엇을 말해주는가? 윤리적 완전채식주의를 공리주의적으로 정당화하려는 싱어의 시도는 실패했다는 것이다.

제4장에서 필자는 가장자리경우논증의 문제점을 폭로한다. 이 장은 최근의 동물윤리학계의 아킬레스건을 건드리는 연구가 될 것이다. 최근 우리 사회에서도 동물의 복지나 권리를 옹호하는 서양 철학자들의 논의가 많이 소개되고 있다. 예컨대 피터 싱어의 '동물해방론', 톰 리건의 동물권리론, 제임스 레이첼즈의 도덕적 개체주의가 그것이다. 흥미 있는 사실은 이들 모두가 자신들의 입장을 정당화하기 위해 공통의 논증방식을 사용하고 있는데, 다름 아닌 '가장자리경우논증'이라고 불리는 논증이다. 이 논증은 동물에 대한 인간의

도덕적 지위를 결정함에 있어서 정상으로부터 심각하게 벗어난 인간들을 이용하여 동물들의 지위를 높이는 논증방식을 말한다. 싱어, 리건 그리고 레이첼즈가 전가의 보도처럼 휘두르는 가장자리경우논증이 허술한 논증임이 밝혀진다면, 그 논증에 의지하고 있는 동물해방론, 동물권리론 그리고 도덕적 개체주의도 붕괴될 것이다. 필자는 이 장에서 첫째로, 싱어, 리건, 레이첼즈가 가장자리경우논증을 사용하여 자신들의 주장을 펼치는 구체적인 논의 맥락들을 검토할 것이다. 둘째로, 가장자리경우논증을 비판적으로 분석할 것이다. 그리하여 가장자리경우논증을 이용하여 '종'들 간의 차이를 부정하려는 시도는 실패했음을 보일 것이다. 셋째로, '종' 개념의 복권을 통해 가장자리 인간들의 도덕적 지위를 새롭게 복원하는 방법을 타진해볼 것이다.

제5장에서 필자는 이 장에서 피터 싱어의 동물 해방론이 의지하고 있는 이익평등고려원칙이 환경윤리에 대해 갖는 부정적 함축을 집중적으로 부각시키고자 한다. 첫째로, 필자가 보기에 싱어의 이 원칙은 종 복원 사업이나 종 보존사업을 불가능하게 만든다. 이미 멸종했거나 지금 멸종위기에 처해 있는 특정의 육식동물의 종을 보존하는 것은 그 동물들로 인하여 잡아먹힐 초식동물들의 이익이 침해되기 때문이다. 그 결과 그 원칙을 철저하게 밀고나갈 때, 그 원칙은 쾌고감수능력을 가진 개체의 이익에 지나치게 집착하는 나머지 생태계의 조화와 균형을 무시하게 된다. 둘째로, 이익평등고려원칙은 초기 태아 상태에서의 동물 종의 구분을 무의미하게 만든다. 포유류들은 초기 태아 상태에서는 모두 신경계가 발달하지 않고 기관 분화도 충분히 이루어지지 않아서 고통을 잘 느끼지 못한다는 점에

서 똑같다. 이익평등고려원칙에 의하면, 이 상태에서는 개의 태아를 죽이건 침팬지의 태아를 죽이건 인간의 태아를 죽이건 그들이 받을 고통의 양은 똑같다. 그러나 우리가 개와 침팬지와 인간 태아가 갖고 있는 잠재성을 고려한다면, 인간의 태아를 죽이는 것이 훨씬 비도덕적임을 즉각적으로 알 수 있다. 셋째로, 싱어의 주장대로라면 식물뿐만이 아니라 바다의 플랑크톤이나 수많은 종류의 박테리아들은 쾌고감수능력이 없기에 '이익'을 가질 수 없다. 그런데 이런 것들을 모두 제거해버려도 종차별주의의 잘못을 범하게 되지 않는다. 그러나 우리가 싱어의 이익평등고려원칙에 따라 행동함으로써 종차별주의의 잘못을 범하지 않았다 하더라도, 우리는 더 커다란 문제점에 봉착하게 된다. 생태계를 복원할 수 없을 정도로 파괴하게 된다. 싱어의 그 원칙은 생태계의 유기적 통합성에 대한 인식의 부재를 보여준다. 넷째로, 부국이나 부자가 빈국이나 빈자에게 원조를 반드시 행해야 할 의무가 있다고 생각하는 싱어의 입장을 고통받는 동물에 적용하면, 우리는 그 동물들의 고통을 줄여주어야 한다는 결론에 도달한다. 우리가 싱어의 이런 주장을 따라가게 되면 도달하게 되는 결론은, 우리는 동물해방론자가 되든지 아니면 동물살해자가 되든지 둘 중의 하나이다. 그러나 이는 불합리하다. 이상의 네 가지 문제점은 결국 피터 싱어가 잘못된 윤리관을 갖고 있기 때문이다. 우리가 어떤 행위를 할 때 도덕적 차원에서 고려해야 할 많은 요인들이 있는데, 고통은 그중의 하나일 뿐이다. 그러나 싱어는 고통을 고려해야 할 전부라고 생각한다. 바로 그 때문에 벤담과 마찬가지로 불구아나 병든 아기를 살해하는 것을 정당화하게 되고, 바로 그 때문에 그는 독일의 장애인협회로부터 독일 입국을 거부당했던 것이다.

제1장

피터 싱어의 이익
평등고려원칙 비판

피터 싱어는 우리 시대를 대표하는 철학자 중의 한 사람이다. 통상 철학자들의 사상이나 이론이 학계 바깥으로 나와 세상을 변화시키는 경우는 드문데, 싱어는 동물들도 도덕적 고려의 대상이 되어야 한다는 주장을 펼치면서 동물에 대한 인간의 태도를 변화시키고 있다.[1] 그는 단순히 책상머리 학자가 아니라, 자신의 생각과 주장을 실천하고 여러 저술들을 통해 대중들에게 확산시키는 운동가이기도 하다. 말하자면 이론과 실천을 겸비한 인물이다. 싱어의 책, 『동물해방』은 고통받는 동물들에 대해 사람들이 갖고 있던 연민의 들판에 던져진 불씨 역할을 했다. 동물을 다루는 인간의 비인간적 방식에 커다란 경종을 울렸다. 그렇지만 그의 동물해방론은 동물들을 인도적으로 대접해주고 배려해 주면서 키운 뒤, 덜 고통스럽게 도축해서 먹으라는 수준의 주장이 아니다. 그는 그보다 훨씬 더 강력한 주장을 하고 있다. 육식은 비윤리적인 식습관이기에 우리 모두는 채식주의자가 되어야 한다는 것이다.[2] 그는 지금까지 인류를 지배해 온

---

1) 싱어 이전에도 이미 백 년 전에 헨리 솔트(Henry Salt)는 "모든 동물은 혈연관계에 있다"고 하면서 동물을 인간과 동등하게 고려하기를 제안했다(캐서린 그랜트 지음, 『동물권, 인간의 이기심은 어디까지인가?』, 황성원 옮김, 서울: 도서출판 이후, 2012, 28쪽 참조).

2) P. Singer, *Animal Liberation* (second edition, New York, A New York Review Book, 1990), 159쪽 이하 참조.

음식문화에 반기를 든 셈이다. 그에 의하면 육식은 종차별주의(speciesism)가 음식문화로 표현된 것이다. 종차별주의란 다른 동물들의 이익, 즉 고통을 피하고 행복을 누리고 싶어 하는 욕구를 그들이 단지 인간이 아니라는 이유로 전혀 고려하지 않고 차별하는 것을 지칭하기 위해 최근에 만들어진 용어이다.[3] 그는 동물해방의 명분으로 우리에게 '육식이냐 채식이냐'의 양자택일을 강요하고 있는 셈이다.

유아살해, 낙태, 안락사에 대해서는 찬성하는 그는 육식주의와 동물실험에 대해서는 비판적 입장을 보이면서 생명윤리 전반에 걸쳐 거침없이 전통적 입장에 도전하고 있다. 그는 한편으로는 새로운 도덕의 사도로 간주되어 열렬한 지지를 받으면서 적지 않은 추종자들을 거느리고 있지만, 다른 한편 다수의 사람들로부터 반인륜적 사상가로 배척받고 있다.[4] 그의 도발적 주장의 배후에는 '이익평등고려원칙'에 대한 확고한 신념이 자리 잡고 있다. 그러나 필자는 이 논문에서 생명윤리 전반에 걸친 모든 것을 그 원칙에다 매달아 놓기에는 이 원칙이 너무 약한 밧줄임을 보여 주고자 한다. 김성한은 이익평등고려원칙이 생명윤리 분야의 제반 문제들을 해결하려 할 때 "궁극적인 선택의 기준으로서 자격을 갖추고 있음"[5]을 주장한다. 그러나 필자는 그 원칙이 그런 자격을 갖추고 있지 못할 뿐만 아니라, 생명

---

3) 싱어는 이 용어를 대중들에게 널리 알린 사람이지만, 정작 이 용어를 만든 사람은 리처드 라이더(Richard Ryder)이다. 그는 동물실험이 비윤리적이라고 확신하게 된 뒤로 실험을 중단하였다(J. Rachels, *Created from Animals ; The Moral Implications of Darwinism*, Oxford, Oxford University Press, 1990, 181쪽 참조).

4) D. Jamieson (ed.), *Singer and his Critics* (Oxford, Blackwell Publishers Ltd, 1999), 10-11쪽 참조.

5) 김성한, 「피터 싱어의 윤리체계의 일관성」(새한철학회 논문집, 『철학논총』 제70집, 2012) 230쪽.

윤리의 문제들을 포함한 윤리적 문제들을 해결하려 할 때 사용해서는 안 되는 잘못된 원칙이요, 시급히 폐기처분해야 하는 원칙이라고 생각한다. 필자는 '이익평등고려원칙(the principle of equal consideration of interests)'을 세 가지로 나누어 비판적으로 분석할 것이다. 첫째로, 이익평등고려원칙은 우리의 직관적인 도덕적 진리를 부정한다. 둘째로, 그 원칙은 동물과 비교해서 인간의 이익을 평등하게 고려하지 못하고 있다. 셋째로, 싱어는 자신의 동물해방론이 인간의 지위를 낮추는 것이 아니라 동물의 지위를 높이는 것이라고 주장하는데, 이 역시 잘못이다. 필자는 이익평등고려원칙에 대해 비판하기에 앞서 그 원칙이 어떤 것인지 먼저 살펴볼 것이다.

I. '이익평등고려원칙'에서 '이익'과 '평등'의 개념

싱어의 동물해방론을 받쳐주고 있는 근본원리는 그가 '이익평등고려원칙'으로 부르는 것이다.

> 이익평등고려원칙의 핵심은, 우리가 도덕적 사고를 할 때 우리의 행위에 의해 영향을 받는 모든 사람들의 유사한 이익들을 똑같이 중시한다는 것이다. 이 말은 다음을 의미한다. 만약 어떤 있을 수 있는 행위로 말미암아 X와 Y 두 사람만이 영향을 받는다면, 그리고 이때 X가 잃게 될 것이 Y가 얻게 될 것보다 더 많은 처지에 있다면 그 행위를 하지 말아야 한다는 것이다. ... (중략) ... 이 원칙이 실제로 도달하는 것은 '이익은 그것이 누구의 이익이든지 간에 이익이다'라는 것이다.6)

약간은 추상적으로 설명된 듯한 느낌이 드는 이 구절에서 필자가 주목하는 것은, 이익평등고려원칙에 대한 이런 설명에서는 동물의 이익이 거론되지 않고 있다는 것이다. "우리의 행위에 의해 영향을 받는 모든 **사람들의 유사한 이익**들에 대하여 동등한 비중을" 두는 것이 이익평등고려원칙의 본질이라고 말한다. 그러나 쾌락은 선이고 고통은 악이라는 공리주의의 입장에 서 있는 그에게 있어서 '이익'이란 것은 쾌고감수능력이 있는 모든 유정적 존재가 가질 수 있는 것이기에, 자연스럽게 동물들도 이익을 갖게 된다. 이런 점에서 본다면, 앞서 인용된 구절에서 고딕체로 강조된 부분은 '인간을 포함한 동물들의 유사한 이익'으로 바뀌어야 할 것이다. 어쨌건 이익평등 고려의 원칙에 대해 앞서 언급된 다소간 추상적인 설명을 통해 싱어가 말하고자 하는 핵심은 간단하다. **살아 있는 모든 동물은 평등하게 고려되어야 할 '이익'을 갖고 있는데, 그 이익이란 즐거움을 누리고 고통을 받지 않을 이익이다.**

> 고통을 당하거나 즐거움을 느낄 수 있는 능력을 가져야 한다는 것은 **이익을 갖기 위한 전제조건**이며, 이익을 의미 있는 방식으로 언급할 수 있으려면 먼저 충족시켜야 하는 조건이다. 학생이 돌을 차서 돌맹이가 길을 따라 굴러갔는데 이는 돌의 이익을 고려하지 않은 것이라고 말한다면, 이는 무의미한 소리가 될 것이다. 돌은 고통을 당하는 능력을 갖고 있지 않기에 돌은 이익을 갖지 않는다. ... (중략) ... 쥐는 차일 경우 고통을 느낄 것이기 때문에 쥐는 차여서 길에 굴러다니지 않을 이익을 가지고 있다.[7]

싱어는 쾌락은 선이고 고통은 악이라는 공리주의의 신봉자로서

---

6) P. Singer, *Practical Ethics*, (Cambridge, Cambridge University Press, 1979), 19쪽.

7) P. Singer, *Animal Liberation*, 7-8쪽. 강조는 싱어에 의함.

벤담의 영향을 강하게 받았다. 벤담은 인간과 동물의 차별을 정당화하기 위해 제시되는 기준들을 검토하면서 다음처럼 말한다.

> 그 이외에 무엇이 넘을 수 없는 경계선을 그어주는가? 그것은 이성 능력인가? 혹은 아마도 담화능력인가? 그러나 다 자란 말이나 개는 태어난 지 하루나 일주일 혹은 한 달 된 아기보다도 비교할 수 없을 정도로 한층 더 이성적이고 대화도 잘한다. 그러나 사정이 이와 다르다고 가정하더라도, 무슨 문제가 있겠는가? 문제는 그들에게 **이성**이 있는지, 또는 **대화능력**이 있는지가 아니다. 문제는 그들이 **고통을 느낄 수 있는가**이다.[8]

위 인용문에서 벤담이 주장하고자 하는 것은 ① 인간과 동물 간에는 이성능력이나 대화능력에서 질적인 차이가 없으며, ② 설령 차이가 있다 하더라도 그것이 동물에 대한 차별적 대우를 정당화시켜 주지 못하며, ③ 동물들에게 쾌고감수능력이 있는 한, 인간의 고통만 문제시하고 동물들의 고통을 문제시하지 않는 방식의 차별은 정당화되지 못한다는 것이다. 싱어의 동물해방론은 벤담의 이런 생각을 확장하고 정교하게 만든 결과물로 보인다. 피터 싱어는 본질적으로 벤담의 주장과 동일한 주장을 다음처럼 말한다.

> 만약 어떤 존재가 고통을 느낀다면, 그 고통을 고려하지 않는 것은 도덕적으로 정당화될 수 없다. 그 존재가 무엇이건 평등의 원리는 그 존재의 고통이 다른 존재의 동일한 고통과 동등하게—거칠게나마 비교가 이루어질 수 있는 한—계산될 것을 요구한다. 만약 어떤 존재가 고통을 감수하거나 즐거움이나 행복을 경험할 능력이 없다면, 고려되어야 할 것은 아무것도 없다. 그래서 쾌고감

---

8) J. Bentham, *The Principles of Morals and Legislation*, (New York, Prometheus Books, 1988), 311쪽. 강조는 벤담에 의함.

수능력의 경계(the limit of sentience)는 … (중략) … 다른 존재들의 이익에 관심을 가질지의 여부를 결정짓는 경계이며, 우리가 방어할 수 있는 유일한 경계이다. 지능이나 합리성 등과 같은 다른 특징으로 경계를 긋는 것은 임의적으로 경계선을 긋는 것이 되겠다. 왜 피부색과 같은 다른 특징을 경계로 채택하지 말아야 하는가?[9]

지금까지 우리는 이익평등고려원칙에서 '이익'이 무엇인지 살펴보았다. 이하에서는 평등의 개념에 대한 싱어의 설명을 살펴보고 문제점을 지적하고자 한다. 싱어는 다음처럼 말한다.

평등에 관한 주장은 지능, 도덕적 능력, 체력 혹은 이와 유사한 사실의 문제에 의존하지 않는다는 점을 분명히 밝혀둘 필요가 있다. 평등은 도덕적 이념(moral idea)이지 사실에 관한 주장(assertion of fact)은 아니다. 능력에 있어서 두 사람 사이의 사실적인 차이는 우리가 그들의 필요와 이익에 대해 그들에게 베푸는 배려의 총량의 차이를 정당화한다는 것을 받아들이도록 강요하는 어떠한 논리적인 이유도 존재하지 않는다. **인간 평등의 원리는 인간들 사이에 있는 것으로 추정되는 실제적 평등에 대한 기술이 아니다. 그것은 우리가 인간을 어떻게 대우해야 할 것인가 하는 것에 대한 규정이다.[10]**

이 인용문은 과연 평등의 이유를 충분히 설명해 주고 있는가? 싱어는 "평등은 도덕적 이념이다"라고 말한다. 평등이 이념이라면, 왜 그는 식물에 대해서도 평등하게 대해야 하며, 무생물에 대해서도 평등해야 한다고 말하지 않는가? 무생물이나 식물은 쾌고감수능력이 없으며, 이익을 갖지 않기 때문이라고 말한다. 이 말을 뒤집어 본다면, 인간이나 동물은 똑같이 고통을 회피하고 즐거움을 추구하는 성

---

9) P. Singer, *Animal Liberation*, 8-9쪽.
10) P. Singer, *Animal Liberation*, 4-5쪽. 강조는 싱어에 의함.

향을 갖고 있으며, 이 점에서는 인간이나 동물이나 동등하다는 것이다. 이런 **실제적 동등성**에도 불구하고 동물들의 고통은 전혀 고려되지 않고 있다는 것이 현실에 대한 싱어의 진단이다. 그리고 이 현실에 대한 분개로부터 동물들의 고통도 도덕적으로 고려되는 세상으로 바뀌어야 한다는 이념이 만들어지고, 이 이념에 도달하려는 사회적 운동이 생겨났다. 이렇게 본다면 평등의 원칙이 모든 인간이 공유하고 있는 어떤 실제적인 평등에 근거하고 있지 않다는 주장은 잘못이다. 인종차별이든 성차별이든 아니면 종차별이든 모든 종류의 차별이 잘못된 것이 되기 위해서는, 그런 차별을 정당화시키는 데 사용된 차이들보다 더 중요한 본질적이고 실제적인 동등성이 있어야 한다. 예컨대 남자와 여자는 생리적인 문제에 있어서 실제적으로 동등하지 않기 때문에, 여자에게는 생리휴가를 주는 것이 남자에 대한 차별이 아니다. 남자들은 그것을 여자들에 대한 특혜라고 말하지 않는다. 그러나 여자에게는 선거권을 주고 남자에게는 주지 않는다면, 그것은 성차별이 될 것이다. 이런 성차별이 잘못된 이유는 단순히 양성평등이 도덕적 이념이기 때문은 아니다. 남녀 간에 가로놓여 있는 수많은 차이에도 불구하고 남자나 여자나 **자유로운 도덕적 행위주체로서 인격체라는 점에서 실제적이고 본질적인 동등성을 갖고 있기에** 잘못된 것이다. 인종차별이 잘못된 이유도 마찬가지이다. 흑인이나 백인이나 황인종이나 모든 인간은 **도덕적 행위주체로서 인격체라는 점**에서 실제적이고 본질적인 동등성을 갖고 있으며, 바로 이 동등성에 있어서 인간은 동물과 다르다고 생각해 왔다. 동등하게 대접받기를 요구할 수 있는 근거가 되는 실제적이고 본질적인 동등성이 없으면, 동등하게 고려되기를 요구할 수가 없다. 성차별주의를 분쇄하려는 여성해방운동은 '성차별이 없는 사회의 구현'이라는 이념을 추구한다. 그러나 당연한 말이지만, 남녀 간의 실제적이고 본질적인 동등성에 기초하지 않았다면 성차별 철폐운동은 실패했을 것이다. 마찬가지로 실제적이고 본질적인 동등성에 기초하지 않았다면 인종차별 철폐운동도 실패했을 것이다. 싱어가 종차별주의를 비판할 때도 그는 암암리에 동물과 인간이 공유하는 실제적인 동등성을 인정하고 있다. 싱어의 동물해방론의 열렬한 지지자인 최훈은 다음처럼 말한다.

> 성차별주의나 인종차별주의가 나쁜 까닭은 성별과 인종 간에 지적 능력이 똑같아서가 아니다. 인간이라면 지적 능력에 상관없이 누구나 가지고 있는 보편적인 본성을 침해하는 일이기 때문에 나쁜 것이다. 뭐라고요? 보편적 본성이라고요? 그렇다. 인간의 보편적 본성 때문이다. 보편적 본성이라니 사뭇 거창하게 느껴지겠지만, 알고 보면 그리 대단한 용어도 아니다.[11]

그는 '인간의 보편적 본성'이란 용어를 다음처럼 설명한다.

> 인간이라면 누구나 지적 능력과 상관없이 자율성과 자존감을 가지고 있고, 가족들과 단란하게 살고 싶어 하며, 주변 사람들과 자유롭게 교류하고 싶어 하고, 배곯지 않고 편안한 잠자리를 원하며, 다른 사람들의 괴롭힘을 싫어하고 고통을 피하려 하며, 무엇인가를 알고 싶어 하는 본성이 있다.[12]

최훈이 '인간의 보편적 본성'이란 말로 표현하고 있는 것이 결국은 인간들 간의 실제적 동등성인 셈이다. 이 동등성은 인종이 다르

---

11) 최훈, 『철학자의 식탁에서 고기가 사라진 이유』(고양: 사월의 책, 2012), 101쪽.
12) 최훈, 『철학자의 식탁에서 고기가 사라진 이유』, 101쪽.

고 성별이 달라도 똑같다. 최훈의 이 말은 다음과 같은 싱어의 말을 떠올리게 한다.

> 우리가 앞서 살펴보았듯이, 평등의 원칙은 모든 사람이 공유하는 어떤 실제적인 평등에 기초하고 있지 않다는 것이다. 나는 평등의 원칙을 방어해주는 유일한 기초는 이익평등 고려의 원칙임을 논증했다. 그리고 나는 인간의 가장 중요한 이익들, 예컨대 고통을 피하고 자신의 능력을 계발하고, 음식과 거주에 대한 기본적인 욕구를 만족시키고, 온정적인 개인적 인간관계를 즐기고, 간섭을 받음이 없이 개인적인 계획을 자유롭게 추구하는 것 등등의 것들이 지능의 차이에 의해 영향 받지 않는다고 제시했다.[13]

그렇다면 종차별주의를 비난하는 싱어나 최훈의 입장에서 볼 때, 인간과 동물 사이에는 차별을 비난하는 근거가 되는 실제적이고 본질적인 동등성이 있어야 할 것이다. 다시 말하자면, 수많은 차이에도 불구하고 남성과 여성의 인간적 본성—도덕적 행위주체라는 사실—이 동일하며, 흑인과 백인의 인간적 본성이 동일하듯이, 동물과 인간의 차별을 비난하는 근거가 되는 실제적 동일성이 있어야 할 것이다. 당연히 싱어는 쾌고감수능력이 양자 사이의 실제적이고 본질적인 동일성이라고 할 것이다. 이런 점에서 본다면 평등은 단순히 하나의 이념이 아니다. 평등에 대한 요구는 실제적이고 본질적인 동일성에 기초해 있지 않으면 안 된다. 싱어 자신도 인간이나 동물이나 쾌고감수능력을 갖고 있다는 실제적 동일성에 기초해서 그 양자가 평등하게 대우받아야 한다는 평등의 이념을 제시하고 있다. 문제는 과연 인간과 동물 양자가 쾌고감수능력을 공유하고 있다는 사실

---

13) P. Singer, *Practical Ethics*, 27쪽.

이 그 양자가 평등하게 대우받기를 요구할 수 있게 해주는 필요충분한 이유가 될 수 있는가, 하는 것이다. 누군가가 인간과 동물이 동등하게 대접받아야 한다고 주장하는 근거로 인간과 동물은 공히 먹고 배설하고 생식한다는 사실을 든다면, 이는 설득력이 없는 주장일 것이다. 그런 기능들은 인간과 동물이 공유하는 **본질적인** 동일성이 아니기 때문이다. 그러면 쾌고감수능력은 어떤가? 동물이나 인간이 공히 쾌고감수능력을 갖고 있다는 사실이 동물과 인간 사이에서 발견되는 차이들을 무시하는 것을 정당화시켜 줄 정도로 동물과 인간 양자의 본질적인 측면인가? 싱어는 '그렇다'고 생각하지만, 필자는 '그렇지 않다'고 생각한다. 필자는 인간은 도덕적 행위주체이고 동물은 그렇지 않다는 것이 동물과 인간의 본질적인 차이이며, 인간과 동물 양자가 쾌고감수능력을 공통으로 갖고 있다는 사실이 이 본질적인 차이를 무의미하게 만들 수 있다고 생각하지 않는다. 필자는 '그렇지 않다'고 생각하는 이유를 이하에서 개진할 것이다.

Ⅱ. 이익평등고려원칙과 '상식의 도덕' 간의 대립

싱어의 이익평등고려원칙이 우리의 도덕적 상식과 동떨어진 결론에 도달하게 됨을 살펴보기 위해, 우리는 그가 그 원칙으로써 종차별주의를 어떻게 공격하는지 살펴볼 필요가 있다. 이익평등고려원칙의 관점에서 보면 종차별주의는 변명의 여지없이 잘못된 것이다. 싱어는 종차별주의가 잘못임을 보다 설득력 있게 설명하기 위해 인종차별주의와 성차별주의가 잘못임을 먼저 설명한다.[14]

흑인에 대한 백인들의 우월 의식은 백인종 우월주의로 표현되었으며, 급기야 인종차별주의로 나타났다. 차별을 정당화하는 기준은 피부색이었다. 흑인뿐만 아니라 아시아계 유색인들도 차별을 받았다. 그러다가 백인종 우월주의자조차도 피부색을 핑계 삼아 차별을

---

14) 코헨에 의하면, 동물해방론자들은 종차별주의가 비도덕적이라고 생각하는데, 이는 그들이 종차별주의를 인종차별주의와 성차별주의와 잘못 동일시하기 때문이다. 그는 이러한 동일시가 타당하지 못하고 끔찍스러우며 완전히 허울만 그럴듯하며 도덕적으로 모욕적이라고 생각한다(H. LaFollette and N. Shanks, *Brute Science: Dilemmas of Animal Experimentation*, London, Routledge, 1996, 227쪽 참조). 코헨의 이런 입장에 대해, 라폴레떼와 생크스는 "의심의 여지 없이 종차별주의에 대한 비난이 인종차별주의와 성차별주의와의 비유에 근거해 있다는 것은 코헨이 옳다. 그러나 그가 그렇게 비교하는 것이 범주적으로 불법적이라고 주장하는 것은 잘못이다"라고 말한다(H. LaFollette and N. Shanks, *Brute Science*, 227쪽). 그러나 필자는 라폴레떼와 생크스가 틀렸고 코헨이 옳다고 생각한다. 그 이유를 이하에서 밝혀보겠다. 싱어가 인종차별주의와 성차별주의를 끌어들여 종차별주의를 비판하는 방식은 그 자체로 문제가 있다. 만약 우리가 열등한 인종과 성은 쾌고감수능력이 없으나 우등한 인종과 성은 쾌고감수능력이 있다고 생각하면서 인종차별과 성차별을 정당화해왔었는데, 그런 생각이 잘못임을 알게 되었고 그 결과 인종차별주의와 성차별주의가 사라지게 되었다고 하자. 그럼에도 불구하고 똑같은 쾌고감수능력을 갖고 있는 동물에 대해서 동물학대가 계속된다고 하자. 그렇다면 이는 인종차별과 성차별을 철폐하기 위해 사용된 논리가 동물학대를 없애기 위해 사용되지 않고 있기에, 이는 동일한 사태에 대해서는 동일한 원칙을 적용해야 한다는 원리를 위반하는 것이 될 것이다. 그러나 역사상 그 어떤 인종차별주의자나 성차별주의자도 쾌고감수능력의 유무에 의지하여 인종차별과 성차별을 정당화하려 하지는 않았다. 그들은 주로 지능의 좋고 나쁨이나 물리적 힘의 크기에 의지하여 다시 말해서 백인은 흑인보다 머리가 좋다거나 남자는 여자보다 머리도 좋고 힘도 세다는 사실에 의지하여 차별을 정당화하려 했었지만, 그들의 시도는 인종이나 성에 관계없이 모든 인간은 도덕적 행위주체인 인격체라는 점에서 예외 없이 동등하며 이 점에서 인종차별과 성차별은 잘못이라는 논리 앞에서 실패하게 되었다. 우리가 인종차별주의와 성차별주의가 잘못된 것임을 주장할 때 의지하는 논리는, 인종이 다르고 성이 다르다 하더라도 모든 인간은 같은 정도의 쾌고감수능력이나 합리성 혹은 지능지수를 갖고 있다는 논리가 아니다. 우리는 인종이 다르고 성이 다르다 하더라도 모든 인간은 동일한 자유의지의 소유자로서 '도덕적 행위주체'이며 인격체이기 때문에 인종차별주의와 성차별주의가 잘못된 것이라고 생각한다. 싱어는 인종차별, 성차별, 종차별의 경우 평등의 원리를 위배한다는 점에서 "이 모든 경우에 문제의 패턴 자체는 동일하다"고 주장한다. 그러나 우리가 방금 살펴보았듯이, 인종차별과 종차별은 패턴자체가 결코 동일하지 않다. 인종차별이나 성차별을 격파하는 논리로 종차별을 격파하려면, 동물이 자유의지의 소유자로서 도덕적 행위주체이며 인격체인 것이 먼저 증명되어야 한다. 엘리자베스 드 퐁트네(Elisabeth B. de Fontenay)도 인간이 갖고 있는 권리를 대형 유인원들에게도 확대하고자 하는 피터 싱어의 시도에 반대하면서 종차별주의를 인종차별주의나 성차별주의와 동일시하는 싱어의 입장에 반대하고 있다. "그분들은 종차별주의를 인종차별주의와 똑같은 것으로 간주하는데, 아시다시피 저는 그런 생각에 동의하지 않습니다"(피터 싱어, 엘리자베스 드 퐁트네 외, 『동물의 권리』, 유정민 옮김, 이숲, 2014, 115쪽). 이탈리아 철학자 파올라 카발리에리(Paola Cavalieri)와 피터 싱어는 인간 이외의 대형 유인원들에게도 생명유지의 권리와 신체보전의 권리, 자유와 평등의 권리를 주어야 한다고 생각하며, 이런 생각을 널리 확산시키기 위한 사회운동을 하고 있다. 이에 대해서는 P. Cavalieri와 P. Singer가 공동으로 편집한 *The Great Ape Project: Equality beyond Huamnity* (New York, St. Martin's Griffin, 1993)를 보라.

정당화하려는 것은 설득력이 없음을 인정하게 되면서, 인종차별주의를 정당화하기 위한 새로운 전략을 도입한다. 그래서 지능지수를 끌어들인다. 일반적으로 백인들이 흑인들에 비해 지능지수가 높기 때문에, 흑인에 대한 차별은 정당화된다는 것이다. 싱어는 흑인과 백인들을 상대로 지능지수 검사를 해보면 백인의 평균 지능지수는 100이고 흑인은 85 정도 나온다는 연구결과를 받아들인다. 그러면 이 차이가 유전적인 요인에 의한 것이냐 환경적 요인에 의한 것이냐 하는 것이 다시 문제가 된다. 싱어는 설령 그 차이가 유전적 요인에 의한 것이라 하더라도, 흑인에 대한 차별은 정당화될 수 없다고 주장한다. 그는 세 가지 이유를 제시한다. 첫째로, 흑인들의 유전적 열등성이 인정된다고 해도, 흑인 아동들이 집이나 학교에서 받는 환경적 불이익을 없애려는 우리의 노력은 더 강화되어야 한다. 둘째로, 백인들의 평균 지능지수가 흑인들의 그것보다 15점이 높다고 해도, 그것은 어디까지나 평균치이기에 개개인에게 적용될 수는 없다. 셋째로, 지능의 유전적 차이가 인종차별주의를 정당화시켜 주지 못함은, 그런 식의 차별은 "평등의 원칙이 모든 인간이 공유하고 있는 어떤 실제적인 평등에 근거하고 있지 않다는 단순한 사실"에 어긋나기 때문이다. 싱어는 이 세 가지 이유 중에서 이 세 번째가 인종차별주의를 거부하는 가장 기본적인 이유라고 말한다.[15] 싱어는 성차별

---

15) P. Singer, *Practical Ethics*, 25-28쪽 참조. 필자가 보기에 인종차별주의가 부당함을 설명하기 위해 싱어가 제시하는 세 가지 이유들 중에 첫 번째 이유에 도달하기 위해 꽤나 혼란스러운 논조를 보인다. 흑인들의 유전적 열등성이 과학적으로 입증되었다는 전제하에서는, 싱어가 두 번째 이유에서 말하고 있듯이 특정 백인보다 훨씬 더 지능지수가 높은 흑인이 있을 수 있겠지만, '일반적으로'—그러니까 얼마든지 예외를 허용하는 방식으로—흑인들에 대한 어느 정도의 차별이 정당화된다는 식으로 논의가 전개될 수밖에 없을 것이다. 그러나 싱어는 그렇게 전개되는 것을 어떻게든 막아보려고 매우 부자연스러운 논리를 편다. 그는 오히려 "만약 지능지수가 중요하다면, 흑인들은 출발점에서 불리한 입장을 보상받을 수 있도록 양호한 환경을 가져야 한다"(P. Singer, *Practical Ethics*, 27쪽)라고 말한다. 그러나 싱어는 바로 앞에서 "인정하

주의에 대해서도 인종차별주의에 대한 비판적 분석과 유사하게 전개한다.[16] 그리고 다음처럼 말한다.

> 인종차별주의자들은 그들 종족의 이익과 다른 인종의 이익이 충돌할 때, 자신이 속한 인종의 이익을 더 중시함으로써 평등의 원리를 위배한다. 성차별주의자들은 자신이 속한 성의 이익에 호의를 보임으로써 평등의 원리를 위배한다. 이와 유사하게 종차별주의자들은 자신이 속한 종의 이익이 다른 종의 더욱 커다란 이익을 무시하는 것을 허용한다. 각각의 경우에 패턴 자체는 동일하다.[17]

종차별주의에 대한 싱어의 반대는, 그가 인공유산을 반대하는 기독교 근본주의자들의 입장을 공격할 때 가장 분명하게 표현된다. 인간의 태아는 사고능력도 언어능력도 갖고 있지 않고 자의식적이지도 않지만, 단지 호모사피엔스라는 종의 유전적 특징을 갖고 있다는 이유로 그 생명이 신성한 것으로 간주된다. 그러나 다 자란 침팬지와 같은 고등동물은 인간의 태아보다 훨씬 더 똑똑하고 의사소통 능력이 있으며 자의식도 갖고 있으며 기쁨과 고통에 민감하게 반응함에도 불구하고, 그 생명이 전혀 가치 있게 취급되지 않는다. 싱어가

는 바이지만, 유전적 가설이 옳다면 이러한 노력(흑인들의 환경적 불이익을 제거하려는 노력: 필자 주)이 흑인과 백인이 동일한 지능지수를 갖게 되는 상태를 만들어내지 않을 것이다. 모든 환경적 불이익을 제거한 경우에조차도, 백인의 평균 지능지수는 흑인의 지능지수보다 대략 10점 정도 높을 것이다"(P. Singer, *Practical Ethics*, 26쪽)라고 말한다. 그는 흑인들에게 양호한 환경을 만들어주어야 한다고 했다가, 그런 환경을 만들어주어도 소용이 없다고 한다. 싱어가 종차별주의를 받아들일 수 없는 이유 중 가장 중요하다고 생각한 세 번째 이유는 평등의 원칙은 현실적 평등에 기초하고 있는 것이 아니라 당위적 이념에 기초하고 있기에 인종차별주의는 안 된다는 것이다. 필자는 평등이 단지 이념이기만 해서는 안 됨을, 그리고 싱어 자신도 동물과 인간의 이익 평등을 주장할 때, '쾌고감수능력의 동일성'에 의존하고 있음을 앞에서 지적하였다. 만약 식물도 고통과 기쁨을 느끼는 것이 과학적으로 입증된다면, 싱어의 주장대로라면 식물을 함부로 대하는 것도 종차별주의가 될 것이다.

16) P. Singer, *Practical Ethics*, 28쪽 이하 참조.

17) P. Singer, *Animal Liberation*, 9쪽.

보기에 이는 전형적인 종차별주의적 사고방식이요, 태도이다. 인간
의 생명은 신성하다는 전제하에서 태아의 낙태를 반대하면서, 다 자
란 침팬지를 동물실험의 이름으로 고통스럽게 죽이는 것이 종차별
주의임을 밝히기 위해 싱어는 '인간'이란 용어를 두 가지 방식으로
정의한다.

> '인간(human being)'이라는 말에 정확한 의미를 주는 것이 가능하
> 다. 우리는 그 말을 '호모사피엔스라는 종의 구성원'과 동등한 것
> 으로 사용할 수 있다. 어떤 존재가 호모사피엔스라는 종의 구성원
> 인가 아닌가는 과학적으로, 즉 살아 있는 유기체의 세포 속에 있
> 는 염색체의 성질을 검사함으로써 결정할 수 있다. … (중략) …
> 조셉 플레처(J. Fletcher)는 … (중략) … '인간(human)'이라는 말
> 의 또 다른 용법을 제안했다. 그는 '인간성의 표징(indicator of
> humanhood)'이라고 부르는 것들의 목록을 작성했다. 여기에는 자
> 기인식, 자기통제, 미래감, 과거감, 타인과 관계 맺는 능력, 타인에
> 대한 관심, 의사소통, 호기심이 포함되어 있다. … (중략) … 인간
> 이란 말이 갖고 있는 이 두 가지 의미는 겹치기는 하나 일치하지
> 는 않는다. 태아, 심하게 지체된 식물인간, 심지어는 갓 태어난 유
> 아, 이들 모두는 물론 호모사피엔스라는 종족의 구성원들이다. 그
> 러나 이들은 자기인식적이지도, 미래를 생각하지도, 타인과 관계
> 를 맺지도 않는다. … (중략) … 인간이란 말의 첫 번째 의미, 즉
> 생물학적 의미를 표시하기 위해 나는 번거롭지만 정확한 표현인
> '호모사피엔스라는 종족의 구성원'을 사용하겠다. 반면에 두 번째
> 의미를 표시하기 위해서는 '인격체(person)'라는 말을 사용할 것이다.[18]

싱어가 보기에 '인간의 생명은 존엄하다'라고 말할 때, '인간'은
인격체의 의미로 이해되어야 한다. 그렇다면 호모사피엔스라는 종족
의 구성원이 아니지만 인격체의 특성들을 고스란히 가지고 있는 성
체 침팬지 같은 고등동물들의 생명은 충분히 존중되어야 하고, 호모

---

18) P. Singer, *Practical Ethics*, 74-75쪽.

사피엔스라는 종족의 구성원이지만 인격체의 특성을 전혀 갖고 있지 못한 태아의 생명은 생각만큼 존엄한 것이 아니다. 싱어는 이익평등고려원칙에 기초하여 종차별주의를 일관되게 비판하면서 다음과 같은 괴상한 결론에 도달한다.

> 만약 우리가 3개월이 안 된 태아와 비교한다면, 물고기나 심지어
> 는 새우조차도 태아보다 더 많이 의식적인 징후를 보여줄 것이다.[19]

3개월 이전의 태아와 다 자란 새우의 생명 중에서 하나를 선택하기를 강요받는다면 어떻게 해야 하는가? 싱어가 혐오하는 종차별주의자가 되지 않으려면, 우리는 당연히 새우의 생명을 구해야 할 것이다. 그러나 이는 끔찍스러울 정도로 비상식적인 주장이다. 필자는 싱어에게 되묻고 싶다. 싱어의 아내가 3개월이 안 된 싱어의 아이를 임신해 있는 상태인데, 누군가가 싱어에게 다 자란 새우를 죽일 것인가, 수태된 지 3개월이 안 된 태아를 죽일 것인가, 하면서 양자택일을 강요한다면, 싱어는 자기 자식인 태아를 포기할 수 있겠느냐고 묻고 싶다. 혹자는, 지구상의 빈곤을 퇴치하기 위한 원조가 인간의 의무임을 역설하며 동물들의 고통을 덜어주기 위해 평생을 노력하고 있는 세계적인 실천윤리학자가 과연 그런 비상식적인 주장을 펼쳤겠는가, 하고 의심할지도 모르겠다. 그러나 실제로 싱어가 그런 비상식적인 주장을 자신의 저서 도처에서 펼치고 있음은 부정할 수 없는 사실이다. 이 점을 제미슨도 다음처럼 증언하고 있다.

---

19) P. Singer, *Practical Ethics*, 118쪽.

비록 우리가 다음과 같은 선택을 강요당할 일은 아마 없겠지만, 심각한 장애를 가진 유아를 죽이는 대신에 건강한 돼지를 죽임으로써 당신은 잘못된 일을 하고 있다는 것이며, 만약 당신이 초기의 낙태와 성체 암소를 죽이는 것 중에서 선택해야 한다면 당신은 아마 낙태를 택해야 할 것이라고 말함으로써 우리는 싱어의 견해가 갖는 특징을 분명히 드러낼 수 있다.[20]

싱어는 또다시 유아살해를 찬성하는 주장을 펼치면서 우리를 한 번 더 놀라게 만든다. 신생아는 인격체가 아니기에, "우리는 인격체를 죽이지 말아야 할 근거가 갓 태어난 영유아에게는 적용되지 않는다는 것을 알 수 있다"[21]라고 말하면서 유아살해를 정당화한 뒤, 자신의 입장을 강화하기 위해 다음처럼 말한다.

만약 이 같은 결론이 너무도 충격적이어서 진지하게 받아들이지 못하겠다면, 현재 우리들이 유아의 생명을 절대적으로 보호하는 것이 보편적인 윤리적 가치라기보다 명백히 유대-기독교적인 가치라는 것을 기억할 필요가 있다. 유아살해는 … (중략) … 다양한 사회에서 실행되어 왔다. 이러한 사회들 중의 어떤 사회에서는 유아살해가 단순히 허용되었을 뿐만 아니라, 어떤 상황에서는 도덕적 의무로 간주되었다.[22]

이익평등고려원칙에서 도출된 유아살해에 대한 자신의 입장이 정당함을 잘 이해시키기 위해 그는 우리에게 다음처럼 잔인한 권고를 한다.

이 문제(유아살해의 문제; 필자 주)를 생각함에 있어, 우리는 조그

---

20) D. Jamieson(ed.), *Singer and His Critics*, 10쪽.

21) P. Singer, *Practical Ethics*, 124쪽.

22) P. Singer, *Practical Ethics*, 125쪽. 유아살해가 과거에 전세계적으로 빈번히 행해졌다는 사실을 환기시키는 방식으로 유아살해를 정당화하는 싱어의 논리는 궁색하기 그지없어 보인다. 그런 논리로라면 수간이나 살인이나 전쟁도 정당화될 것이다.

많고 무력하고—때로는—귀여운 유아의 모습에 기반을 둔 감정은
도외시해야 한다.23)

  동물의 고통을 덜어주겠다고 시작한 동물해방론자가 유아살해를
공공연히 찬성하는 이런 모습이 과연 상식적으로 이해가 되는가? 학
문의 이름으로 이렇게 잔인한 주장을 할 수 있다는 것이 놀라울 따
름이다. 유아를 살해할 때, 조그맣고 무력하고 귀여운 유아의 모습
에 우리의 판단이 흔들리지 말기를 권하는 싱어의 이런 입장은 바로
유아의 그런 모습에서 '책임 이념의 근원(der Ursprungder Idee von
Verantwortung)'을 읽어내는 한스 요나스의 태도와는 완전히 다르다.24)
  싱어의 이익평등고려원칙을 적용하면 우리는 또 다른 비상식적인
도덕적 결론을 끄집어낼 수가 있다. 이익평등고려원칙은 죽은 사람
의 시신을 육식동물에게 먹이는 것을 정당화시킨다. 쾌고감수능력이
있는 생명체만이 이익을 가질 수 있고, 그런 생명체의 이익을 고려
할 때는 그 생명체가 속한 종을 전혀 고려해서는 안 되며, 개개 생명
체들의 현재적 특징만을 고려하여 그 생명체들의 이익을 극대화시
키는 것이 도덕적으로 옳은 일이라는 싱어의 논법대로라면, 우리는
죽은 사람의 시신을 육식동물들에게 먹이는 일도 허용해야 할 것이
다. 어차피 죽은 사람은 고통을 느낄 수 없으며, 죽은 자의 시신을
먹는 동물들은 식욕의 충족에 수반되는 기쁨을 느낄 것이기 때문이
다. 싱어식으로 생각한다면 죽은 사람의 시신을 육식동물에게 먹이
는 것은 여러모로 좋은 일이 될 것이다. 첫째로, 육식동물의 먹이인

---

23) P. Singer, *Practical Ethics*, 123쪽.

24) H. Jonas, *Das Prinzip der Verantwortung* (Frankfurt am Mein, Insel Verlag, 1984), 85쪽 참조.

초식동물의 고통을 덜어줄 수 있다. 둘째로, 육식동물들이 사냥의 고통을 당하지 않아서 좋다. 셋째로 인간들이 시신을 처리하는 데 비용을 덜어준다. 필자의 이런 주장에 대해 싱어는 이렇게 말할 것이다.

> 물론 죽은 사람은 고통을 느끼지 못한다. 그러나 그 유가족들은 자기 가족의 시신이 동물에게 먹히면 커다란 정신적 고통을 느낄 것이다. 바로 이 때문에 죽은 자의 시신을 육식동물에게 먹이지 말아야 한다.

그러나 필자는 싱어의 이런 답변에 대해 다음처럼 말해 주고 싶다.

> 싱어의 말대로 유가족들이 자신의 가족의 시신이 육식동물의 먹이가 된다면, 유가족들은 심적인 고통을 느낄 수 있다. 그렇지만 싱어의 논리대로라면 유가족들의 고통은 먹이 부족으로 고통스럽게 굶어 죽어가는 동물의 고통보다 더 크지 않을 것이다. 그리고 싱어의 입장에서는 그런 심적인 고통은 우리가 인간의 시신을 육식동물들에게 먹임으로써 이 지구상에 존재하는 생명체들 특히 동물들의 고통을 줄이고 복지를 증대시키기 위해 극복해야 할 불합리한 고통이라고 말해야 한다. 오히려 육식동물들에게 인간의 시신을 먹이로 삼게 만들면, 인간의 시신은 다른 살아 있는 초식동물들의 생명을 구하는 데 사용될 수 있을 것이기에 싱어는 기쁘게 생각해야 할 것이다. 설령 자기 가족의 시신을 동물이 먹을 경우 그 유가족의 심적 고통의 크기가 인간의 시신을 먹는 동물이 느끼는 기쁨의 크기보다 더 크기 때문에 육식동물에게 인간의 시신을 먹이로 주어서는 안 된다는 싱어의 주장이 옳다 하더라도, 그런 논리로는 가족이 없는 무연고 시신을 동물의 먹이로 주는 것을 방지하지는 못한다.

인간의 태아 대신에 새우의 생명을 구해야 하고, 유아살해는 도덕적으로 전혀 문제시될 것이 없으며, 인간의 시신을 동물의 먹이로 주어야 한다는 이런 결론은 너무나 비상식적이다. 정상적인 학자라면 자신의 사고를 이런 결론으로 이끌어간 그 원칙을 원점에서 재검토해보는 것이 옳을 법하나, 싱어는 전혀 그럴 기미를 보이지 않고 있다. 오히려 우리가 너무나 종차별주의적 사고에 익숙해 있어서 자신의 합리적인 주장이 비상식적으로 보인다고 말할 것이다. 그는 비판자들이 자신을 향해 '당신의 주장은 비상식적이다'라고 말하는 것에 전혀 개의치 않을 것이다. 그의 의도는 상식의 도덕을 옹호하는 것이 아니라 상식의 도덕을 전복하는 것이었기 때문이다. 싱어는 왜 이와 같이 동물에 대해서는 지독하리만치 편향적인 우호성을 보여주면서 인간에 대해서는 끔찍할 정도로 편향적인 적대성을 보여주게 되었는가? 우리는 그가 동물들의 고통을 고려하자는 평범하고도 인도적인 주장에서 출발해서 새우를 살리고 태아를 죽이자는 터무니없이 비상식적이고 반인간적인 결론으로 나아가게 된 이유는 무엇인지 살펴볼 필요가 있다. 필자는 그 이유는 생명체의 현재적 쾌고감수능력만을 중시하면서 생명체가 속한 종을 무시하는 잘못된 출발에 있다고 생각한다. 이하에서 이에 대해 자세히 살펴볼 것이다.

Ⅲ. 이익평등고려원칙은 과연 인간의 이익을 평등하게 고려하고 있는가?

싱어의 논법대로라면, 어떤 생명체가 인격체인가 아닌가를 결정함에 있어서 그 생명체가 생물학적으로 어느 종에 속하는가, 하는 것은 아무런 의미도 갖지 못하는 사항이 되어버린다. 싱어의 이익평등고려원칙에 의하면, 덜 의식적인 생명체보다는 더 의식적인 생명체가, 그리고 더 의식적인 생명체보다는 자기의식적인 생명체가 우선적으로 고려되어야 한다. 우리가 어떤 생명체의 생명의 경중을 정할 때, 이 원칙에 의하지 아니하고 그 생명체가 어느 종에 속하는가, 하는 것을 기준으로 하여 그 경중을 정하는 것은 단지 피부색이 희다는 이유 하나만으로 흑인종을 박해하는 백인 인종주의자가 잘못인 것과 마찬가지로 잘못이라는 것이다. 이런 식으로 논리를 전개시킨다면, 여섯 살 된 침팬지의 생명은 두 살 된 유아의 생명보다 더 우선적으로 고려되어야 한다거나 열 살 된 붕어의 생명은 갓 태어난 신생아의 생명보다 더 우선적으로 고려되어야 한다는 결론에 도달하게 된다. 그의 주장은 확실히 이익평등고려원칙에서 논리적-연역적으로 귀결된다. 그러나 그가 도달하는 결론은 우리가 직관적으로 믿고 있는 것과는 거리가 멀다. 우리가 보기에 싱어는 자기주장의 논리적 일관성을 위하여 건전한 상식을 희생시켜 버린 것처럼 보인다. 우리가 이렇게 말하면, 싱어는 다음처럼 말할 것이다.

> 나에 대한 당신의 비판은 나의 결론이 직관적 믿음이나 상식에 부합하지 않기에 내 주장이 틀렸다는 것이지만, 내가 주장하고자 하는 것은 당신이 무비판적으로 받아들이고 있는 직관적 믿음이나 상식이 틀렸다는 것이기 때문에, 그런 비판은 내 주장에 아무런 위협도 되지 않는다. 당신이 나를 올바로 비판하려면, 내 주장의 전제나, 그 전제로부터 전개되는 나의 논리과정에 어떤 잘못이 있는가를 지적해야 한다.

사실 직관적 믿음이라는 것은 그렇게 신뢰할 만한 것이 못 될 수도 있으므로, 우리가 싱어를 올바로 비판하려면 우리는 싱어의 전제에 숨어 있는 잘못을 지적하지 않으면 안 된다. 우리는 우선 싱어에게 여섯 살 된 침팬지와 여섯 살 된 아이를 비교하지 않고 갓 태어난 신생아와 비교하는 것은 잘못이 아닌가 하고 물어볼 수 있다. 갓 태어난 신생아는 여섯 살이 되면, 여섯 살 된 침팬지와는 비교할 수 없을 정도로 자기의식적이게 된다. 만약 우리가 호모사피엔스의 종족의 구성원으로서의 인간과, 침팬지나 붕어의 이익을 정말로 평등하게 고려하려면, 각각의 종에 속한 개체들이 **현재** 얼마나 인격적인가, 하는 것만이 아니라, 그 개체들이 **미래**에 얼마나 인격체로 성장할 것인가, 하는 것까지도 고려해야 할 것이다. 그런데 이 가능성을 고려해야 한다면, 우리는 그 개체들이 속해 있는 종을 중시하지 않으면 안 될 것이다. 왜냐하면 그 가능성은 그 개체가 속해 있는 생물학적 종이 무엇이냐에 따라 결정되는 것으로 보이기 때문이다. 싱어역시 이와 같은 반론을 예상하고 다음처럼 말한다.

> 내가 앞 절에서 제시한 논증에 대한 있을 법한 반론은, 나의 논증이 단지 태아의 현재적 특징만을 고려하고 있지 잠재적 특징을 고려하지는 않고 있다는 것이다. 어떤 임신중절 반대론자는 태아가 현실적 특성들에 의거하여 인간이 아닌 다른 동물과 비교될 경우 불리하다고 주장할 것이다. 그러나 우리가 태아가 갖고 있는 성숙한 인간 존재로 될 수 있는 잠재성을 고려할 때, 호모사피엔스라는 종족의 구성원이라는 점이 중요하게 되고, 태아는 어떤 닭, 돼지, 소보다도 훨씬 우월해진다.[25]

그러나 싱어는 조금 뒤에서 다음처럼 말함으로써 태아의 잠재적 우월성은 인정될 수 있다 하더라도 중요한 것이 아님을 주장한다.

---

25) P. Singer, *Practical Ethics*, 119쪽.

물론 호모사피엔스로서의 태아가 가지고 있는 잠재적인 합리성, 자기의식 등이 소나 돼지가 가지고 있는 잠재적인 합리성과 자기의식 등등보다 크다는 것은 사실이다. 그러나 그 사실로부터 태아가 더 강한 생명에의 권리를 가진다는 결론은 생겨나지 않는다. 일반적으로 잠재적인 X는 X가 갖는 모든 권리를 갖지 않는다. 찰스 황태자가 영국의 잠재적인 왕이지만, 그가 현재 왕의 권리를 갖고 있는 것은 아니다.[26]

우선 싱어는 예를 잘못 들고 있다. 싱어가 말하듯이 찰스 황태자는 영국의 잠재적인 왕이지만 현재 왕의 권리를 갖고 있는 것은 아니라는 말은 맞다. 그렇다고 찰스 황태자가 일반인의 권리만을 갖고 있는 것도 아니다. 그는 황태자로서 일반인들은 생각도 할 수 없는 권리를 갖고 있다. 그는 잠재적 왕이기 때문에 그런 권리를 가질 수 있는 것이다. 이는 마치 조선시대의 왕세자들이 잠재적 왕으로서 특별한 대접을 받았던 것과 흡사하다. 싱어가 앞선 인용문에서 말하는 방식으로 말한다면, 인간의 태아는 잠재적 인격체로서 성인인 인간이 갖고 있는 생명권에 준하는 생명권(잠재적 생명권)을 가져야 할 것이며, 그 권리는 성체 침팬지가 갖고 있는 현실적 생명권보다 더 중요할 수가 있다. 설령 싱어가 자신의 예를 바로잡아 찰스 황태자 대신에 대전에 살고 있는 평범한 초등학생을 예로 든다고 하자. 그렇게 해도 싱어는 결정적인 잘못을 범하게 된다. 대전의 모 초등학교에 다니는 어떤 학생은 미래의 한국 대통령이 될 수 있는 가능성을 갖고 있지만, 현재 한국의 대통령으로서의 권리를 갖는 것은 아니다. 그리고 그 아이는 미래에 대학자가 될 수 있는 가능성을 갖고 있지만, 현재 대학자로서 존경을 받지는 않는다. 왜냐하면, 그 아이

---

26) P. Singer, *Practical Ethics*, 120쪽.

는 대통령이 될 수도 있고 되지 않을 수도 있으며, 대학자가 될 수도 있고 되지 않을 수도 있기 때문이다. 시간의 흐름은 그 아이가 대통령 혹은 대학자가 된다는 사실을 보장해주지 못한다. 그러나 태아가 인격체로서의 인간이 될 수 있다는 가능성은 그 초등학생이 대통령이 될 수 있다는 가능성과는 다른 가능성이다. 전자의 가능성은 필연적인 가능성이지만 후자의 가능성은 우연적인 가능성이다. 만약 태아가 인격체로서의 인간이 될 수 있는 가능성이 우연적인 가능성이라면, 싱어의 주장은 타당하다. 그러니까 싱어는 태아의 잠재적 우월성을 중요하지 않은 것으로 간주할 때는 태아가 인격체로서의 인간이 될 수 있는 가능성을 우연적인 가능성으로 이해하고 있는 것이 된다. 그리고 바로 이 점에서 싱어는 결정적인 잘못을 범하고 있는 것이다. 그런데 싱어 자신도 그 가능성을 필연적인 가능성으로 이해하고 자신의 논리를 전개하고 있는 경우도 있기 때문에 그는 우연적 가능성과 필연적 가능성을 혼동하고 있는 듯이 보인다. 예컨대 그가 "그러나 우리가 태아가 갖고 있는 성숙한 인간 존재가 될 수 있는 잠재성을 고려할 때, 호모사피엔스라는 종족의 구성원이라는 점이 중요하게 되고, 태아는 어떤 닭, 돼지, 소보다도 훨씬 우월해진다"라고 말할 때, 그는 태아가 인격체로서의 인간이 될 수 있는 가능성을 필연적 가능성으로 이해하고 있다. 그렇게 이해하지 않았다면, 그래서 시간이 흘러도 태아가 인격체로서의 인간이 될 수도 있고 되지 않을 수도 있다면, 태아는 모든 소나 닭이나 돼지보다도 우월하다고 말할 수는 없었을 것이다.

싱어는 쾌고감수능력을 가진 생명체의 현재적 특성만을 인정하고 잠재적 특성을 집요하게 부정하려 한다. 그러나 생명체의 잠재성을 고려하지 않고서는 대화할 수 없는 경우가 허다하다. 예컨대 자손이 귀한 집의 어떤 여성이 천신만고 끝에 임신을 했는데, 싱어는 그 여성에게 '당신 배 속에 있는 태아의 이익을 다 자란 새우의 이익보다 적으며, 그 태아의 생명은 새우의 생명보다 중요하지 않다'라고 말할 수 있는가? 필자의 이런 비판성 질문에 대해 싱어는 이렇게 말할 것이다.

> 그 여성의 배 속에 있는 태아의 현재적인 이익은 다 자란 새우의 현재적 이익보다 적다. 그러나 임신을 열망하는 그 여성의 이익으로 말미암아 태아는 새우보다 중요하다.

그러면 여성이 자연유산을 하게 되었다고 가정해보자. 그 여성은 크게 낙심할 것이다. 그러면 왜 여성은 크게 낙심하는가? 기껏해야 다 자란 새우 정도의 가치밖에 없는 태아로 말미암아 그토록 낙심해야 할 이유는 무엇인가? 다음처럼 말하는 것이 상식적일 것이다.

> 그 태아는 정상적으로 출산되어 자라게 되면 가문의 대를 잇는 정상적인 성인 인격체가 될 것인데, 유산이 되어서 그게 불가능하게 되었기 때문이다.

결국 태아의 현재적 특성 때문이 아니라 태아가 갖고 있는 정상적인 인격체로 자라날 수 있는 잠재적 특성 때문에 크게 낙심한 것이다.

우리는 결론적으로 싱어의 이익평등고려원칙은, 그가 우연적 가능성과 필연적 가능성을 구분하지 않았기에, 호모사피엔스의 종족 구성원의 이익을 평등하게 고려하는 원칙이 될 수 없다고 말할 수 있다. 싱어를 추종하는 다수의 학자들도 싱어가 범하는 이런 오류,

즉 필연적 잠재성과 우연적 잠재성의 구분을 무시하는 오류까지 따라서 범하고 있다.

Ⅳ. 인간의 지위를 낮추지 않고 동물의 지위를 높인다?

싱어는 자신의 동물해방론이 인간의 지위를 낮추는 것이 아니라 동물의 지위를 높이는 것이라고 주장한다.[27] 그러나 인간 태아의 생명권이 다 자란 새우나 붕어의 생명권보다 약하다는 주장을 하면서, 어떻게 그것이 인간의 지위를 낮추지 않는 것이 되는지 필자는 도무지 이해할 수 없다. 싱어 지지자인 최훈은 '가장자리경우논증(argument from marginal case)'—최훈은 '가장자리 상황 논증'으로 번역하고 있다—을 이용하여, 동물해방론이 인간의 지위를 낮추는 것이 아니라 동물의 지위를 높이는 것이라는 싱어의 주장을 지지한다. 최훈은 다음처럼 말한다.

> 만약 동물이 인간이 갖는 배타적인 특성을 가지지 못하기 때문에 또는 합리적인 계약 당사자가 아니기 때문에 도덕적인 지위를 갖지 못한다면, 그런 점에서 동물과 구분할 수 없는 가장자리 인간도 도덕적 지위를 갖지 못하게 된다.[28]
>
> 가장자리 상황논증은 조심스럽게 받아들여야 한다. 이 논증은 가장사리 인간과 동물의 일관적 대우를 주장한다. 그런데 그 일관성을 요구하는 방식이 두 가지이다. 돔브로스키(Daniel Dombrowski)에 따르면, 현재 동물이 대우받는 것처럼 가장자리 인간도 대우하

---

27) P. Singer, *Practical Ethics*(1979), 68쪽 참조.
28) 최훈, 『동물을 위한 윤리학』(고양: 사월의 책, 2015), 94쪽.

자는 '부정적 입장'과 현재 가장자리 인간이 대우받는 것처럼 동물도 대우하자는 '긍정적 입장'이 가능하다.[29]

최훈이나 싱어의 입장에서 보면 이 부정적 입장은 가장자리 인간들의 지위를 동물 수준으로 낮추는 것이 되지만, 긍정적 입장은 동물들의 지위를 현재의 가장자리 인간의 지위로 높이는 것이 될 것인데, 그들은 자신들의 입장이 부정적인 것이 아니라 긍정적인 것이기에, 자신들의 논의는 인간의 지위를 낮추는 것이 아니라 동물의 지위를 높이는 것이 된다고 주장할 것이다.

레이첼즈 역시 가장자리경우논증을 지지하면서 다음처럼 말한다.

> 인간이 이성적인 자율적 행위자라는 사실은 인간에 대한 우리들의 처우와 인간 아닌 동물들에 대한 우리들의 처우 사이에서 발견되는 모든 범위의 차이를 정당화해 주지 않는다. ... (중략) ... 운이 좋지 않은 약간의 사람들—두뇌 손상으로 말미암아—은 이성적인 행위자가 아니다. 우리는 그들에 대해 뭐라고 말해야 하는가? 우리가 지금 고찰 중인 입장에 의하면, 자연스러운 결론은 그들의 지위는 단순한 동물의 지위라는 것이다. 그리고 아마도 우리는 그들도 인간이 아닌 동물들이 그렇게 사용되듯이 실험대상이나 음식으로 사용될 수 있다고 결론 내려야 할 것이다.[30]

싱어나 레이첼즈는 "우리는 그들(심각한 정신지체인)도 인간이 아닌 동물들이 그렇게 사용되듯이 실험대상이나 음식으로 사용될 수 있다고 결론 내려야 할 것"이라고 점잖게 말하고 있지만, 듣기에 따라서 그 말은 "가장자리 인간을 살리고 싶으면, 성체 포유류 동물들을 먹지 마라! 그렇게 하지 않으면, 우리는 가장자리 인간들도 실험

---

29) 최훈, 『동물을 위한 윤리학』, 96쪽.

30) J. Rachels, *Created From Animals: The Moral Implication of Darwinism*, 186쪽.

대상으로 삼거나 먹어버릴 거다!"라고 협박하는 느낌을 갖게 한다. 어찌 되었건 필자는 가장자리경우논증 자체가 잘못된 논증이라고 생각하는데, 그 이유는 뒤에서 밝히겠다. 가장자리경우논증이 타당하다고 하자, 그렇다면 롬브로스키가 지적하고 있듯이 우리는 그 논증에서 정반대되는 두 가지 선택지를 도출해낼 수 있다. 하나의 선택지는 가장자리 인간의 지위를 현재 동물들이 대접받는 지위로 낮추는 것이다(부정적 선택지). 다른 하나는 동물의 지위를 가장자리 인간들이 대접받는 지위로 높이는 것이다(긍정적 선택지). 사람들은 이 두 선택지 중에서 어느 것을 택할 것인가는 이제 순전히 선택의 문제가 되어버릴 것이다. 사회적 분위기나 문화권에 따라 긍정적 선택을 할 수도 있고 부정적 선택을 할 수도 있다. 어떤 문화권에서 부정적 선택을 했다 하더라도, 가장자리경우논증이 참인 한, 그 선택이 잘못된 선택임을 말할 수는 없을 것이다. 그렇게 되면 그 선택을 한 문화권이나 사회에서는 동물에 대한 현재의 입장을 유지시키기위해 인간의 지위를 낮출 수밖에 없게 된다. 필자가 말하고자 하는 요지는, 가장자리경우논증으로는 인간의 지위를 낮추는 것이 아니라 동물의 지위를 높이는 논리를 계발할 수도 있겠지만, 정반대도 가능하다는 것이다. 앞의 인용문에서 확인할 수 있었듯이, 레이첼즈의 입장은 인간의 지위를 낮추는 쪽이다.

이제 필자는 가장자리경우논증의 근본적 문제점을 말하겠다. 필자가 지금 말하고자 하는 것은 가장자리경우논증을 적용하는 방식에 따라 인간의 지위를 낮추는 것이 되기도 하고 아니면 인간의 지위는 그대로 두고 동물의 지위만 높이는 것이 되기도 한다는 것이 아니다. 그 문제점은 가장자리경우논증은 출발점에서부터 인간의 지위를 낮추고 동물의 지위를 높여놓고 있다는 것이다. 가장자리경우 논증에 의하면, 신생아, 중증치매환자, 정신지체장애자, 무뇌아 등등 한결같이 정상적인 성인이 아닌 인간들과 정상적인 성체 유인원이나 고등 포유동물들이 같은 집합의 구성원소로 간주된다. 그런 뒤, 성체 얼룩말이나 침팬지 성체는 중증치매환자보다는 더 인격체적이기에 성체 얼룩말이나 성체 침팬지는 중증치매환자보다 더 나은 대접을 받아야 한다는 주장으로 나아간다. 그러나 우리는 과연 중증치매환자와 성체 얼룩말을 같은 집합의 구성원소로 묶는 것이 과연 가능한가, 하고 물어볼 수 있을 것이다. 가장자리경우논증 지지자들은 그 양자를 그렇게 묶을 때에 그 양자의 현재적 모습만을 고려하고 있지, 그 양자의 잠재적 특성이나 능력은 전혀 고려하지 않고 있다. 이것이 가장자리경우논증의 치명적 오류요, 결함이다. 어떤 생명체의 생명권의 경중을 고려할 때, 그 생명체의 잠재적 능력을 고려하지 않는 것은 잘못된 출발이 될 것이다. 가장자리경우논증은 가장자리 인간들의 잠재적 강점은 무시해버리고 현재적 약점만 고려하며, 성체 유인원이나 고등동물들의 잠재적 약점은 무시해버리고 현재적 강점만을 중시한 뒤, 그 양자의 현재적 특징들만을 비교한다. 그러나 가장자리경우논증을 이용하여 동물권리론을 전개하는 사람들은 그들의 동물에 대한 인간의 잠재적 우월성을 무시할 때, 이미 인간의 지위를 부당하게 낮추고 있는 셈이다. 그리고 그들이 인간과 비교했을 때 드러나는 동물의 잠재적 열등성을 무시하고 동물의 현재적 우월성만을 중시할 때, 그들은 이미 동물의 지위를 부당하게 높이고 있다.

어떤 동물을 얼마만큼 도덕적으로 중시해야 하는가, 하는 문제를 다루면서 필자가 동물에 대한 '인간의 잠재적 우월성'을 강조할 때, 필자는 인간 종의 정상적인 특징을 강조하고 있는 셈이다. 가장자리 인간들은 정상적인 인간이 아니다. 물론 그들은 현재로서는 그런 능력을 보여주지 못하지만 정상적인 인간 종이 보여주는 그런 능력들을 보여줄 수 있는 잠재적 능력을 갖고 있다.[31] 이 잠재적 능력을 중시해야 한다는 것은 결국 정상적인 인간 종의 능력을 중시해야 한다는 것이 될 것이다. 이러한 종 중심주의적 사고방식에 대해 레이첼즈는 다음처럼 비판한다.

> 개체들이 어떻게 처우되어야 하는가는 그 개체들이 속한 종의 정상적인 모습에 따라 결정되어야 한다는 생각은 일정한 호소력을 가진다. 왜냐하면 이런 생각은 정신적으로 결함이 있는 사람들에 대해 우리들이 갖고 있는 도덕적 직관을 표현해주고 있는 듯이 보이기 때문이다. ... (중략) ... 하지만 이러한 생각은 면밀한 검토를 견디지 못할 것이다. 단순한 사유실험은 문제점을 보여줄 것이다. 비상한 재능을 가진 침팬지가 영어를 읽고 말하는 방법을 배웠다고(아마 불가능하겠지만) 가정해보자. 그리고 그 침팬지가 과학, 문학 그리고 도덕에 관한 대화를 나눌 수 있게 되었다고 가정해보자. 마침내 그 침팬지가 대학 수업에 들어가고 싶다고 한다. 이를 허용할 것인가, 말 것인가에 대해 다양한 논의가 있을 수 있겠지만, 누군가가 다음과 같은 논증을 펼쳤다고 가정해보자. '오직 인간만이 그러한 수업을 들을 수 있게 해야 한다. 인간은 읽고, 말하고 과학을 이해할 수 있다. 침팬지는 그렇게 하지 못한다.' 하지만 이 침팬지는 이러한 것들을 **할 수** 있다. '그렇다. 하지만 **정상적인** 침팬지들은 그렇게 할 수 없으며, 그리고 중요한 것은 바로 이것이다.' ... (중략) ... 이는 훌륭한 논기인가? ... (중략) ... 이는 개체들이 어떻게 처우되어야 하는가는 **개체 자체**의 자격이 아니라, **다른** 개체들의 자격에 근거해서 결정되어야 한다고 추정하고 있

---

31) 물론 영구히 그 잠재적 능력을 보여주지 못하는 인간들도 있을 수 있으며, 어떤 근거에서 이런 인간들이 단지 인간 종에 속한다는 이유 하나만으로 동물들보다 더 중시되어야 하는가, 하는 문제는 제4장에서 다루고 있다.

다. … (중략) … 이는 공정하지도 않고 합리적이지도 않다.[32]

종중심주의적 사고방식의 문제점을 드러내기 위해 레이첼즈가 제안한 사고실험은 성공적인가? 필자가 보기에 그 실험의 성공 여부는 그러한 비범한 침팬지가 있을 수 있는가, 하는 데 달렸다. 아무리 사고실험이라 하더라도 가능성이 전혀 없는 것을 가정해서는 안 될 것이다. 그러나 레이첼즈 자신이 인정하고 있듯이 침팬지가 영어로 의사소통을 능숙하게 하고 과학을 이해한다는 것은 불가능한 일이다. 레이첼즈식으로 가정할 수 있다면, 우리는 영어로 의사소통하고 과학과 철학을 이해하고 도덕적 자율성을 갖고 있는 모기, 개구리, 심지어 은행나무도 상정할 수 있을 것이다. 그리고 그 모든 것들이 가장자리 인간보다 도덕적으로 더 중요하다고 말할 수 있다. 그러나 그런 나무나 모기나 개구리는 존재하지 않는다. 마찬가지로 그런 침팬지도 존재하지 않으며 존재할 수가 없다. 이런 점에서 본다면 레이첼즈의 사고실험은 처음부터 설득력이 없는 사고실험이다. 그럼에도 불구하고 우리는 억지로라도 그런 천재 침팬지가 존재한다고 가정해보자. 그러면 그 침팬지는 도덕적으로 얼마만큼 존중받아야 하는가? 그 침팬지가 단순히 영어로 의사소통을 잘할 수 있고 과학을 충분히 이해할 수 있다는 사실만으로 도덕적 행위주체로 대접받을 수는 없을 것이다. 왜냐하면 과학을 이해하고 영어로 의사소통을 하는 로봇이 있을 수 있기 때문이다. 그 침팬지가 도덕적 행위주체로 인정받을 수 있으려면 그런 능력에 더하여 의지자유를 소유하고 있어야 한다. 만약 침팬지가 도덕을 이해하며 자신의 의지자유를 행사

---

32) J. Rachels, *Created From Animals: The Moral Implication of Darwinism*, 187쪽.

하고 또 그 행위 결과에 대해 책임을 질 수 있는 인격체라면, 우리는 그 침팬지가 단지 인간 종에 속하지 않는다는 이유로 함부로 대해서는 안 될 것이다. 이 경우 그 침팬지는 인간이 아니지만 '이성적인 자율적 행위주체'라는 더 큰 범주에 속하기 때문에 존중되어야 하는 것이다. 그리고 우리가 현재 갖고 있는 생물학적 종 개념에 대한 이해를 따른다면, 그 침팬지의 천재성과 도덕적 자율성이 침팬지라는 동물 종에 속하는 성체들의 일반적(표준적) 특징이 될 것이고, 따라서 침팬지들은 인간과 마찬가지로 '자율적 행위주체성'을 공통점으로 하는 또 다른 생물 종으로 분류되어야 할 것이다.[33] 이쯤에서 레이첼즈가 필자에게 묻고 싶은 질문이 있을 것이다.

> 천재이면서 도덕적 행위주체로서의 모습을 보여주는 어떤 침팬지가 있는데, 그 침팬지가 속하는 동물 종의 성체들의 일반적 특징은 전혀 천재적이지도 않고 도덕적 행위주체로서의 모습도 보여주지 않을 경우, 그 침팬지의 도덕적 지위는 무엇인가?

이에 대한 필자의 대답은 '질문 자체가 잘못된 것이기에 답할 필요가 없다'는 것이다. 그런 침팬지는 침팬지가 아니고 생물학적 신종으로 분류되어야 할 것이다.

종의 개념을 중시하는 필자의 입장에 대해 임종식은 "종을 분류하고자 한다면 진화를 포기해야 한다"고 비판한다.[34] 그는 종의 구분과 관련하여 혼란스러운 논의를 전개하고 있는 것으로 보이는데, 종차별주의가 잘못임을 주장하기 위해, 진화의 장구한 흐름이라는

---

33) 우리는 이 범주에 속하는 모든 생명체를 '도덕종'으로 부를 수 있을 것이다.
34) 임종식, 『인간, 위대한 기적인가, 지상의 악마인가?』(서울: 사람의무늬 2015), 157쪽.

관점에서 봤을 때, 종을 분류하는 것이 가능하지 않다고 말한다. 그리고 "종을 분류하는 것이 가능하지 않다면 종차별주의는 성립하지 않는다"라고 말한다.35) 그러나 종을 분류하는 것이 가능하지 않다면, 다윈은 어떻게 『종의 기원』이라는 책을 썼는가? 필자가 보기에는 진화를 잘 설명하기 위해서라도 종을 더 세밀하게 분류할 필요가 있다. 다윈은 종이 기독교적인 방식으로, 즉 지구상에 존재하는 종들은 태초에 고정불변한 방식으로 창조되었다는 방식으로 설명되는 것을 거부했을 뿐이지, 종의 구분 그 자체를 거부한 것은 아니다. 다윈은 종의 개념을 고정불변한 것으로 보지 않고 있음을 다음처럼 말한다.

> 우리는 여전히 과거 역사상의 많은 지질학적 시대 동안에 세상에 거주했던 수많은 거주자들의 상호 관계에 대해 아는 것이 별로 없다. 비록 많은 것이 모호하게 남아 있으며 미래에도 오랫동안 모호하게 남아 있겠지만, … (중략) … 나는 대부분의 박물학자들이 최근까지 받아들이고 있으며 나 또한 이전에 받아들였던 생각, 즉 각각의 종은 독립적으로 창조되었다는 생각은 오류임을 확신한다.36)

몇천 년 혹은 몇백 년의 시간에 국한시켜 본다면 종은 고정되어 있는 것처럼 보이지만, 지질학적 시간의 관점에서 보면 종은 변한다. 종의 분류방식이 기독교적 방식과 다윈적 방식으로 나누어지는 것이지, 진화론이 종의 분류 자체를 거부하는 것은 아니다. 이런 점에서 본다면, "종을 분류하고자 한다면 진화를 포기해야 한다"는 말은

---

35) 임종식, 『인간, 위대한 기적인가, 지상의 악마인가?』, 158쪽.

36) C. Darwin, *The Origin of Species* (in: Great Books of the Western World Vol. 49, Chicago, Encyclopedia of Britannica, Inc., 1990), 7쪽.

잘못된 주장이다. 그리고 "종을 분류하는 것이 가능하지 않다면 종차별주의는 성립하지 않는다"는 말도 잘못이다. 설령 종을 기독교적 방식으로 분류하는 것이 불가능하다 하더라도, 다시 말해서 다원적인 방식으로 종 분류가 이루어진다 하더라도 종차별주의는 얼마든지 가능하다. 종 분류가 깔끔하게 안 되어 '잡종구역'이 있다 하더라도—이는 생물학적 이론상의 문제이다—종차별주의는 문화적인 문제이기 때문이다. 물론 임종식은 몇 가지 종 분류법을 소개한 뒤, 이 모든 분류법이 나름의 문제가 있음을 지적한 뒤, 종차별주의의 생물학적 근거가 없음을 주장하고 싶어 한다. 그러나 생물종의 진화는 장시간에 걸쳐 일어나기 때문에, 우리는 특정 시간대 안에서는 얼마든지 우리가 필요로 하는 범위 내에서 생물 종을 구분할 수 있다. 모든 포유류는 어류로부터 진화한 것임을 인정하더라도, 우리가 현재 어류와 포유류의 종 구분을 하는 것이 가능하며, 인간이 어류에 대해 행하는 종차별도 정당하다. 물론 임종식도 종을 분류하는 것이 가능함을 인정한다.[37] 그런데 그는 앞에서는 "종을 분류하는 것이 가능하지 않다면 종차별주의는 성립하지 않는다"고 주장했다. 따라서 종을 분류하는 것이 가능하므로 종차별주의의 생물학적 기초가 인정될 수 있을 것이다. 그러나 그는 종의 분류가 가능하다 하더라도 종차별주의가 성립할 수 없음을 다음처럼 주장한다.

> 물론 지금까지 설명력 있는 종개념을 제시하지 못하고 있다는 것이 종 분류가 가능하지 않다는 것을 의미하지 않는다. 만족할 만한 종개념을 제시하는 것이 가능할지 심히 의문이나, 뛰어난 계통분류학자가 나타나 객관적인 종개념을 내놓았다고 해보자. 그렇다

---

37) 임종식, 『인간, 위대한 기적인가, 지상의 악마인가?』, 165쪽.

고 해도 종차별주의자로서 안도하기에는 이르다. 미래의 어느 시점에 인간 종보다 우월한 종이 인간종으로부터 갈라져 나왔다고 해보자. 그렇다면 우월한 종에게 도덕적 지위가 있는가? 그렇지 않다는 것은 답변이 될 수가 없다. … (중략) … 이렇듯 그 우월한 종에게 도덕적 지위가 있다는 답변밖에는 가능하지 않으나, 이는 종차별주의자로서 정체성을 포기해야 한다는 말과 다르지 않다. 그들의 도덕적 지위를 인정해야 한다면(지금 우리에게 도덕적 지위가 있다는 것을 부정할 수 없으므로) 침팬지의 도덕적 지위를 인정하지 않을 수 없기 때문이다.[38]

위 인용문에서의 임종식의 주장에 대해 필자는 두 가지 문제점을 지적하고자 한다. 첫째로, 임종식은 위 인용문에서 '종의 구분이 가능하다 하더라도 종차별주의는 성립하지 않는다'는 주장을 하고 있는데, 이는 "종을 분류하는 것이 가능하지 않다면, 종차별주의는 성립하지 않는다"는 그의 다른 주장과 모순을 일으킨다. 둘째로, 필자로서는 인간에게서 갈라져 나온 인간보다 더 진화한 미래의 인간 종에게 도덕적 지위가 있음을 인정하는 것이 종차별주의자로서의 정체성을 포기하는 것이 되는지 이해할 수가 없다. 동물에 대한 인간의 종차별을 정당화시켜 주는 핵심은 합리적 사유능력과 도덕적 자율성의 능력이다. 그 능력을 갖고 있는 동물 종은 설령 그것이 도마뱀의 모습을 갖고 있다 하더라도 도덕적 지위를 갖는 것이 될 것이다. 설령 지구상의 생명체가 아닌 외계인이라 하더라도 성체 외계인의 표준적인 능력에 이성적이고 도덕적 자율성의 능력이 있다면, 그 존재는 도덕적 지위를 가진 것으로 인정되어야 한다고 생각한다. 현재로서는 그런 능력을 지닌 존재는 인간뿐으로 알려졌기 때문에, 인

---

38) 임종식, 『인간, 위대한 기적인가, 지상의 악마인가?』, 165-166쪽. (중략)된 부분의 임종식의 논의는 무척 혼란스럽게 느껴지지만 그 부분을 빼고 읽어도 그가 말하고자 하는 요지는 전달된다.

간 종만이 지구상의 다른 동물 종이 갖지 못한 도덕적 지위를 갖는다고 생각할 수 있겠다.

V. 맺음말

피터 싱어는 이익평등고려원칙에 근거하여 공장식 축산과 동물생체실험을 대표적 종차별주의의 사례로 고발하였다. 필자는 지금까지의 논의를 통해 그가 인종차별주의와 성차별주의 그리고 종차별주의를 동일평면에 놓고 비교하는 것이 잘못임을 지적하였다. 그리고 생명윤리학 영역에서 싱어가 제시하는 모든 주장에서 중요한 역할을 하는 이익평등고려원칙이 실은 인간의 이익과 동물의 이익을 평등하게 고려하지 않는 원칙임을 밝혔다. 이익평등고려원칙이 정당화되려면 우연적 가능성과 필연적 가능성의 구분이 부정되어야 한다. 이 구분을 받아들인다는 것은 우리가 생물학적 종 개념을 인정한다는 것이 된다. 거꾸로 말해서 이 구분을 인정하지 않는 것은 생물학적 종개념을 인정하지 않는다는 것이 된다. 그러나 우리는 종개념을 전제하지 않고서는 종차별주의라는 용어를 사용할 수가 없다는데서 종차별주의를 비판하는 싱어의 입장의 문제점을 보게 된다. 이 문제점은 다음과 같은 딜레마 형식으로 제시될 수 있겠다.

> 종개념을 전제한다면 우연적 가능성과 필연적 가능성의 구분이
> 인정되어야 하고, 그 구분이 인정된다면 이익평등고려원칙은 인간
> 의 이익과 동물의 이익을 평등하게 고려하지 못하게 된다. 종개념
> 을 부정하게 되면, 그에 따라 우연적 가능성과 필연적 가능성의
> 구분도 부정될 수 있으며, 결과적으로 이익평등고려원칙이 성립하

지만, 종개념이 부정되어 버렸기 때문에 '종차별주의'라는 용어
자체가 성립할 수가 없다.

앞서 살펴보았듯이, 이런 곤경은 싱어를 추종하는 임종식의 종개
념 부정론에서도 발견된다. 그는 종개념을 정당화시켜 주는 우연적
가능성과 필연적 가능성의 구분을 무력화시키기 위해 가장자리경우
논증을 이용한다. 그리고 그 논증을 이용하여 끝까지 종차별주의를
비판한다. 그리하여 그는 기이하게도 종개념을 거부하면서 '종차별
주의'의 현존을 인정하는 자가당착을 범하게 된다. 동물의 고통을
줄여주자는 인도적 호소는 동물해방론의 밝은 면이다. 사람들은 이
측면만 보고 동물해방론에 열광한다. 그러나 열 살 된 붕어의 생명
이 갓 태어난 신생아의 생명보다 더 소중하다는 주장은 동물해방론
의 어두운 면이다. 싱어 추종자들은 애써 이 측면을 외면하고 있다.

제2장

피터 싱어의 인간 개념과 문제점

싱어는 동물해방론자로 알려진 생명윤리 철학자이다. 그는 특히 공장식 축산에 의해 유발되는 동물들의 고통을 가차 없이 고발함으로써 사람들이 동물들의 복지에 관심을 갖게 하였다. 인류와 동물은 오래전부터 다양하고 밀접한 관계를 맺어왔지만, 현대에 와서는 무분별한 동물실험이나 기계적인 공장식 축산의 경우에서 볼 수 있듯이 인간에 의해 동물들이 무자비하게 다루어지면서 동물들의 고통은 역사상 그 어느 때보다도 대량화되고 있다. 이런 상황에서 공리주의 정신으로 무장한 싱어는 동물에 대한 인간의 질적 우위를 주장하는 서양철학의 오래된 전통을 '이익평등고려원칙'이라는 메스로 철저하게 해체하고자 한다. 필자는 이 장에서 싱어의 인간관에 내재한 몇 가지 이론적 부정합성을 폭로하고자 한다. 첫째로, 자연계에서 인간의 위치에 대해 싱어는 인간을 자연 종속적인 존재로 보면서 동시에 자연 초월적인 존재로 보는 비일관성을 보여주고 있다. 둘째로, 그는 인간의 이성 능력에 대해서도 일관성 없는 입장을 보여주고 있다. 그는 인간의 이성이 진화의 산물이라고 생각하면서도, 진화의 맹목성에 대항할 수 있는 능력이라고 주장한다. 셋째로, 싱어는 또한 인간의 도덕적 행위능력에 대한 평가에서 모순적인 태도를 보여준다. 이 세 가지를 종합하면서 필자는 싱어가 인간과 동물 간에는 질적인 차이가 없다는 자신의 주장을 성공적으로 증명하지 못하고 있음을 보여주려 한다.

I. 인간 개념에 대한 싱어의 정의와 문제점

싱어는 인공유산에 대한 보수주의자들의 삼단논법을 공격하는 과정에서 인간의 개념을 두 가지로 구분하고 있다. 보수주의자들의 삼단논법은 다음과 같다.

대전제: 무고한 인간존재를 죽이는 것은 살인이다.
소전제: 인간의 태아는 무고한 인간존재이다.
결　론: 인간의 태아를 죽이는 것은 살인이다.

싱어에 의하면, 이 삼단논법은 '애매어의 오류(fallacy of equivocation)'를 범하고 있다. 인간은 호모사피엔스라는 종의 구성원의 의미로 사용될 수도 있고(이를 생물학적 정의로 부르겠다), 인격체의 의미로도 사용될 수 있다(이를 사회학적 정의로 부르겠다). 그는 인격체에 대한 조셉 플레처의 정의를 받아들이는데, 인격체란 자의식, 자기통제, 미래감, 과거감, 타인과 관계 맺는 능력, 타인에 대한 관심, 의사소통, 호기심 등등의 능력을 가진 존재이다. 그런데 대전제에 사용된 '인간'이 '인격체'의 의미라면, 소전제의 '인간'은 '호모사피엔스라는 종의 구성원'의 의미로 사용되고 있다.[39] 그리하여 그는 애매

---

39) P. Singer, *Practical Ethics*(1979), 117쪽 이하 참조.

어의 오류를 범하고 있는 그 삼단논법의 결론은 타당하지 않다고 결론 내린다. 그러면 인간에 대한 이 두 가지 정의 중에서 어느 것이 인간에 대한 올바른 정의인가? 싱어는 자신의 저서들 어느 곳에서도 그 두 가지 정의 중에서 어느 것이 올바른 것인지에 대해 분명하게 밝히고 있지 않다. 그렇지만 우리는 그가 이 두 가지 정의 중에서 생물학적 정의를 인간에 대한 올바른 정의로 채택하지 않을 것으로 생각한다. 생물학적 정의와 인간생명은 신성하다는 주장이 결합되면, 단지 인간의 유전자를 가졌다는 이유 하나만으로 심각한 치매노인, 무뇌아, 치유 불가능한 식물인간 등등의 생명도 신성하게 되고, 이에 근거한 모든 종차별주의적 관행이 정당화되기 때문이다.

> (치료 불가능한 심각한 뇌 장애를 가진; 필자 보충) 아이가 '생명권'을 갖는다고 주장하는 사람들의 입장에서 보았을 때, 아이를 동물로부터 구별시켜 주는 유일한 것은 그 아이는 생물학적으로 호모 사피엔스 종의 구성원이지만, 침팬지, 개 그리고 돼지는 아니라는 사실이다. 하지만 이 차이점을 아이의 생명권을 승인하고 다른 동물의 경우는 승인하지 않는 근거로 사용하는 것은 말할 것도 없이 순수한 종차별주의이다.[40]

그러면 그는 인간을 인격체로 정의하는가? 그러나 그는 인간개념과 인격체 개념이 동의개념도 아니고 동연개념도 아님을 잘 알고 있다.

> '인격체(person)'라는 말은 마치 '인간(human being)'이라는 말과 같은 것을 의미하는 것처럼 종종 사용되었기 때문에, '인격체'라는 말을 이렇게 사용하는 것(조셉 플레처의 인격체 개념에 따라 사용하는 것; 필자 집어넣음)은 불행히도 우리를 잘못 이끌 수 있

---

40) P. Singer, *Animal Liberation*, 18쪽.

다. 그러나 두 용어는 같은 개념이 아니다. 우리 종족의 구성원이 아니면서도 인격체인 존재가 있을 수 있으며, 우리 종족의 구성원임에도 인격체가 아닌 자가 있을 수 있다.[41]

생명의 권리는 호모사피엔스 종에 속하는 구성원의 권리가 아니다. ... (중략) ... 생명의 권리는 당연히 인격체에 속하는 고유한 권리이다. 호모사피엔스 종의 모든 구성원이 인격체는 아니다. 그리고 모든 인격체가 호모사피엔스 종의 구성원인 것도 아니다.[42]

그가 인간을 '호모사피엔스라는 종의 구성원'의 의미로도 인격체의 의미로도 정의하지 않는다면, 도대체 그는 인간을 어떻게 정의하고 있는가? 인간을 '호모사피엔스라는 종의 유전적 특징을 가진 인격체'로 정의한다면, 이 정의는 인간에 대한 생물학적 정의와 사회학적 정의를 결합한 제3의 정의가 될 것이고, 이 정의는 인간에 대한 설득력 있고 유용한 정의로 보인다. 싱어는 왜 이러한 제3의 정의를 제안하지 않는가? 그 이유는 이런 정의는 '잠재적 인간'이란 개념을 끌어들이게 되어 인간종족중심주의에 대한 공격을 약화시키게 되기 때문이다. 예컨대 갓 태어난 어린아이는 앞서 제시된 인간에 대한 정의의 관점에서 보면 '잠재적 인격체'가 되며, 인간생명이 신성하다면, 잠재적 인격체인 신생아도 잠재적으로 신성한 존재가 되어버린다. 싱어는 논의가 이런 식으로 흘러가는 것을 원하지 않았다. 그래서 그는 인간에 대한 생물학적 정의와 사회학적 정의 두 가지만 소개하고 있는 것이다.

그는 인간종족 중심주의의 오류를 피하려면 결국 인간을 인격체

---

41) P. Singer, *Practical Ethics*(1979), 75-76쪽.

42) P. Singer, *Rethinking Life and Death: The Collapse of Our Traditional Ethics* (New York, St. Martin's Griffin, 1994), 206쪽.

로 정의하는 수밖에 없다고 생각하는 듯하다. 즉 인격체인 인간은 소중하며 따라서 인격체인 고등 유인원도 소중하게 되지만, 인격체가 아닌 인간은 소중하지 않은 존재로 간주되는 길이 열리게 된다. 그는 '인격체의 특징을 보여주지 못하는 인간은 인간 대접 받을 자격이 없다. 그리고 인격체의 특징을 보여주는 유인원과 고등동물은 인간처럼 대접받아야 한다'는 식의 주장을 펼치기 때문이다. 그러나 인간개념에 대한 싱어의 이런 입장은 당장에 심각한 문제에 노출된다. 침팬지 성체의 경우는 인격체의 징표들을 갖고 있는데, 그러면 침팬지는 인간인가? 그러나 아무리 침팬지가 인격체의 능력들을 보여준다 하더라도 침팬지를 인간에 포함시킬 수는 없다. 인격체의 특징을 구비한 외계인이 존재한다 하더라도, 우리는 그들을 인간으로 부를 수는 없다. 물론 인간과 같은 이성적 존재로 묶을 수는 있겠지만, 어쨌건 그 외계인은 인간은 아니다. 필자의 이런 비판에 싱어는 '나는 성체 침팬지를 인격체라고 말하지만 인간이라고 말하지는 않는다'라고 말할 것이다. 문제는 그가 성체 침팬지를 인간이라고 말한 적이 없다는 것이 아니라, 성체 침팬지를 정상 인간 인격체와 같은 집합에 포함시키면서 은근히 인간과 동렬에 놓고 자신의 주장을 펼치고 있다는 것이다. 싱어가 자신의 주장을 위해 끌어들이는 인간에 대한 두 개의 정의만으로는 '인간의 잠재성'의 문제를 다룰 수 없다. 예컨대 심각한 뇌 손상을 입어서 인격체의 특성을 조금도 보여주지 못한 상태로 호흡만 하고 있는 식물인간은 인간인가, 아닌가? 인간을 인격체로 정의한다면, 이 사람은 인간이 아니다. 그러면 그는 뭔가? 동물인가? 동물이라면 어느 동물의 유전자를 가졌는가? 결국 인간의 유전자를 가졌다고밖에는 달리 말할 수가 없다. 그가

현재 인격체의 모습을 보여주지 못한다 하더라도, 우리는 그를 '잠재적 인격체'라고 부를 수밖에 없을 것이다. 그러나 싱어는 '잠재성'의 문제를 애써 무시하고 부정한다. 그 때문에 그는 정상의 고등 유인원과 심각한 정신장애가 있는 인간을 같이 묶어서 다음처럼 말하면서도 아무런 거부감을 느끼지 않는다.

> 우리는 우리 자신을 우주의 총아로 생각하기를 좋아한다. 우리는 우리 자신을 동물의 한 종으로 생각하는 것을 좋아하지 않는다. 그러나 진실은 동물과 인간 사이에 이을 수 없는 단절은 존재하지 않는다는 것이다. 그 대신에 하나의 중첩이 있다. 보다 더 지적으로 정교한 비인간 동물들은 정신적이고 정서적인 삶을 살아간다. 그리고 그들의 그런 삶은 모든 면에서 가장 심한 지적장애를 가진 인간의 삶보다 같거나 우월하다, 이것은 나의 주관적인 가치판단이 아니다. 이것은 반복해서 시험하고 검증될 수 있는 사실에 대한 진술이다. 오직 인간의 오만이 그것을 못 보게 한다.[43]

그러나 필자가 보기에 인간의 오만이 문제가 아니라 싱어의 편견이 문제이다. 유아가 정상의 성체 침팬지보다 더 소중한 존재라는 것이 어떻게 인간의 오만인가? 유아가 성체 침팬지보다 더 소중하다고 말할 때, 사람들은 유아의 잠재성까지 고려해 주고 있다. 그러나 그런 잠재성을 전혀 고려해주지 않으면서 정상의 성체 침팬지가 유아보다 더 우월하고 소중하다는 싱어가 오히려 지독한 편견에 사로잡혀 있는 것이 아닌가? 그는 다음처럼 말한다.

> 하지만 종차별을 배격한다고 해서 동물의 도덕적 위상에 대한 논란이 끝나는 것은 아니다. 동물의 고통에 얼마큼의 도덕적 가중치

---

43) P. Singer, *Rethinking Life and Death: The Collapse of Our Traditional Ethics*, 202쪽.

를 둬야 하는가에 대한 논란이 남는다. 현상유지를 옹호하는 사람들이 흔히 내세우는 논리는 인간은 비인간 동물에게는 없는 이성과 자율성, 자의식과 호혜성을 갖춘 존재라는 것이다. 그런데 따져보면 이 논리는 인간에게 가중치를 둔다기보다 합리성과 자율성, 자의식과 호혜성을 갖춘 존재에게 가중치를 둔다. 이 논리대로라면 비인간 동물보다 위의 능력치가 떨어지는 인간은 도덕적 위상도 낮다는 말이 된다. 가령 다 자란 개는 유아보다 합리적인 판단을 하고, 침팬지는 중증 지적장애인보다 가기 인식력이 뛰어나다. 정상유아가 가진 **미래잠재력을 제외하면** 유아도 중증 지적장애인과 다를 바가 없다.[44]

　　그러나 어떤 생명체의 경중을 따지면서 미래의 잠재력을 고려해서는 안 되고, 그 생명체의 현재적 능력만을 고려해야 한다는 주장이 과연 상식에 부합하고 합리적인 것인지는 심히 의문이다. "정상유아가 가진 미래잠재력을 제외하면 유아도 중증 지적장애인과 다를 바가 없다"는 싱어의 주장에 내포된 생각은 끔찍스러울 정도로 비도덕적이고 파괴적이며, 혐오스럽기까지 하다. 싱어가 원하듯이 순전히 현재의 능력만 갖고 판단한다면, 정상유아나 중증 지적장애인은 정상적인 성체 돼지보다 많은 면에서 못하다. 그렇다면 돼지를 마음대로 잡아먹는 우리는 정상유아를 죽임에 있어 전혀 양심의 고통을 느낄 필요가 없다는 결론에 도달한다. 왜 이런 비상식과 비도덕에 도달하게 되는가? 미래의 잠재력을 제거한 상태로 생각을 전개했기 때문이다. 미래의 잠재력을 고려하지 않고서는 우리는 정상적인 시고나 행동을 할 수가 없다. 어떤 회사에서 사원을 뽑을 때나 대학에서 입학생을 선발할 때도 미래의 잠재성을 고려한다. 심지어는 주식시장에서 주식을 사고팔 때도 우리는 그 주식의 미래잠재력을

---

44) 피터 싱어, 『효율적 이타주의자』(파주: 21세기북스, 2016), 180쪽. 강조는 필자에 의함.

보고 주식을 사고판다. 아파트를 구입하거나 땅을 살 때도 마찬가지이다. 이민을 갈 때도 이민 갈 나라의 장래 발전 가능성을 살펴보고, 직업을 구할 때도 그 직업의 장래성을 고려한다. 말할 것도 없이 사회생활을 하는 모든 고등 포유류들의 생명을 문제 삼을 때, 우리는 그 미래잠재력을 고려하지 않으면 안 된다.

사회생활을 하는 모든 고등 포유류들은 생물학적으로 정의할 수도 있고 사회학적으로 정의할 수도 있다. 그러나 그런 동물들에 대한 제대로 된 정의를 내리려면, 우리가 앞서 살펴본 인간에 대한 정의의 경우와 마찬가지로, 생물학적 정의와 사회학적 정의가 결합해야만 한다. 그래야만 모든 동물들이 갖고 있는 '잠재성'의 문제가 정상적으로 다루어질 수 있다. 실은 싱어 자신도 자신의 주장을 정당화하기 위해 잠재성의 개념을 이용하는 자기모순을 범한다. 싱어는 심하게 지체된 유아를 살해하는 것이 공리주의적 관점에서 정당하다고 주장한다. 그렇게 주장하면서 그가 끌어들이는 개념은 잠재성 혹은 가능성이다. 다시 말해서 그 아이는 미래에도 현재처럼 인간다운 삶을 영위할 '가능성'이 없기 때문에, 그 아이의 삶은 불행할 것이고, 그 불행은 공리주의자의 관점에서 악이며, 따라서 그 아이를 고통스럽지 않게 살해하는 것은 정당화된다는 것이다. 만약 의술이 획기적으로 발달하여 그 아이의 병이 치료될 가능성이 있고, 그 아이의 미래 삶도 행복으로 채워질 '가능성'이 있다면, 그 아이를 죽이는 것은 비윤리적인 일이다. '잠재성'의 개념을 부정한 위에 만들어진 가장자리경우논증은 억지 논증의 전형이라고밖에는 달리 평가할 수가 없다. 잠재성의 문제를 부정하는 싱어의 논리에 심각한 문제점이 있음을 알아내기 위해 우리는 그가 인간을 정의하면서 보여준 논법을 흉내 내볼 필요가 있다.

> 사자를 정의해보자. 첫 번째로 생물학적 정의이다. 이 정의에 따르면, 사자란 사자라는 종의 유전적 특징을 가진 구성원이 된다. 어떤 생명체가 사자인가 아닌가는 유전자 조사를 통해 밝혀진다. 두 번째로 사회학적 정의이다. 사자도 사자들 속에서 태어나 성장하고 자라면서 사자다움을 갖추게 된다. 이 정의에 따르면 사자는 사자다움의 특징을 가진 생명체다. 사자의 태아는 사자에 대한 사회학적 정의의 관점에서 보면 사자가 아니다. 오히려 성체 표범이 더 사자에 가깝다. 그래서 사자의 태아는 사자가 아니고 표범은 사자다움을 갖추었다고 말하는 것이 정당화된다.

그러나 사자의 태아가 어미로부터 태어나면, 갓 태어난 사자가 전혀 사자다움을 보여주지 않음에도 불구하고 우리는 '사자가 태어났다'라고 말한다. 심각한 뇌 손상을 입은 식물인간을 인간이 아니라고 말하는 것이 무리임은 침팬지를 인간이라고 말하는 것이 무리인 것과 마찬가지이다. 왜 이런 무리함이 발생하는가? 그 이유는 싱어처럼 어떤 고등동물에 대한 정의를 생물학적 정의와 사회학적 정의로 나누는 것 자체가 잘못된 것이기 때문이며, 싱어가 인간을 올바로 정의하지 않았기 때문이다.[45] 그는 인간 개념을 인격체로 정의하면서도 인간의 태아가 비록 현재 상태로는 성숙한 인격체의 모습을 보여주지 못해서 다 자란 개나 돼지보다 덜 똑똑해 보이지만, 정상적으로 성장하면 그 어떤 침팬지보다 더 훌륭한 인격체의 면모를 갖추게 된다는 잠재성을 중시하지 않는다. 필자의 이런 비판에 대해 싱어는 다음처럼 답한다.

---

45) 필자가 여기에서 고등동물에 한정시켜 말하는 이유는 고등동물들은 사회생활을 하기 때문이다.

물론 호모사피엔스 태아가 가지고 있는 잠재적 합리성이나 자기의식 등이 소나 돼지의 잠재적인 합리성이나 자기의식을 능가한다는 것은 사실이다. 그러나 그 사실에서 태아가 더 강한 생명에의 권리를 가진다는 결론은 귀결되지는 않는다. 일반적으로 잠재적인 X는 X가 갖는 모든 권리를 갖지 않는다. 찰스 왕자가 영국의 잠재적인 왕이다. 그러나 그가 현재 왕의 권리를 갖고 있지는 않다.[46]

찰스 왕자가 현재 영국 왕의 권리를 갖고 있는 것은 아니라는 싱어의 말은 맞지만, 그렇다고 찰스 왕이 일반 영국인처럼 대접받는 것은 아니다. 그는 잠재적 왕위 계승자로서 일반 영국인이 누릴 수 없는 많은 특권을 누린다. 그가 영국 왕이 된다는 것은 필연적 가능성이다. 그러나 한국의 모 초등학교 학생인 철수가 장래 한국 대통령이 될 가능성이 있지만, 그는 그 가능성으로 인하여 주변 사람들로부터 특별한 대접을 받지는 않는다. 왜냐하면 그가 가진 가능성은 우연적 가능성이기 때문이다. 그러면 인간의 신생아가 인격체가 되는 가능성은 우연적 가능성인가, 필연적 가능성인가? 당연히 필연적 가능성이다. 그렇다면 잠재적 인격체인 인간의 신생아는, 마치 찰스 왕자가 잠재적 왕으로서 특별한 대접을 받듯이 특별한 대접을 받아야 할 것이다.[47] 우연적 가능성과 필연적 가능성의 구분을 몰랐기

---

46) P. Singer, *Practical Ethics*, 120쪽.

47) 우리는 이 책의 제1장에서 이미 이에 대해 자세히 논하였다. 마크 롤랜즈도 싱어와 마찬가지로 잠재성의 문제를 잘못 다루고 있다. "윤리학에서 가능성에 호소하는 논증은 대개 어떤 식으로든 문제가 된다. 예컨대 어떤 이가 가능성이나 잠재성에 호소함으로써 어떤 사람이나 어떤 존재의 도덕적 권리를 설명하려는 시도를 할 때, 이러한 시도에 반박하는 잘 알려진 논증을 떠올려보라. 나는 앞으로 포뮬러 1레이서가 될 가능성이 있는 사람이며, 실제로도 포뮬러 1레이서로서 잠재적 소질이 매우 높다. 아니 최고라 할 수 있다. 포뮬러 황제 미하엘 슈마허조차 내가 레이싱 솜씨가 얼마나 뛰어난지 안다면 잠도 자지 않고 연습에 매달려야 할 것이다. 잠재적으로 그렇다. 그러나 이는 내가 '실제로' 포뮬러 1레이서의 권리를 갖고 있다는 의미는 아니다. ... (중략) ... 내가 잠재적인 포뮬러 1레이서라고 말한다고 해서 나에게 아무런 실질적인 권리나 권한도 오지 않는다. 기껏해야 단지 '잠재적인' 권리나 권한이 주어질 것이다"(마크

에, 그는 생명체의 경중을 논할 때 오직 개개 생명체의 현재적 특성만을 고려한다. 왜 싱어는 두 가능성의 구분을 몰랐을까? 모든 것을 쾌고를 감수하는 동물들의 현재적 능력에만 초점을 맞추어 사고를 전개시키다 보니 이처럼 중요한 구분을 놓치게 되는 것이다. 이런 이유에서 그는 도덕적 인격이 인간 평등의 근거라는 롤즈의 주장에는 다음과 같은 문제가 있다고 한다.

> 도덕적 인격(moral personality)을 평등의 근거로 삼는 것은 문제가 있다. 한 가지 반대는 도덕적 인격이 원 안에 존재하는 것과는 달리 정도의 문제라는 것이다. 어떤 사람은 정의와 윤리의 문제에 대해 일반적으로 아주 민감하게 반응하는 반면, 다른 사람들은 여러 가지 이유로 인하여 그 같은 원칙들에 대하여 매우 제한된 의식만을 가진다. … (중략) … 보다 심각한 반론은 가장 최소한의 의미에 있어서조차도 모든 인간이 도덕적 인간이라는 것은 참이 아니라는 것이다. 유아나 아주 어린아이들은, 정신장애자들과 마찬가지로 필수적인 정의감마저 결여되어 있다. … (중략) … 그러므로 '도덕적 인격'을 갖는다는 것은 모든 인간이 평등하다는 원칙에 대한 만족스러운 기초를 제공하지 못한다.[48]

그러나 필자가 보기에 롤즈의 입장은 얼마든지 변호될 수 있다. 만약 싱어의 습관적인 논법대로 어떤 생명체의 잠재적 능력을 고려하지 않고 오직 현재적 특성만을 고려하여 말해야만 한다면, '인간은 이성적 동물이다', '인간은 정치적 동물이다', '인간은 언어적 동물이다' 등등 인간에 대한 모든 정의는 다 잘못된 정의가 될 것이다. 태아나 식물인간은 이성적이지도 정치적이지도 언어적이지도 않기

롤랜즈, 『동물의 역습』, 윤영삼 옮김, 서울: 달팽이출판, 2004, 137-138쪽). 롤랜즈 역시 우연적 가능성(잠재성)과 필연적 가능성의 구분을 염두에 두고 있지 않다. 그가 싱어보다 그나마 나은 점이 있다면, '잠재적인 권리나 권한'을 인정하고 있다는 것이다.

48) P. Singer, *Practical Ethics*, 16-17쪽.

때문이다. 우리가 인간이나 동물들에 대해 이런저런 규정을 할 때, 우리는 일반적인 대부분의 사례를 기준 삼아 규정한다. 인간이라 불리는 생명체들의 대부분은 현실적으로 이성적이고 정치적이고 언어적인 존재이며, 현실적으로 그런 특징을 보여주지 않는 인간들은 잠재적 능력으로라도 그런 특징을 갖고 있다는 것이다. 만약 이런 상식적인 논법을 거부한다면, 우리는 '사자는 육식동물이다'라고 말할 수도 없게 된다. 왜냐하면 사자 태아나 갓 태어난 사자 새끼는 육식을 하지 않기 때문이다. '사자는 육식동물이다'라고 말하는 사람(갑)에게, 그러면 '사자 태아도 육식을 하는가?' 하고 되묻는다면(을), 갑은 '사자 태아는 잠재적인 육식동물이다'라고 말할 것이다. 이에 싱어의 입장을 대변하는 을은 '잠재적인 육식동물은 육식동물이 아니다'라고 말할 것이다.[49] 이 대화에서 을의 입장은 설득력이 떨어진다. 그러나 싱어는 필자의 입장을 다음처럼 정리한다.

> 정신장애자들은 정상적인 인간을 다른 동물로부터 구분지어 주는 능력을 소유하지는 못했지만, 그럼에도 불구하고 마치 그런 능력을 가진 것처럼 대우되어야만 한다는 것이다. 왜냐하면 그들은 그 종의 정상적인 구성원들은 그 능력을 소유하는 바로 그 종에 속하기 때문이다. 달리 말해서 이 같은 제안은 우리가 개인을 그들의 현실적인 자질에 따라 다루지 말고 그가 속하는 종족의 정상적인 자질에 따라 다루어야 한다는 것이다.[50]

그리고 이에 대해 싱어는 다음처럼 반격한다.

---

49) 최훈도 이 점에서는 싱어를 따르고 있다. 『철학자의 식탁에서 고기가 사라진 이유』(고양: 사월의 책, 2012), 112-113쪽 참조.
50) P. Singer, *Practical Ethics*(1979), 65쪽

앞장에서 IQ에 있어서 흑인과 백인 사이에서 발견되는 가능한 차이의 결과에 관하여 논의하면서, 나는 흑인의 평균과 백인의 평균간의 **평균** 차이가 어떻든 간에 **어떤** 흑인의 점수는 **어떤** 백인의 점수보다 높을 수 있고, 그래서 평균이 어떻든 간에 우리는 흑인과 백인을 그들의 평균점에 따라 대우할 것이 아니라 개인으로서 다루어져야만 한다는 점을 명백히 했다. 우리가 이를 받아들인다면 정신장애자들을 대우함에 있어서도, 그들에게 그들 종족의 정상적인 구성원이 갖고 있는 권리나 지위를 부여해야 한다는 제안을 기부해야만 한다.[51]

어떤 흑인이든 백인이든 그는 그가 속한 인종을 기준으로 차별적으로 다루어져서는 안 되고 개인으로 다루어져야 한다. 마찬가지로 어떤 인간이든 침팬지든 그가 속한 종을 기준으로 차별적으로 다루어져서는 안 되고, 개체로서 다루어져야 한다는 것이다. 그러나 우리는 당장에 싱어의 이런 주장에 대해, 흑인과 백인 간의 비교는 같은 인간 내부의 비교이지만 침팬지와 같은 동물은 인간이 아니기에 그렇게 같은 차원에 놓는 것이 잘못이라고 말할 수 있다. 다시 말해서 같은 인간 내부에서만 통용될 수 있는 논리를 인간 바깥의 동물들에게도 적용하는 잘못을 범하고 있다는 것이다. 싱어는 '인간 내부에서만 통용될 수 있는 논리'라는 것을 주장하는 필자에게 종차별주의자라고 말할 것이다. 그러나 싱어가 경계선상의 인간으로 부르는 식물인간을 생각해보자. 교통사고로 식물인간이 된 이 사람은 현재적 상태로만 말한다면 온전한 성체 말보다 의식적이지도 않고 의사소통능력도 없다. 그럼에도 불구하고 우리는 그가 적절한 치료를 받으면 정상적인 인간이 될 수 있으며, 그 어떤 다른 동물보다도 더 인격체의 특성을 회복할 수 있다고 생각한다. 그렇게 되면, 그 식물

---

51) P. Singer, *Practical Ethics*(1979), 66쪽. 강조는 싱어에 의함.

인간은 성체인 말과 비교할 수 없을 정도로 자기의식적이고 자율적이며 의사소통능력을 갖게 된다. 말은 아무리 가르치고 훈련시켜도 그렇게 될 수가 없다. 이런 관점에서 본다면, 인간의 태아나 갓 태어난 신생아 혹은 식물인간의 생명을 다 자란 말의 생명보다 더 중시하는 것이 결코 종차별주의라 할 수 없다.[52] 인간의 태아가 지금은 핏덩어리에 불과하다 하더라도, 그 어떤 똑똑한 침팬지보다 더 소중하다. 그 이유는 인간의 태아는 나중에 정상적인 교육을 받아 성장해서 인류와 동물 혹은 더 나아가 식물들에게도 이로운 획기적인 과학적 업적을 만들어낼 수 있는 가능성을 갖고 있기 때문이다. 비록 그 가능성이 아주 미약하다 하더라도, 그런 가능성은 동물들에게서는 절대로 기대할 수 없는 것이다.

그렇다면 다 자란 말의 생명보다 식물인간의 생명을 더 중요하게 만드는 이 가능성의 차이는 어디에서 생기는가? 당연히 종의 차이에서 생긴다. 그런데 종의 차이는 유전자의 차이이다. 그러므로 인간에 대한 정의이건 말에 대한 정의이건 심지어는 식물을 포함한 모든 생명체의 정의에는 유전자에 대한 규정이 중요하다. 유전자가 특정 동물의 외연을 규정한다. 김성한은 필자의 이런 생각에 다음과 같은

---

52) 필자의 이런 논리에 대해 싱어는 '그렇다면 의학적으로 회복 불가능한 식물인간이라고 판정받은 식물인간의 경우도 있지 않은가?'라고 반문할 것이다. 물론 하루가 다르게 의학이 발전하기에 의학적 판정을 100% 권위적인 것으로 받아들일 필요는 없겠지만, 그런 판정을 받은 식물인간의 경우는 정상적인 인격체로 회복될 가능성이 없다고 판정하는 것이 옳을 것이다. 다만 그 식물인간과 관계 맺고 살아온 가족들이 그 식물인간에 대해 갖고 있는 정서적 유대는 소중한 것으로 인정해주어야 한다. 만약 그 유대감으로 인하여 식물인간이 계속 연명한다면, 그 식물인간의 생존은 그가 호모사피엔스라는 종의 구성원이어서 보호되는 것이 아니라, 살아 있는 가족들의 정서적 안정을 위해 보호되는 것이 될 것이다. 그러나 가족들이 그 식물인간의 생명을 끝내기를 원함에도 불구하고 법이 그것을 막고 있다면, 그 법을 바꾸어야 한다는 것이 필자의 생각이며, 이 점에서 필자는 싱어와 같은 입장이다. 그렇다고 인간과 동물의 질적 차이가 없다는 이유로 식물인간의 생명을 끝내야 한다는 것은 아님을 다시 말해둔다. 인간과 동물의 차이에 대한 필자의 입장에 대해서는 필자의 책, 『현대사회와 윤리』(대구: 새빛출판사, 2018), 13-23쪽 참조.

의견을 내놓고 있다.

> 종을 기준으로 차별을 정당화하기 어려운 이유 중의 하나는 종 개념 자체가 명확하지 않기 때문이다. 종 개념은 어렵고, 시대에 따라 변해왔다. 특히 19세기에 다윈이 진화론을 발표한 이래 고정적이고 불변적인 의미에서의 종 개념은 비판받기 시작했고, 이로 인해 고전적인 의미의 종 개념은 더 이상 유지될 수가 없게 되었다.[53]

그러나 기독교 창조론에서 말하는 방식의 고정불변의 종이란 없으며, 종의 변이가 진화과정에서 끊임없이 일어난다는 사실이 '종'의 개념을 없애지는 못한다. 종은 끊임없이 변한다고 해서 현실적으로 생태계에서 종의 구분이 불가능한 것은 아니다. 의학이 꾸준히 발달한다고 해서 불치병이란 것이 없어지는 것이 아닌 것과 마찬가지이다. 종의 변이가 진화과정에서 끊임없이 일어난다 하더라도, 종의 구분은 가능하고 필요하며 중요하다. 그러므로 인간을 정의할 때, 싱어가 하찮게 생각하는 '호모사피엔스라는 종의 구성원'이라는 생물학적 요소는 대단히 중요하다. 필자는 이것을 인간이 인간이기 위한 필요조건이라고 생각한다. 이 필요조건 안에 인간이 인격체가 되기 위한 모든 잠재능력이 구비되어 있다. 그리고 인격체의 특징은 인간이 되기 위한 충분조건이라고 생각한다.[54]

우리는 앞에서 싱어가 인간에 대한 두 가지 정의, 즉 생물학적 정의와 사회학적 정의를 제시하는 것을 보았다. 그러나 그 구분에 따

---

53) 김성한, 「무엇을 먹어야 하는가에 대한 윤리학적 고찰」(대동철학회 논문집, 『대동철학』 제52집, 2010.9.) 5쪽.

54) 인격체를 조셉 플레처식으로 규정하지 아니하고 의지자유의 소유자인 도덕적 행위주체로 정의하는 칸트적인 방식도 있을 수 있는데, 필자는 칸트적인 방식이 더 설득적이라고 생각한다. 이에 대해서는 이 책의 제5장 각주 (214) 참조 바람.

라 자신이 한 말에 시비를 걸어보자. 그는 "인류는 그들이 바로 동물임을 깨닫게 되었다"[55]라고 말하는데, 이때 그가 사용한 '인간'은 인격체로서의 인간인가, 아니면 호모사피엔스라는 종의 구성원으로서의 인간인가? 인격체로서의 인간이라 해보자. 그러면 태아나 신생아와 식물인간 등은 그 깨우침과는 무관하다. 그러나 성체 침팬지는, 싱어의 주장에 의하면 인격체이므로 그 깨우침을 갖고 있어야 한다. 그러나 이런 식으로 구분해가며 말하는 것은 터무니없는 혼란을 야기하는 것이 될 것이다. 과학적 언급이건, 일상의 담화에서의 언급이건 '인간'에 대한 모든 언급에서 '인간'은 호모사피엔스라는 종의 구성원인 것을 전제한다. 우리는 '드디어 인간은 달에 가게 되었다'라고 말할 때나, '인간 생명은 존엄하다'라고 말할 때나 이 점은 한결같다.[56] 인간에 대한 정의에서 생물학적 측면을 고려하지 않는 정의는 잘못된 정의가 된다. 어떤 개념을 정의함으로써 그 개념의 외연을 확정함에 있어서 우리는 일상적인 사물에 대한 정의와 생명체 특히 고등동물에 대한 정의는 정의방식이 달라야 함을 알 수 있다. 예컨대 책상을 정의할 때, 우리는 아리스토텔레스가 고안한 '유와 종차에 의한 정의'의 방식을 따른다면, '책상은 책이나 컴퓨터 등을 올려놓고 작업할 수 있도록 고안된 가구이다'고 정의할 수 있다. 이 경우 책상에 대한 정의에서 완성된 책상의 현재적 기능만이 언급되고 있을 뿐이다. 우리는 책상의 유전자를 고려할 필요는 없다. 그러나 인간이나 다른 고등동물을 정의할 때는 유전자를 고려해야 한다.

---

55) P. Singer, *Animal Liberation*, 206쪽.

56) 싱어는 '인간 생명은 존엄하다'는 명제에서 등장하는 '인간'에 생물학적 인간을 포함시키는 것은 종차별주의적 사고라고 할 것이다.

이제 필자는 인간을 **'호모사피엔스라는 종의 유전적 특징을 가진 인격체'**로 규정하고자 한다. 싱어는 '호모사피엔스라는 종의 구성원'이라는 인간에 대한 규정은 '인간생명의 존엄성'이라는 개념과 결탁하여 악질적인 종차별주의를 정당화하는 데 사용된다고 생각한다. 우리가 앞서 살펴보았듯이, 그는 호모사피엔스라는 종의 구성원이라는 인간에 대한 생물학적 정의를 거부한 뒤, 인간에 대한 명확한 정의를 제시하지 않은 상태에서 인간을 은연중에 '인격체'로만 이해하는데, 그렇게 되면 인간은 침팬지, 오랑우탄, 고릴라 등과 같이 묶여야 한다. 필자는 앞에서 싱어가 '인간이든 침팬지든 그가 속한 종을 기준으로 차별적으로 다루어져서는 안 되고 개체로서 다루어져야 한다'는 생각을 갖고 있음을 말했다.[57] 그러나 이는 잘못이다. 이런 영장류들이 아무리 인격체의 특징들을 보여준다 하더라도 '인간'이 될 수는 없다. 왜냐하면 그것들은 인간이 되기 위한 필요조건을 갖추지 않았기 때문이다.

인간에 대해, 아니 모든 생명체에 대해 정의하면서 그 생명체가 속한 종의 유전자를 고려해야 한다는 필자의 주장에 대해 최훈은 다

---

57) 바로 이런 이유로 그는 인간을 "호모사피엔스라는 종의 유전적 특징을 가진 인격체"로 정의하지 못하고 있다. 그렇게 정의하게 되면 그는 자신이 싫어하여 배척하는 개념인 '종'의 개념을 사용하게 되며, 결국 그런 정의가 종차별을 정당화하는 데 이용될 것이라 걱정하기 때문이다. 그래서 싱어와 그 추종자들은 인간을 두 부류의 인간으로 나눌 뿐이다. 첫 번째 부류의 인간은 호모사피엔스라는 종의 유전적 특징만 구비하고 있는 인간이다. 여기에는 정상인은 물론이고 싱어가 인간종족중심주의라고 부르는 사상을 비판할 때, 즉 인간의 지위를 깎아내릴 때 즐겨 동원하는 가장자리 인간들, 예컨대 무뇌아, 식물인간, 치매노인, 정신지체아, 신생아 등이 속한다. 두 번째 부류의 인간은 인격체의 특징을 구비하고 있는 인간들이다. 여기에는 온전한 성인 인간들뿐만 아니라, 일부 성체 고등 유인원들도 포함된다. 그러나 소위 가장자리 인간들은 포함되지 않는다. 싱어는 이 정의를 동물들의 지위를 높이기 위해 사용한다. 그러나 그는 인간을 '호모사피엔스라는 유전적 특징을 가진 생명체'라는 말과 '인격체'라는 말을 결합하는 방식으로 정의하지 않음으로써, 가장자리 인간들의 인간으로서의 잠재적 생명권을 부정하기에 이르며, 이는 결국 인간의 태아 대신에 다 자란 새우의 생명을 구해야 한다는 기괴하기 짝이 없는 주장을 하기에 이른다.

음처럼 반박한다.

> 같은 종에 속한다는 것이 무슨 뜻인지 알아보자. 가장 먼저 생각
> 할 수 있는 것은 구성원들이 어떤 공통의 속성을 가지면 같은 종
> 에 속할 것이다. (1) 인간 종에 속한 공통의 속성으로 앞에서 합리
> 성, 언어사용, 도덕적 판단 등을 거론했다. 그러나 그런 속성들은
> 그것을 갖지 못한 인간들도 있고 그것을 갖는 인간 아닌 동물들도
> 있으므로 같은 종에 속함을 보장해 주지 못한다. (2) 모든 인간이
> 그리고 오직 인간만이 도덕적 지위를 갖게 하는 방법으로는 인간
> 의 DNA를 도덕적 가치를 갖기 위한 조건으로 내세우면 된다. …
> (중략) … 그러나 이런 접근법도 문제가 있다. DNA 결핍으로 태
> 어난 인간은 정상적인 인간과 DNA가 같지 않다. (3) 영장류 침팬
> 지와 인간의 DNA는 2% 정도밖에 차이가 나지 않는데, 그러면 어
> 떤 영장류의 DNA는 DNA 결핍인 인간들보다 정상적인 인간의
> DNA에 더 가깝다는 결과가 나온다.[58]

먼저 (1)을 분석해보자. 최훈은 (1)에서 "인간 종에 속한 공통의
속성으로 앞에서 합리성, 언어사용, 도덕적 판단 등을 거론했다. 그
러나 그런 속성들은 그것을 갖지 못한 인간들도 있다"라고 말한다.
그러나 이 문장은 자기모순적이다. 인간이기 위한 기준으로 제기된
기준을 충족시키지 못하는 생명체를 '인간'으로 부를 수 있는 근거
는 무엇인가? 한때 그런 속성들을 가진 정상인이었지만 지금은 그런
속성을 상실한 인간이란 말인가? 그렇다 하더라도, 최훈은 그를 '인
간'으로 불러서는 안 된다. 그러니까 최훈이 그런 속성을 갖지 못한
생명체를 '인간'으로 부를 수 있으려면, 그는 합리성, 언어사용 등을
어떤 존재가 인간인지 아닌지를 구분 짓는 기준으로 간주하는 것을

---

58) 최훈, 「동물의 도덕적 지위와 종차별주의」(인제대학교 인간환경미래연구원, 『인간 환경 미래』
　　제6호, 2011.4.), 98쪽. 번호는 필자가 분석의 편의를 위해 붙인 것임.

포기하고, 그런 속성을 갖지 못한 존재도 '인간'으로 포함시킬 수 있는 새로운 기준을 제시하든지, 아니면 그런 존재들은 인간이 아니라고 선언하든지 해야 한다. 그리고 최훈은 "그런 속성을 갖는 인간 아닌 동물들도 있다"라고 말한다. 그러나 이 말 역시 자기모순적이다. 그런 속성을 갖는 존재는 인간 종에 속한다고 정의했다면, 그것들을 '동물'이라 불러서는 안 된다. 최훈은 그 생명체를 계속 '동물'로 분류하려면, 그런 속성을 갖고 있는 생명체도 '동물'에 포함시킬 수 있는, 동물에 대한 새로운 규정을 제시하든지, 아니면 그런 속성을 가진 생명체를 인간으로 부르든지 해야 한다. (1)에서의 최훈의 주장을 이렇게 해석할 수도 있다.

> 사람들은 합리성, 언어사용, 도덕적 판단 등을 인간 종의 징표라고 생각한다. 그러나 그런 식으로라면 사람들은 외양은 인간이지만 그런 징표를 갖지 못한 존재들을 인간이 아닌 것으로 간주해야 한다. 그러나 그들은 이 결론을 수용하지 않을 것이다. 이뿐만 아니라, 일부 동물들은 그런 징표를 갖고 있기도 하다. 그런 논리로라면 이번에는 일부 동물들을 인간으로 간주해야 한다. 그들은 이런 결론도 수용하지 못할 것이다. 그러니 그런 징표를 인간과 인간 아닌 동물을 가르는 기준으로 받아들일 수가 없다.

아마 이것이 최훈이 (1)을 통해 진정으로 말하고 싶었던 것일 것이다. 최훈의 이런 논법 역시 싱어식 논법의 흉내 내기 범주에 속한다. 그러나 이렇게 해석하더라도 여전히 (1)에는 심각한 문제가 있다. 최훈은 그런 속성을 갖지 못한 몇몇 예외적인 인간들—싱어와 그 추종자들이 인간과 동물의 경계를 허물기 위해 즐겨 거론하는 가장자리 인간들—을 끌어들인다. 그러나 필자는 '가장자리 논증'이란 것은 나쁜 논증 중의 하나라고 생각하는데, 싱어와 그 추종자들은 가장자리 인간과 정상적인 고등동물들을 섞어놓고서는, 이익평등 고려의 관점에서 본다면 정상적인 고등동물들의 생명을 택하는 것이 종차별주의의 잘못을 범하지 않는 것이라고 강변하기 때문이다. **가장자리 논증방식이 나쁜 이유는, 그 논증방식은 비교되는 비정상적인 인간과 멀쩡한 동물 양자의 현재적 특성만 고려하면서 비정상적인 인간의 '잠재적 능력'을 전혀 고려할 수 없도록 만들어버리기 때문이다.** 외양은 인간이지만 인격체의 징표를 갖지 못한 존재들은 인간이 아니게 된다. 즉 가장자리 인간은 인간이 아니라는 말이다. 그러나 인간과 동물의 질적 차이를 인정하는 전통적인 생각의 소유자들은 '도덕적 판단능력을 인간과 동물을 구분하는 기준으로 삼는다면, 식물인간에게는 도덕적 판단능력이 없으므로 식물인간은 인간이 아니게 된다'는 최훈의 주장에 동의하지 않는다. 식물인간은 현재로서는 도덕적 판단능력이 없다 하더라도 잠재적 인간이라고 말한다. 가장자리 인간은 인간이 아니라고 말하는 자는 정작 누구인가? 물론 싱어와 그 추종자들이다. 그러나 가장자리 인간은 '정상적인' 인간은 아니라 하더라도. '잠재적인' 인간이다. 이제 (2)를 분석해보자. (2) 역시 아주 예외적인 사례를 사용하여 논의를 전개시킨다. 이 역시 싱어와 그 추종자들의 상투적인 수법인데, 그들은 아주 특수한 사례를 동원하여 일반적인 상식을 부정해버린다.59) 최훈은 "DNA 결핍으로 태어난 인간은 정상적인 인간과 DNA가 같지 않다"고 한

---

59) 예컨대, 식물인간은 도덕적 판단능력이 없다(예외적이고 특수한 사례). 그러므로 도덕적 판단능력은 인간의 보편적 속성이 아니다(일반적인 상식의 부정). 혹은 DNA 결핍인간이 존재한다(예외적이고 특수한 사례). 그러므로 유전자도 인간 종을 결정하는 기준이 될 수 없다(일반적인 상식의 부정).

다. 이에 대한 필자의 대응방식도 (1)을 분석할 때의 방식과 비슷하다. 'DNA 결핍'이란 것이 무엇을 의미하는지는 정확하지 않으나, 그런 결핍을 가진 인간을 우리는 '잠재적 인간'으로 부른다. (3)에서의 최훈의 주장은 과학적인 근거가 결여된 주장처럼 보인다. "어떤 영장류의 DNA는 DNA 결핍인 인간들보다 정상적인 인간의 DNA에 더 가깝다는 결과가 나온다"고 하는데, 실제 사례를 제시할 필요가 있겠다. 인간을 정의할 때는 인간 종이 갖고 있는 유전자를 고려해야 한다는 필자의 주장에 대한 최훈의 견해에 대해 이 정도의 답변이면 충분하다고 생각한다.

Ⅱ. 자연계에서 인간의 위치에 대한 싱어 입장의 이중성

기독교의 영향권 하에서 형성된 서구의 전통적 사고에 의하면 인간과 동물 사이에는 질적인 차이가 있다. 기독교의 가르침에 따르면, 인간은 신의 피조물들 중에서 신의 형상을 닮은 모습으로 창조된 유일한 피조물이며, 만물에 대한 지배권을 신으로부터 부여받았다. 그러나 싱어는 기독교의 가르침을 거부하고 진화론적 관점에서 인간과 동물 간의 질적인 차이를 부정한다.

> 서구 문명의 대부분의 역사를 통해 인간과 동물 사이에는 엄청난 간격이 있다는 사실은 의문시되지 않았다. 이와 같은 가정의 기초는 다윈이 우리의 동물적 기원을 밝힘에 따라 허물어졌다.[60]

---

60) P. Singer, *Practical Ethics,* 62쪽.

그는 또 다른 곳에서는, 인간만이 생산 활동을 한다는 이유에서 동물과 인간을 구분하며, 동물을 지배하는 삶의 법칙을 인간에게 적용하는 것은 불가능하다고 주장하는 엥겔스를 겨냥하여 다음처럼 말하기도 한다.

> 우리 인간과 인간의 조상들 사이의 연속성을 인정하는 사람들이라면 누구라도 다윈주의란 자연의 역사에서의 진화의 법칙을 제공할 뿐, 인간 역사의 출현과 동시에 더 이상 적용되지 않는다는 말이 얼마나 설득력이 없는지 알고 있다.[61]

그는 인간과 동물의 질적 차이를 보여준다고 생각되는 여러 가지 기준들을 차례로 고찰한다. 도구, 언어, 이성, 문화 등등 그 어떤 것이라도 동물에게서도 발견된다는 사실은 인간과 동물이 질적으로 차이 나는 존재가 아니라 정도상으로만 차이 나는 존재라는 것을 말해준다는 것이다. 윤리에 대해 철학적 사고를 할 때, 다윈 이후를 살아가는 우리는 과거의 사상가들에 비해 훨씬 유리한 입장에 있다.

> 과거의 위대한 도덕철학자들에 비해 우리가 갖는 유일하고도 중요한 장점은 우리가 진화를 이해하고 있으며, 그것이 윤리에 적용될 수 있음을 안다는 것이다.[62]

싱어의 두 가지 고민은 여기서 시작된다. 첫 번째 고민은 진화론

---

61) P. Singer, *A Darwinian Left* (Yale University Press, 1999), 23쪽. 싱어는 자신을 다윈주의 좌파 사상가로 규정하고 있다. 자연선택과 적자생존 그리고 약육강식의 논리로 약자에 대한 강자의 지배가 정당하다고 주장하는 다윈주의가 다윈주의 우파라면, 인간의 본성이란 것을 인정하고 경쟁보다는 협동을 촉진하는 사회구조를 만들기를 주장하는 다윈주의는 다윈주의 좌파라고 할 수 있다. 자세한 논의는 *A Darwinian Left*, 60-61쪽 참조.
62) 피터 싱어, 『이 시대에 윤리적으로 살아가기』(서울: 철학과 현실사, 2008), 44쪽.

적 관점을 받아들이면서도 자연계 속에서 인간은 다른 동물들이 할 수 없는 특별한 역할을 수행해야 한다는 것을 설득해야 하는 고민이다. 두 번째 고민은, 진화론을 받아들이면서도 윤리학을 생물학으로 환원시키려는 윌슨의 사회생물학적 시도를 거부하고, 자연계 속에서 인간이 갖게 되는 특별한 임무를 정당화해 줄 윤리학을 새롭게 설명해야 한다는 것이다. 그는 두 문제를 설득력 있게 해결하지 못하고 혼란스러운 모습을 보여주고 있다.

먼저 첫 번째 문제에 대한 싱어의 입장을 살펴보겠다. 진화론을 받아들이는 한, 그는 인간도 자연의 일부로서 자연계 속에서 특별한 임무를 가질 수 없다고 생각해야 한다. 인간이 만물의 영장이어서 자연 속에서 다른 동물들이 갖지 않는 특별한 임무를 수행할 수 있다고 믿는 것은 인간의 교만이요, 허세이며 착각이다. 인간이 자연계 속에서 특별한 임무를 갖고 있다는 생각은 그가 거부하는 전형적인 기독교적 사유이다. 자연에 대한 기독교의 입장은 '두 얼굴의 기독교'라 말할 수 있다. 한 측면에서 기독교는 인간이 자연을 정복하고 지배하라고 한다. 다른 한 측면은 기독교의 청지기 사상인데, 이 사상에 의하면 인간은 자연의 정복자 혹은 지배자라기보다 자연의 선한 관리자여야 한다. 그러면 싱어 자신의 동물 해방운동은 어떤가? 자연계의 많은 구성원들 중 하나에 불과한 한 인간이 주제넘게 다른 동물들의 고통 문제에 관심을 기울이는가? 싱어의 동물해방운동은 인간이 다른 동물들은 결코 할 수 없는 특별한 임무를 수행하는 하나의 사례로 보인다. 다른 동물들은 자신의 이익만을 생각하는데, 인간은 동물들의 이익을 넘어서서 자연 전체의 이익을 걱정할 수 있는 유일한 존재라는 사실이 인간과 동물을 구분 짓는 질적인 차이이다. 자연의 일부로서 인간과 동물은 질적인 차이가 없다고 주장하면서도, 싱어 자신의 동물해방운동은 동물과 인간의 질적인 차이를 보여주고 있다. 싱어는 지진 상황에서 노무자와 의사가 비슷한 방식으로 고통을 당하고 있을 경우 의사를 먼저 구해야 하는 이유를 다음처럼 설명한다.

> 비록 고통이 같을 경우라도, 특별히 다른 사람들이 영향을 받는다면, 다른 요소들이 연관성이 있을 수도 있다. 만약 지진이 발생했다면 우리는 의사를 고통으로부터 구하는 것에 우선순위를 부여할 수 있다. 왜냐하면 의사는 다른 피해자들을 치료할 수 있기 때문이다. 그러나 의사의 고통 그 자체는 다른 사람들의 고통과 동등하게 간주되며 그것에 가중치가 주어지지는 않는다.[63]

자연계에서 인간이 하는 역할은 의사가 하는 역할과 같을 수가 있다.[64] 의사(인간)는 자신만 고통으로부터 빠져나오는 것에 만족하는 존재가 아니라 남(동물)도 고통으로부터 빠져나올 수 있도록 돕는 특별한 임무와 재능과 기술을 갖고 있다. 그렇다면 당연히 지진 상황에서 의사가 다른 사람보다 특별한 대접을 받듯이, 인간이 동물보다 특별한 대접을 받아야 한다는 것이 싱어의 생각이다. 그러나 필자가 보기에 이는 이익평등고려원칙에 위배되는 결론이다. 물론 앞선 인용문에서 살펴보았듯이, 의사를 먼저 구하는 것이 의사의 고통 그 자체를 특별하게 고려하기 때문은 아니라는 말을 한다. 그렇다고 의사를 먼저 구하는 것이 이익평등고려원칙에 위배되지 않는 것은

---

63) P. Singer, *Practical Ethics*(1979), 19쪽.

64) 물론 의사처럼 행동하는 인간이 아니라 고문기술자처럼 구는 인간도 있을 수 있다. 싱어의 논법대로라면 지진 상태에서는 고통을 경감시키는 의사는 구출 순위가 맨 먼저여야 하고 고문기술자처럼 구는 인간은 구출되지 말아야 할 것이다.

아니다. 이익평등고려원칙에 의하면, 그 이익이 대통령의 이익이건 의사의 이익이건 기업체 사장의 이익이건 노숙자의 이익이건 동물의 이익이건 평등하게 고려되어야 한다. 지진 상태에서 의사는 환자를 살리는 기술이 있다고 먼저 구조되고, 사업가는 기업체를 통해 창출할 쾌락이 크다고 먼저 구조되고, 대통령은 중요한 정책 결정을 통해 국민들의 고통을 줄일 수 있다고 먼저 구조된다면, 그리하여 노숙자만 죽게 된다면, 노숙자의 이익이 평등하게 고려된 것이 아니다. 구조되어야 할 사람들이 사회에 줄 수 있는 효용성의 정도에 따라 순차적으로 구조된다면, 그런 방식의 구조는 평등한 구조가 아니라 차등의 구조가 될 것이다. **싱어는 이익평등고려원칙을 일관되게 밀고 나가 의사를 먼저 구조해야 할 이유는 없다고 말하든지, 아니면 이익평등고려원칙에 위배가 되더라도 의사를 먼저 구조해야 한다는 결론을 내리든지 해야 한다.** 싱어는 평등과 효용성의 모순에 직면하는 셈이다. 의사를 먼저 구조해야 한다는 주장은 '최대한 고통의 양을 많이 줄여야 한다'는 효용성의 요구를 중시한 것이다. 효용성의 요구를 충족시키기 위해서는 그는 자연계 속에서 인간의 지위는 특별한 것임을 인정하지 않으면 안 된다. 그러나 효용성을 중시하게 되면, 평등의 요구를 무시하게 된다. 공리주의자로서 효용성을 중시하게 되면 진화론에 기초한 인간과 동물의 평등을 거부해야하고, 평등의 요구를 받아들이면 효용성을 거부해야 한다. 다시 말해서 인간에게 지진 상황에서의 의사에게 요구하는 것과 같은 특별한 임무를 요구해서는 안 된다. 다시 말해서 이익평등고려원칙을 받아들이면, '임무평등 고려의 원칙'도 받아들여야 한다는 것이다. 싱어의 동물해방론 안에 동거하고 있는 진화론과 공리주의가 심각한 불화 상태에 빠져 있다. 우리는 생태계에서 인간의 위상과 역할에 대해 싱어가 이중적인 태도를 보여주고 있음을 다음 말에서 확인하게 된다.

> 육식동물의 존재가 동물해방의 윤리에 하나의 문제를 제출하고 있다는 사실이 인정되어야 한다. 그 문제는 우리가 육식동물에 대하여 조치를 취해야 하는가, 말아야 하는가, 하는 것이다. 인간이 이지구상에서 육식 종을 제거할 수 있고 그렇게 함으로써 세상의 동물들이 느끼는 고통의 총량이 줄어들 것이라고 해보자. 그렇다면 우리는 그렇게 해야 하는 것이 아닌가? 이에 대한 간단명료한 답변은 이렇다. 일단 다른 종을 지배하겠다는 '지배권'에 대한 요구를 우리가 포기한다면, 우리는 그들에게 일절 간섭하지 말아야 한다. 우리는 할 수 있는 한 그들을 내버려두어야 한다. 전제군주의 역할을 포기한다면 우리는 신의 역할을 맡으려 해서도 안 된다.[65]

그러나 간단명료한 답변인지는 몰라도 허점이 있는 답변이다. 지진 상황에서의 의사 역할을 인간에게 부여하던 싱어가 이제는 무간섭주의를 외친다. 그리고 무간섭주의를 주장하는 근거는 더 이상 인간은 동물에 대해 폭군처럼 굴지 않기로 한 이상, 신처럼 굴어서도 안 된다는 것이다. 그러나 동물에 대한 인간의 관계에서 인간이 할 수 있는 역할에 폭군과 신 두 가지만 있는 것은 아니다. 선량한 관리자도 있다. '쾌락은 선이고 고통은 악'이라는 공리주의의 신성한 원리와, '모든 동물의 이익을 평등하게 고려해야 한다'는 싱어의 금과옥조에 따르면, 육식동물들을 제거하는 것은 불가피한 일이고, 그 일을 하는 것은 전형적으로 선량한 관리자의 의무가 될 것이다. 그러나 모든 육식동물을 지구상에서 제거하는 것은 생태계를 파괴하

---

65) P. Singer, *Animal Liberation*, 225-226쪽.

는 것이 된다. 이는 무엇을 말해 주는가? 공리주의의 신성한 원칙도 싱어의 금과옥조도 모두 잘못된 원칙이라는 것이다. 생태계는 엄청난 고통 위에 유지되고 있다. 필자는 "만물의 고통을 이루 다 말로 할 수가 없다"는 성경구절에 공감하는 사람이다. 공리주의가 옳다면 생태계는 거대한 악이다. 싱어가 옳다면 육식동물의 존재는 '최대 다수의 최대 행복'의 훼방꾼이기에 제거해야 한다.

Ⅲ. 인간의 이성 능력에 대한 싱어의 이중적 태도

싱어의 또 다른 고민은, 진화론을 받아들이면서도 윤리학을 생물학으로 환원시키려는 윌슨의 사회생물학적 시도를 거부하고, 자연계 속에서 인간이 갖게 되는 특별한 임무를 정당화해 줄 윤리학을 새롭게 설명해야 한다는 것이다. 의사가 일반 노무자보다 먼저 구조되어야 하는 이유는 타인의 고통을 경감시킬 수 있는 재능과 지식과 기술을 갖고 있기 때문이다. 그러면 인간이 특별 대접을 받아야 하는 이유는 당연히 자연계 전체를 걱정하는 능력, 즉 이성의 능력을 갖고 있기 때문이다. 싱어는 이 능력을 진화론적으로 설명하면서 다시금 혼란되고 이중적인 모습을 보여주고 있다. 그는 윤리가 진화의 산물이라고 말하기도 한다.

> 이제 윤리의 존재는 이성 능력을 가진, 수명이 긴 사회적 동물들의 진화과정에서 만들어진 산물이라고 설명될 수 있다.[66]

---

66) P. Singer, *The Expanding Circle ; Ethics and Sociobiology* (Oxford, Clarendon Press, 1981), 106쪽.

인간의 윤리가 진화의 산물이라면, 윤리는 생물학으로 환원될 수 있다고 말해야 할 것이다. 그러나 그는 그런 입장에 단호하게 반대한다.

사회 생물학자들이 말하고 있듯이, 우리는 진화를 통해 발전한 생물학적 유기체이고, 우리들의 뇌와 정서는 우리가 생존할 수 있게 해준 진화상의 적응기제를 반영한다. 우리들의 가치와 윤리 체계는 진화를 통해 만들어진 우리들의 본성의 산물이다. 그렇다면 생물학과 생리학적 지식이 발전해감에 따라 우리들의 생물학적 본성에 내재되어 있는 윤리적 전제들이 드러나게 되고, 그리하여 사실과 가치 사이에 연결다리가 만들어지는 것은 아닐까? 이에 대해 간단히 답하자면 이렇다. '그렇지 않다.' 그 어떤 과학도 우리들의 생물학적 본성에 내재해 있는 윤리적인 전제들을 발견할 수 없을 것이다. 왜냐하면 윤리적 전제는 과학적 탐구를 통해 발견되는 그런 종류의 어떤 것이 아니기 때문이다.67)

다음처럼 말하기도 한다.

진화론도, 생물학도, 전체로서의 과학도 윤리의 궁극적 전제를 제공할 수는 없다. 윤리에 대한 생물학적 설명은, 우리가 자명한 도덕적 진리로 간주하는 도덕적 직관들이 사실상 진화론의 용어들로 설명될 수 있음을 재고해보도록 하는 단순히 소극적인 역할을 수행할 수 있을 뿐이다.68)

윌슨은 '인간은 진화의 산물이다, 그러므로 인간의 윤리도 진화의 산물이다'는 일관성 있는 주장을 펼친다.

---

67) P. Singer, *The Expanding Circle ; Ethics and Sociobiology*, 76-77쪽.

68) P. Singer, *The Expanding Circle ; Ethics and Sociobiology*, 84쪽.

생리학과 진화의 역사의 문제에 관심이 있는 생물학자는 자의식 self-knowledge은 뇌의 시상하부와 대뇌변연계에 있는 정서중추에 의해 제어되고 형성된다는 것을 알고 있다. 이 중추들은 우리의 의식을 미움, 사랑, 죄의식, 공포 등의 모든 감정으로 채우고 있고 윤리철학자들은 이러한 감정에 의존하여 선악의 기준을 직관하고 있다. 그러면 우리는 무엇이 시상하부와 대뇌변연계를 만들어냈느냐 하는 의문을 제기하지 않을 수 없다. 그러나 이들은 바로 자연선택에 의해 진화해 온 것이다.[69]

그러나 싱어는 인간은 진화의 산물이지만 진화를 넘어서 있다는 모순적인 주장을 펼친다. "진화의 맹목적 발전은 몇몇 종들에게 이성적 사유 능력을 던져주었다."[70] 특히 인간은 진화과정에서 두뇌가 커지면서 이성적 사고를 하게 되었는데, 동물들 중에도 이성 능력을 가진 것이 있다.

이성을 활용할 수 있는 능력은 비록 인간만이 가진 특성이 아니지만, 다른 동물에 비해 유달리 인간에게서 고도로 발달했음에 틀림없다. 특정한 사건을 일반 규칙하에 신속히 가져다 놓을 수 있는 능력은 인간과 동물 윤리 간의 가장 중요한 차이일 것이다.[71]

싱어는 인간과 고등 포유류가 마찬가지로 이성능력을 갖고 있음을 주장하면서 동물과 인간 사이에 있는 질적인 차이를 부정하고 싶어 하지만, 그 역시 "특정한 사건을 일반 규칙하에 신속히 가져다 놓을 수 있는 능력은 인간과 동물 윤리 간의 가장 중요한 차이"라는 점을 인정한다. 그는 이 문장을 통해 인간 이외의 고등 포유류들의

---

69) E. Wilson, 『사회생물학 I』(이병훈·박시룡 옮김, 서울: 민음사, 1992), 19쪽.

70) P. Singer, *The Expanding Circle ; Ethics and Sociobiology*, 87쪽.

71) P. Singer, *The Expanding Circle ; Ethics and Sociobiology*, 95쪽.

이성능력과 인간의 이성능력이 질적으로 차이 나는 것임을 인정하는 셈이다.[72] 싱어는 우리가 앞서 인용한 문장에서 자기도 분명히 의식하지 못하는 혼란을 보여주고 있다. 그가 그 문장에서 동물들에게 인정해준 사고능력은 '가능한 경험의 한계 내에서 사고하는 능력'이요, 닫힌 사고능력이지만, 인간에게 인정해준 사고능력은 '가능한 경험의 한계를 벗어나서 사고하는 능력'이요, 열린 사고능력이다. 심지어 싱어는 진화의 산물인 이성에게 아주 특별한 주문을 한다.

> 맹목적 진화에 대한 합리적인 도전의 목표는 공평무사한 관점에 의해 요구되는 것이어야 한다. 다시 말하자면 공평하게 고려하여 모두의 이익을 증진시키는 것이어야 한다.[73]

이쯤 되면, 다시 말해서 진화의 산물이면서도 진화의 맹목성에 대항할 수 있는 정도의 이성 능력을 인간이 갖고 있다면, 이런 이성은 결코 동물들이 갖고 있는 '닫힌 이성'이 아니고 인간 고유의 '열린 이성'일 것이다. 그렇다면 인간은 진화에 **종속**되어 있는 다른 동물과는 **차원을 달리하는** 존재임을 인정할 수밖에 없을 것이다. 그럼에도 불구하고 싱어는 인간과 동물 사이의 질적 차이를 고집스럽게 부정한다.

---

72) 필자는 동물의 이성은 칸트식으로 '가능한 경험의 한계 내에서 사고하는 이성(오성, Verstand)'이며, 인간의 이성은 '가능한 경험의 한계를 벗어나는 방식으로 사고하는 이성(이성, Vernunft)'으로 이해될 수 있으며, 이 점에서 동물과 인간이 질적으로 다르다고 생각한다.

73) P. Singer, *The Expanding Circle ; Ethics and Sociobiology*, 167쪽.

Ⅳ. 인간의 도덕적 행위능력에 대한 싱어의 이중적 평가

인간의 도덕적 행위능력에 대한 싱어의 이중적 태도는 그가 자신이 제창하는 채식주의에 대해 사람들이 제기할 법한 예상되는 질문에 대해 답변할 때도 여지없이 드러난다. 그 질문이란 동물들은 서로를 잔인하고 고통스럽게 잡아먹으며, 인간도 종종 동물들의 먹이가 되는데 왜 인간은 동물들을 먹어서는 안 되는가, 하는 것이다. 싱어는 이 질문에 대해 230년 전에 윌리엄 페일리가 제출했던 대답, 즉 인간은 육식이 불가피하지 않지만 육식동물은 육식이 불가피하다는 답을 소개한 뒤 다음처럼 말한다.

> 통상 자신들을 다른 동물들보다 우월하다고 생각했던 인간들이 막상 자신들의 식생활 기호를 지지해주는 것처럼 보이니까 도덕적 영감과 지침을 얻기 위해서 다른 동물들의 모습을 참고해야 한다는 논증을 활용하려는 것은 뭔가 앞뒤가 맞지 않다는 것이다. 물론 핵심사항은 이것이다. 즉 인간 아닌 동물들은 다른 대안을 생각해볼 수 없다는 것 혹은 그들이 먹기 위해 살생하는 것이 도덕적으로 옳고 그른지를 고찰할 능력이 없다는 것이다. … (중략) … 인간 아닌 동물들이 자신들이 행하는 바에 대해 도덕적인 책임이 있다거나 비난받을 만하다고 생각하는 것은 이치에 안 맞는 말이다. 반면에 이 책의 모든 독자들은 먹기 위해 살생을 하는 문제에 대해 도덕적인 선택을 할 수 있다. 우리가 도덕적인 선택을 할 능력이 없는 존재들의 행동을 모방함으로써 우리들의 선택에 대한 책임을 회피할 수는 없다.[74]

이 인용문을 분석함에 있어서 우리가 특별히 주목해야 할 부분은 인간과 동물의 본질적 차이에 관한 측면이다. 육식의 비윤리성을 주

---

74) P. Singer, *Animal Liberation*, 224쪽.

장하는 그에게 사람들은 당연히 '당신의 주장대로 인간과 동물의 질적인 차이가 없다면, 그래서 인간도 철저하게 자연적인 존재라면, 약육강식의 자연 질서에 따라 강자인 인간이 약자인 다른 동물을 잡아먹는 것이 뭐가 잘못된 것인가?' 하고 물을 수 있다. 이 질문에 싱어는 '만물의 영장임을 자처하는 인간이 동물 흉내를 내겠다는 것이냐?'라고 힐난조로 말한다. 하지만 인간이 만물의 영장이라는 사실은 인간이 동물을 흉내 내지 말아야 한다는 주장과 아무런 관계가 없다. 만물의 영장인 인간이기에 동물을 흉내 내는 것이 부끄러운 일이며, 그래서 동물을 흉내 내지 말아야 한다면, 인간은 잠도 자지 말아야 하며, 섹스를 해서도 안 되며, 음식을 먹어서도 안 된다. 그런 것들은 다 동물도 하는 것이니까 말이다. 싱어가 인간이 동물을 흉내 내지 말기를 요구할 때 진정으로 하고 싶었던 핵심은 아래처럼 정리할 수 있을 것 있다.

> 만물의 영장임을 자처하는 인간이, 자연 법칙에 따라 약육강식의 식생활을 하는 동물을 흉내 내는 것은 스스로를 동물 수준으로 비하하는 것이다. 그러니 만물의 영장이라는 지위를 계속 누리려면 동물을 흉내 내서는 안 된다.

그러나 동물을 흉내 내지 말기를 요구하는 것이 가능하기 위해서, 다시 말해서 약육강식의 자연 질서를 거부하면서 육식을 하지 않을 수 있기 위해서, 싱어는 인간에게 동물들과는 구분되는 특별한 지위를 부여해야 한다. 그러나 그는 그렇게 하지 않는다. 우리가 앞서 인용한 싱어의 인용문을 자세히 살펴보면, 싱어는 하나의 딜레마를 만들어 육식을 정당화하려는 사람들을 공격하고 있음을 발견하게 된다. 그 딜레마는 다음처럼 구성될 수 있다.

> 인간이 만물의 영장이라면 동물을 흉내 내서는 안 되며, 따라서
> 동물을 먹어서는 안 된다. 만약 인간이 만물의 영장이 아니라면
> 동물들 위에 군림해서는 안 되며, 동물들을 먹어서는 안 된다.

이에 대해 필자는 다음의 역딜레마(counter dilemma)로 답하겠다.

> 인간이 만물의 영장이라면, 인간은 동물들 위에 군림하여 동물들
> 을 인간의 이익을 위해 사용하고 먹을 수 있다. 만약 인간이 만물
> 의 영장이 아니라면, 자연의 질서에 따라 동물들처럼 다른 동물을
> 먹을 수 있다.

앞에 인용한 인용문의 두 번째 측면, 즉 인간은 먹거리 선택에 대한 도덕적 책임을 져야 하지만 동물들에게는 도덕적 책임을 물을 수 없다는 주장에 대해 분석해보자. 싱어로서는 도덕적 책임의 문제와 연결되는 자율성의 문제는 참으로 다루기 껄끄러운 것으로『실천윤리학』에서는 이 문제를 회피해 버린다.

> 어떤 철학자들은 (인간과 동물 간에는: 필자 보충) 보다 심오한 차
> 이가 있다고 주장한다. … (중략) … 어떻게 자신의 삶을 살아갈
> 것인가를 선택할 수 있는 자율성의 능력이 동물에게는 없다. 어떤
> 점에 있어서는 자율적이고 자의식적인 존재가 자신을 과거와 미
> 래를 가지는 별개의 존재로 인식하는 능력을 가지지 못하고 순간
> 순간 살아가는 존재보다도 더 가치 있고 도덕적으로 더 중요하다
> 고 주장되어 왔다. … (중략) … 나는 지금으로서는 인간이 아닌
> 어떤 동물이 자의식적이고 자율적인지의 여부를 고려하지 않을
> 것이다.[75]

---

75) P. Singer, *Practical Ethics*(1979), 63쪽.

그러나 싱어는 '동물들은 서로 잡아먹는데 왜 인간은 동물을 먹으면 안 되는가'라는 질문에 답하려면, 피해가고 싶었던 문제에 대해 자신의 명백한 입장을 밝히지 않을 수 없게 된다. 그는 궁색한 답을 한다. 동물들은 자신의 행동에 책임지지 못하지만, 인간은 자신의 선택과 행동에 책임질 수 있는 능력을 갖고 있다는 것이다. 이는 명백히 인간과 동물 간에는 중요한 질적 차이가 있음을 인정하는 것이 될 것이다. 고집스럽게 인간과 동물의 질적 차이를 부정한 싱어가 이런 말을 한다는 것은 이상하게 들릴지 모르지만, 사실 이는 그의 동물해방론으로부터 필연적으로 따라 나오는 말이다. 그의 채식주의를 사람들은 '윤리적 채식주의(ethical vegetarianism)'로 부르는데,[76] 인간이 윤리적인 존재가 아니라면 어떻게 윤리적 차원에서 채식을 결단하기를 요구할 수 있겠는가? 인간은 도덕적 책임을 질 수 있고 동물은 그렇지 못하다는 자신의 주장이 동물과 인간의 차이를 인정하는 것으로 비칠 것을 걱정한 나머지 싱어는 다음처럼 말한다.

> 이제 어떤 사람은 내가 인간과 다른 동물 간에는 중요한 차이가 있다는 사실을 받아들이고 있으며, 그래서 모든 동물들의 평등을 옹호하는 나의 입장에 결함이 드러났다고 말할 것이 확실하다. 이런 비판이 떠오르는 사람은 이 책의 1장을 보다 주의 깊게 읽어보아야 할 것이다. 그 사람은 내가 여기서 옹호하는 평등의 본질을 오해하고 있음을 발견할 것이다. 나는 정상적인 성인과 다른 동물들 간에는 아무런 유의미한 차이가 없다는 터무니없는 주장을 한 적이 없다. 내 주장의 핵심은 동물들이 도덕적으로 행동할 능력이 있다는 것이 아니라, 단지 이익평등고려원칙이라는 도덕원리가 인간에게 적용되듯이 동물에게도 적용되어야 한다는 것이다. 스스로

---

76) 채식주의에는 윤리적, 종교적, 건강상의 채식주의 등이 있다. 이에 대해서는 본서의 제4장에서 자세히 다룬다.

도덕적 선택을 할 능력이 없는 존재들을 동등한 고려의 범위 내에 포함시키는 경우가 종종 옳은 일임은 이런저런 이유로 도덕적 선택의 본질을 이해할 지적인 능력을 갖추지 못한 어린아이들과 다른 인간들을 우리들이 어떻게 대우하고 있는가를 생각해 보면 암시받을 수 있을 것이다.[77]

그러나 싱어의 이런 해명에 설득당할 사람이 몇이나 될지 궁금하다. 그의 주장은 두 가지 방식으로 요약될 수 있겠다.

(요약1) 정상적인 성인은 도덕적으로 선택행위를 할 수 있으며, 자신의 행동에 책임을 질 수 있는 존재이다. 어떤 동물도 그렇게 할 수는 없다. 나는 정상적인 성인과 다른 동물들 간에 의미 있는 차이가 없다는 터무니없는 주장을 한 적이 없다. 그럼에도 불구하고 인간과 동물 간에는 질적인 차이가 없다.

이는 명백히 터무니없이 자기모순적인 주장이다. 싱어는 이 자기모순을 숨기기 위해 우리가 인용한 문장의 후반부에서 또다시 인간과 동물 간에는 질적인 차이가 있느냐 없느냐 하는 문제와는 무관한 이야기를 한다. '이익평등고려라는 도덕원리가 인간에게 적용되듯이 동물에게도 적용되어야 한다'는 것이 자기주장의 핵심이라는 것이다. 우리는 그가 옹호하고자 하는 평등이 어떤 것인지 잘 이해하고 있다. 오히려 그가 우리의 비판의 본질을 이해하지 못하고 있다. 우리의 비판의 핵심은, 그가 인간과 동물의 이익을 평등하게 고려해야 한다는 주장을 정당화하기 위해 인간과 동물의 질적인 차이를 부정해놓고선, '동물들은 서로 잡아먹는데 왜 인간은 동물을 먹으면 안 되는가'라는 질문에 답할 때는 왜 그 차이를 인정하느냐 하는 것이

---

77) P. Singer, *Animal Liberation*, 225쪽.

다. 설령 우리가 싱어의 앞선 인용문을 싱어에게 호의적인 방식으로 다음처럼 요약해본다 하더라도 여전히 싱어의 주장은 문제투성이임을 알 수 있다.

> (요약2) 정상적인 성인은 도덕적으로 선택행위를 할 수 있으며, 자신의 행동에 책임을 질 수 있는 존재이다. 어떤 동물도 그렇게 할 수는 없다. 정상적인 성인과 다른 동물들 간에는 의미 있는 차이가 있다. 다만 그 차이를 인간 종과 동물의 차이로 받아들이지는 말아야 한다. 왜냐하면 도덕적 선택행위의 능력이 없는 유아나 정신병자들은 동물들과 의미 있는 차이를 보여주지 못하기 때문이다.

그러나 정상적인 성인과 동물들 간에는 의미 있는 차이가 있다면, 그 차이는 동물들을 차별하는 것을 정당화시켜 줄 것이다. 이제 우리는 싱어에게 물어볼 수 있다. 동물들과 비교했을 때 정상적인 성인이 의미 있는 차이를 보여준다면, 우리는 그 차이를 인간 종 전체로 확대할 수 있는 것이 아닌가? 이에 대해 싱어는 다시금 어떤 생명체의 현재적 특성만 갖고 말해야 하지 잠재적 특성을 갖고 말해서는 안 된다고 주장할 것이다. 그러나 생명체를 정의할 때는 그 현재적 특성뿐만 아니라 잠재적 특성—이 잠재적 특성은 유전자와 밀접한 관계를 맺고 있다—을 반드시 고려해야 한다. 그것을 고려하지 않으면, 우연적 가능성과 필연적 가능성의 구분을 무시하는 잘못을 범하게 된다.

V. 맺음말

필자는 지금까지의 논의 성과를 요약하는 방식으로 결론을 맺고자 한다. 첫째로, 싱어는 인간에 대한 생물학적 정의와 사회학적 정의를 소개하고 있지만, 정작 그는 그 두 개의 정의 중에서 어느 것도 택하지 않고 있으며, 그렇다고 제3의 정의를 제출하고 있지도 않다. **그는 '인간'이란 개념을 두 가지로 나누어 분해해 버리고 있다.** '호모사피엔스라는 종의 구성원'과 '인격체'가 그것이다. 그는 인간이란 개념이 이렇게 두 가지 방식으로 정의될 수 있다고 해 놓고선, 정작 이 두 가지 정의 중에서 어느 정의가 옳은지에 대한 자신의 입장을 밝히지 않고 있다. 필자가 관찰한 바에 의하면, 그는 인격체로서의 인간개념을 선호한다. 예컨대 낙태에 대한 기독교의 입장을 비판할 때, 인격체로서의 인간 개념을 동원하여 호모사피엔스라는 종의 구성원으로서의 인간 개념을 비판한다. 그렇다고 그가 인간을 인격체로 정의하는 것도 아니다. 그가 생각하기에 고등유인원들은 모두 인격체의 특성을 갖고 있는데, 인간을 인격체와 동연개념으로 간주하면, 모든 고등유인원들도 인간의 범주에 포함되게 된다. 싱어 역시 이는 곤란한 일이라 생각했다. 그가 인간을 인격체로 정의하는 듯이 보이기도 하지만, 자세히 살펴보면 그는 그 정의를 받아들이는 것도 아니다. 결론적으로 말해서 그가 받아들이고 있는, 인간에 대한 정의는 없다. 그는 『실천윤리학』이나 『동물해방론』 전체에 걸쳐 이런 모습을 보여주고 있다. 신생아는 호모사피엔스라는 종의 구성원이지만 인격체는 아니다. 그리고 성체 침팬지는 인격체이지만 호모사피엔스라는 종의 구성원은 아니다. 그러나 '인간'이란 용어를 이렇게 분해해 버리는 것이 과연 정당한 일인가? 싱어의 모든 논의에는 '인간'이 없다. 단지 '호모사피엔스라는 종의 구성원'과 '인격체'에 대한 논의만이 있을 뿐이다. 필자는 인간을 '호모사피엔스라는 종의 유전적 특징을 가진 인격체'로 규정했다. 그리고 호모사피엔스라는 종의 유전적 특징을 가진다는 것은 어떤 생명체가 인간이되기 위한 필요조건을 충족시키는 것이고 인격체의 특징을 구비한다는 것은 그 생명체가 인간이 되기 위한 충분조건을 충족시키는 것이다. 그리고 이 두 조건을 동시에 충족시키는 존재만이 온전한 인간이다. 그렇다면 정상적인 성인은 온전한 인간이고, 갓 태어난 아이는 불완전한 인간이라고 말할 수 있을 것이다. 그러면 싱어는 왜우리가 앞서 규정한 그런 '인간'을 제거해 버렸는가? 인간 개념을 그런 식으로 정의하면, 태아는 잠재적 인간이 되기 때문에, 태아가비록 인격체의 모습을 보여주지 않는다 하더라도 함부로 취급되어서는 안 되게 된다. 그렇게 되면 인간종족중심주의에 대한 싱어의공격은 약화될 수밖에 없게 되며, 따라서 그의 동물해방론은 동력을잃게 된다. 그러나 그가 인간개념을 '호모사피엔스라는 종의 구성원'과 '인격체'로 나누어 분해해 버린 것은 잘못이다. 둘째로, 싱어는또한 자연계에서의 인간의 지위에 대해서도 혼란된 모습을 보여주고 있다. 그는 인간을 진화의 산물로 볼 때는 인간을 자연종속적인존재로 보다가, 인간만이 이성능력에 힘입어 진화의 맹목성에 대항할 수 있다고 말할 때는 인간을 자연종속적이지 않은 존재로 이해한다. 싱어는 인간의 이성능력에 대해 평가하면서도 모순적인 모습을보여준다. 인간의 이성능력은 동물의 이성능력과 유사하다고 하다가결정적으로 다르다고 말하기도 한다. 그의 이런 모순적인 태도는 인간의 도덕적 행위능력에 대해 평가할 때도 드러난다.

싱어의 동물해방론은 대중적 호응을 받고 있다 하더라도, 이론적 기초는 허약하다는 것이 필자의 생각이다. 필자가 싱어 이론의 허점을 밝혀내는 이유는 우리가 동물을 무자비하게 학대하던 시절로 되돌아가기 위함이 아니라, '동물복지'의 미명 아래 인간의 존엄성을 훼손하는 것은 잘못임을 보여주려는 것이다.

제3장

피터 싱어의 윤리적
채식주의 비판

인류 역사에서 채식주의는 음식문화로서 비록 대세를 이룬 적은 없었지만 오래전부터 꾸준히 그 명맥을 이어왔었다. 그리고 '채식이냐 육식이냐' 하는 문제는 윤리학의 영역에서 큰 주목을 받지 못한 논쟁거리였다. 그러나 피터 싱어가 1975년에 『동물해방』에서 공리주의적 관점에 입각하여 공장식 축산의 문제점을 지적하고, 그 문제의 해결을 위한 행동지침으로 채식주의를 제창한 이래로 구미학계에서 커다란 논쟁거리로 부상하였다.78) 마이클 폴란의 적절한 표현을 빌린다면 "철학적 진술과 저널리즘적 묘사로 이루어져 있는"79) 『동물해방』의 영향을 받아 우리 사회에서도 채식주의에 대한 논의가 그 어느 때보다도 활발하다.

싱어는 다양한 실천윤리학적 문제들에 대한 자기 나름의 견해와 대안을 제시하는 철학자이다. 그가 1979년에 출간한 『실천윤리학』 초판에서는 낙태, 안락사, 국가 간 빈부문제, 인종차별, 성차별, 동물살생 등등의 문제들을 다루고 있다. 채식주의의 문제는 그가 다루는 많은 실천윤리학적 문제들 중의 하나일 뿐이지만, 전 세계적으로 가장 큰 반향을 불러일으켰다.80) 그런데 그는 이런 실천윤리학적 문제

---

78) P. Singer, *Animal Liberation*, 259쪽 이하 참조.
79) 마이클 폴란, 『잡식동물의 딜레마』(서울: 다른세상, 2011), 389쪽.

를 다루는 일관된 윤리학적 입장과 원칙을 갖고 있다. 싱어는 공리주의와 그에 기반해 있는 '이익평등고려원칙'을 모든 실천윤리학적 문제들에 일관되게 적용하여 문제를 해결하고자 한다.[81] 우리는 싱어가 우리에게 실천하기를 요구하는 채식주의가 공리주의적으로 정당화될 수 있는지 검토하려면, 먼저 그가 받아들이고 있는 공리주의와 이익평등고려원칙을 살펴볼 필요가 있겠다.

공리주의는 쾌락을 선으로 고통을 악으로 보는 윤리학적 입장이다. 그리고 우리에게 이 세상에 존재하는 쾌락의 총량을 증대시키고 고통의 총량을 줄이는 행위를 하도록 요구한다. 그런데 우리가 육식을 통해 얻게 되는 미각의 즐거움을 싼값에 충족시키기 위해 고안한 공장식 축산은 동물들에게 엄청난 고통을 주고 있다. 이는 공리주의적 관점에서 보았을 때, 악이다. 그런데 그는 동물들도 인간과 마찬가지로 고통과 즐거움을 느끼는 능력, 즉 쾌고감수능력을 갖고 있기에 동물들의 고통도 도덕적 고려의 대상이 되어야 한다고 주장한다. 동물들도 인간과 마찬가지로 이익을 가진다는 것이다. 그리고 동물의 이익과 인간의 이익을 동등하게 고려하는 것이 윤리적으로 옳다는 생각에서 그는 이익평등고려원칙을 제창하였다. 그는 인간의 이익과 동물의 이익이 동등하게 고려하지 않는 것은 종차별주의(speciesism)가 된다고 말한다.

싱어는 세계 속의 고통의 양을 줄이기 위해서, 그리고 종차별주의

---

80) 물론 그는 안락사와 유아살해를 옹호함으로써 나치에 의해 비인도적인 반자의적 안락사를 경험한 독일에서 커다란 논란을 일으키기도 했으며, 이에 대한 자신의 입장을 1993년에 출간한 *Practical Ethics* 개정판의 말미에서 밝히고 있다.

81) 필자는 interest를 '이해관심'으로 번역하고 싶지만, 국내에서는 '이익'으로 번역하고 있기에 그 관행을 따른다. 그 말은 동물들도 자신에게 이익이 되는 쾌를 추구하고 해로움이 되는 고통을 회피하려는 데 관심을 갖고 있다는 뜻이다.

자가 되지 않기 위해서 공장식 축산에 의해 생산된 고기를 먹지 말아야 한다고 결론 내린다. 사람들은 이 대목에서 다섯 가지 질문을 할 수 있다. 첫째로, 싱어가 우리에게 권유하는 채식주의는 어떤 유형의 것인가? 둘째로, 과연 동물들이 고통을 느낀다는 것은 과학적 사실인가? 셋째로, 공장식 축산이 아니라 동물들의 복지를 고려한 전통적인 방목의 방식으로 사육한 뒤 고통 없이 도축한 동물들을 먹는 것은 공리주의적 관점에서 허용될 수 있는 것이 아닌가? 넷째로, 사육해서 잡아먹히는 동물의 고통에 대비해서 새로 태어나는 동물들의 행복의 총량이 더 크다면 육식도 가능한 것이 아닌가? 다섯째로, 그가 주장하는 유형의 채식주의는 이익평등고려원칙에 부합하는가? 필자는 이 질문들을 중심으로 싱어의 채식주의를 비판적으로 분석해보고자 한다.

싱어는 자신의 동물해방론이 세계적인 반향을 불러일으키자, 『동물해방』 제2판 '서문'에서 동물해방론에 대한 믿음과 자신감을 다음처럼 강하게 표현한다.

> 나는 이 책이 기초하고 있는 단순한 윤리적 논증이 타당하지 않다고 생각하도록 나를 설득한, 극복할 수 없는 반대를 만난 적은 한 번도 없었다.[82]

필자는 싱어의 이런 이론적 자부심이 잘못된 것임을 보여주고자 한다. 채식주의의 실천 가능성은 있을 수 있겠지만, 공리주의 윤리학에 근거한 완전채식주의의 이론적 입증 가능성은 없음을 밝힐 것이다.

---

82) P. Singer, *Animal Liberation*, (2nd edition, A New York Review Book, 1990), xi.

I. 싱어가 지지하는 채식주의의 유형

우리가 뭉뚱그려 '채식주의'라는 용어로 명명하는 채식주의는 두 가지 방식으로 분류할 수 있다. 즉 그 동기의 관점과 그 철저성의 관점에서 분류될 수 있다. 먼저 '왜 채식을 하는가'라는 동기의 관점에서 본다면, 종교적 채식주의, 금욕적 채식주의, 건강상의 채식주의, 경제적 채식주의, 생태적 채식주의, 정치적 채식주의 그리고 윤리적 채식주의가 있다. 종교적 채식주의의 대표적인 경우는 살생금지를 핵심교리로 삼고 있는 불교도의 채식주의인데, 특히 브라만교의 한 갈래인 자이나교도는 보행 중에 벌레를 밟아 죽일까 봐 빗자루로 길을 쓸면서 다녔다고 한다.[83] 이뿐만 아니라 그들은 실수로 날벌레를 삼키는 일이 발생하지 않도록 하려고 항상 입을 천으로 가렸다고 한다.[84] 금욕적 채식주의는 육식이 인간의 성적 욕구를 증진시키며 금욕적 생활에 방해가 된다고 생각하여 채식을 하는 경우이다. 금욕적 채식주의자들 중에는 식물조차도 인간의 성적인 욕구를 자극하는 경우에는 멀리하여 식단에 올리지 않는 경우가 있다. 예컨대 오신채가 그것이다. 오신채는 마늘, 파, 부추, 달래, 홍거로, 이런 식물들은 향이 강하여 수행자의 마음을 어지럽힌다고 해서 상에 올리지 않는다. 금욕적 채식주의는 종교적 채식주의와 밀접한 연관이 있어 보인다. 채식을 하는 이유가 건강증진을 위한 것이라면 이는 건강상의

---

83) 이병욱, 「인도종교에 나타난 동물존중태도」(박상언 엮음, 『종교와 동물 그리고 윤리적 성찰』, 서울: 2014), 107쪽 이하 참조. 자이나교는 불살생에 관한 한, 힌두교보다 더 엄격한 교리를 갖고 있었다. 심지어 식물에 위해가 되는 행동도 금지하였다. N. Marin, *Vegetarianism: The History and Differnt Types of Vegetarianism Including the Ethics and Religious Reasons for Vegetarianism* (Websters Digital Service, 2011), 166쪽 참조.

84) 로랑 베그, 『도덕적 인간은 왜 나쁜 사회를 만드는가』(이세진 옮김, 서울: 부키, 2013), 80쪽 참조.

채식주의인데, 채식이 육식보다 건강에 좋다는 주장에 대한 반론 또한 만만찮다.[85] 일반적으로 고기가 채소보다 값비싸기 때문에 채식 위주의 식단을 꾸린다면 이는 경제적 채식주의가 될 것이다. 이는 개인적 차원의 경제적 채식주의가 될 것이다. 경제적 채식주의는 사회적 차원에서 이해될 수도 있는데, 어떤 사회의 구성원들이 육식보

---

85) 리어 키스(Lierre Keith)에 의하면 거식증이나 폭식증 치료를 받고자 하는 여성의 30-50%가 채식주의자이며, 인디애나주 블루밍턴 병원이 운영하는 식이장애 프로그램에 참가하는 환자의 3분의 1이 채식주의자라 한다. 그리고 LA 레이더 연구소(Rader Institute)에서 일하는 영양치료사 세리 와이츠(Sheri Weitz)는 치료대상의 절반이 자신을 채식주의자로 밝힌다고 한다(『채식의 배신』, 김희경 옮김, 서울: 부키, 2015, 365쪽). 이동진은 체질에 따라 채식이 맞는 사람이 있을 수 있지만, 채식을 과신하다가 오히려 건강을 망치는 사람들이 많다고 말한다(이동진, 『채식주의가 병을 부른다』, 서울: 이상미디어, 2014, 114-121쪽 참조). 지난 몇 년 사이에 이탈리아에서는 채식주의 부모가 어린 자식들에게 고기를 먹이지 않아 아이들이 영양실조에 걸려 병원에 입원한 사례가 4차례나 있었는데, 이탈리아의 중도우파 정당의 새비노 의원은 16세 이하 자녀에게 채식을 강요하는 부모를 징역에 처하는 법안을 제출했다고 한다. (http://www.huffingtonpost.kr/aftertherain/story_b_11556988.html?utm_hp_ref=naver) 미국농업연구국(U.S. Agricultural Research Service) 소속의 알렌(L. Allen) 박사도 이탈리아의 새비노 의원과 마찬가지로 완전채식주의(vegan)가 영양학적으로 성장기의 어린아이들에게 해롭다는 입장을 표명했다. 이에 대해 완전채식주의자들은 오히려 고기가 많은 보통의 서구식 식단으로 자녀를 키우는 부모들이 오히려 자녀들의 건강을 망치고 있다고 주장한다(P. Singer and Jim Mason, *The Ethics of What We Eat*, Rodale, 2006, 223쪽 이하 참조). 전문가들 사이에서 찬반이 팽팽하니, 비전문가들은 판단하기가 힘든 문제이다. 하지만, 피터 싱어가 이용하고 있는 '식단과 질병에 대한 세계 최대-최고의 포괄적 연구' 결과가 암시하는 바가 있다고 생각한다. 그 연구에 따르면 중국 농촌지역의 사람들이 섭취하는 고기는 미국인들이 일반적 식사에서 섭취하는 고기 양에 비해 10분의 1 정도인데, 그 정도의 고기 섭취로도 아이들은 정상적으로 성장하였고 사람들은 정상적인 건강을 유지하였다고 한다. 그런데 그보다 고기를 더 많이 먹도록 했더니 '풍요의 병(diseases of affluence)'인 심장병, 비만, 당뇨병 그리고 암의 발병률이 조금 상승했다고 한다(P. Singer and Jim Mason, *The Ethics of What We Eat*, 245쪽 참조). 서구인, 특히 미국인들은 고기를 과도하게 섭취한다면, 개발도상의 아프리카인들과 동양인들은 고기 섭취를 늘려야 할 것으로 보인다. 육식이 건강에 해롭다는 주장은 서양인들에게 어느 정도 타당한 주장처럼 보인다. 특히 서양인들이 공장식 축산을 통해 생산하는 고기들은 "농약, 항생제, 성장촉진 호르몬의 덩어리라고 할 수 있을 정도로 오염된 음식"이기에(고미숙, 『채식주의를 넘어서』, 서울: 푸른세상, 2011, 84쪽) 더욱이 건강에 좋지 않을 것이다. 설령 아무리 채식주의가 건강에 좋다고 하더라도, 농약에 오염된 채소나 곡물들로 만든 채식주의 식단이 건강에 좋을 수 없듯이, 생산된 고기의 질도 고려할 필요가 있다. 어쨌건 중요한 사실은 싱어가 육식의 해악을 설득하기 위해 사용한 그 보고서의 자료에서 미국인과 비교된 중국인들은 완전채식주의자들이 아니라, 적절한 육식주의자들(혹은 적절한 채식주의자들)이었다는 사실이다. 이 점에서는 헤어도 유사한 입장을 제출하고 있다. 부분채식주의자(demi-vegetarian)인 그는 "이런 영양상의 고려들로부터 나는 다음과 같은 결론에 도달하였다. 건강의 관점에서 볼 때, 약간의 고기를 먹는 것은 옳지만 고기를 전혀 먹지 않는 것은 옳지 않다는 것이다"(R. M. Hare, 'Why I am only a Demi-vegetarian', in *Singer and his Critics*, Dale Jamieson(ed.), Blackwell Publishers Ltd, 2000, 236쪽).

다는 채식을 채택한다면, 그 사회가 경제적 이득을 보게 될 것이라고 생각하는 것이다. 생태계 보존에 도움이 되기 때문에 채식을 한다면 이는 생태적 채식주의가 될 것이다. 세계 70억 인구가 모두 미국인들처럼 육식을 한다면, 엄청난 양의 고기를 공급해야 하는데, 그 많은 고기를 '집중식 동물 사육방식(Concentrated Animal Feeding Operation, CAFO)'으로 기르기 위해서는 엄청난 양의 초지와 곡물(특히 옥수수)과 물이 필요한데, 이를 조달하기 위해 생태계가 대규모로 파괴될 수밖에 없다. 생태계 보존을 위해서라도 채식은 불가피하다.[86] 정치적 채식주의는 부자 나라 사람들의 입맛을 위한 육식선호의 식생활이 빈국 사람들의 아사를 유발하기에, 그리고 채식을 통해 빈민국의 아사 문제를 해결할 수 있기에 채식을 해야 한다는 입장이다. 정치적 채식주의는 생태적 채식주의와 밀접하게 연결되어 있는 듯이 보인다.[87] 정치적 채식주의에 대해 스튜트 패튼은 이렇게 비평한다.

> 환경에 관해서 사람들은 동물 농업이 굶어 죽는 사람들을 먹이는 데 필요한 땅과 곡물을 낭비한다는 소리를 듣는다. 그러나 진짜 우리가 도전해야 할 일은 굶주리는 사람들이 충분한 음식을 얻지 못하도록 막고 있는 정치적이고 경제적인 요인들을 극복하는 것이다.[88]

마지막으로 윤리적 채식주의(ethical vegetarianism)가 있다. 간단

---

86) P. Singer and J. Mason, *The Ethics of What We Eat*, 231쪽 이하 참조. 그리고 P. Singer, *Animal Liberation*, 164쪽 이하 참조.

87) 김명식, 「산업형 농업시대의 동물윤리」(한국환경철학회, 『환경철학』 18권, 2014), 99쪽 참조.

88) Stuart Patton, "Meat is Good for You"(in *The Ethics of Food: A Reader for the Twenty-First Century*, G. E. Fence, ed., Rowman & Littlefield Publishers, Inc, 2002), 51-52쪽.

히 말해서 동물을 먹는 것은 윤리적으로 악한 행위이기 때문에 채식을 해야만 한다는 것이다. 동물을 먹지 말아야 하는 이유는 우리가 살인을 하지 말아야 하는 이유 혹은 거짓말을 하지 말아야 하는 이유와 마찬가지이다. 육식, 살인, 강간, 거짓말, 폭력을 행하지 말아야 하는 이유는 그것들이 윤리적으로 악한 행위이기 때문이다. 채식은 정직이 윤리적으로 선한 행위이듯이 선한 행위이다. 어떤 근거에서 선한가? 이 대목에서 윤리적 채식주의는 두 가지로 나누어진다. 싱어의 '동물복지론적 채식주의'와 리건(T, Regan)의 '동물권리론적 채식주의'이다. 전자는 고통은 악이고 쾌는 선이라는 공리주의적 입장에서 동물들도 쾌고감수능력을 갖고 있기에 그들의 고통을 최소화하기 위해 채식을 해야만 한다는 입장이다.[89] 후자는 동물들도 인간과 마찬가지로 존중되고 보호되어야 할 권리, 즉 동물권(animal right)을 갖고 있기에 육식을 해서는 안 된다는 입장이다.[90]

윤리적 채식주의로서, 싱어의 동물복지론적 채식주의는 건강상의 채식주의, 생태적 채식주의, 정치적 채식주의와 밀접하게 연결되어 있는 듯하다. 실제로 싱어는 채식이 윤리적으로 옳을 뿐만 아니라 건강에도 좋고 생태계 보존에도 도움이 되며 가난한 나라 국민들의 식량문제를 해결하는 데도 도움이 된다고 생각한다.

인간의 복지와 환경보존을 돌보아야 한다고 주장하는 사람들은 바로 그렇게 주장하는 그 이유만으로도 채식주의자가 되어야 한다. 그들이 채식주의자가 되면, 다른 곳에 사는 사람들이 먹을 수

---

89) P. Singer, *Practical Ethics*(1979), 54쪽 이하 참조.

90) T. Regan, "The Moral Basis of Vegetarianism"(in *Ethical Vegetarianism: From Phytagoras to Peter Singer*, K. S. Walters & L. Portmess, eds., State University of New YorK Press, 1999), 153쪽 이하 참조.

있는 곡식의 양이 증가한다. 그리고 공해도 줄어들고, 물과 에너지가 절약되며, 산림이 사라지는 것을 멈추게 하는 일에 도움이 될 것이다. 게다가 채식주의자들의 식사는 육식에 비해 값이 저렴하다. 그래서 채식주의자들은 기아구제나 인구조절 혹은 그들이 가장 긴급하다고 생각하는 어떤 사회적·정치적 문제에 더 많은 자금을 사용할 수 있을 것이다.91)

우리는 위의 인용문에서 싱어가 윤리적 채식주의와 생태적 채식주의, 그리고 정치적 채식주의를 뒤섞어 주장하고 있음을 보게 된다. 그러나 윤리학의 문제는 사실의 문제가 아니라 당위의 문제이며, 사실에서 당위를 도출해내는 것은 자연주의적 오류라는 관점에서 볼 때, '채식은 건강에 좋다'는 것이 사실이라 하더라도, 그 사실로부터 바로 '그러므로 채식을 해야만 한다'는 결론을 도출해내는 것은 자연주의적 오류가 될 것이다. 싱어가 자연주의적 오류를 범하지 않으려면 먼저 '건강에 좋은 것은 윤리적으로 선이다'는 명제(명제1)가 윤리학적으로 입증되어 있어야 할 것이다. 마찬가지 논리로 '채식은 생태계 보존에 도움이 된다' 혹은 '채식은 빈국의 국민들의 아사를 막아준다'는 것이 사실이라 하더라도, 그런 사실들로부터 바로 '그러므로 채식을 해야만 한다'는 결론이 도출된다면, 그런 추리 역시

---

91) P. Singer, *Animal Liberation*, 221쪽. 그러나 채식이 환경보호에 도움이 된다는 싱어의 주장에 대해서도 적지 않은 반론이 있다; 리어 키스에 의하면 지구상에서 기후 문제로 곡물을 기를 수 없는 지역이 3분의 2나 된다고 한다(『채식의 배신』, 177쪽 참조). 채식주의자들이 생태계를 보호하기 위해서라도 채식을 해야 한다고 주장하지만, 그녀는 채식이 일반화되면 농지를 더 많이 개간해야 하는데, 인간의 농사 행위 그 자체가 실상은 생태계 파괴로부터 시작하는 일이기 때문에 채식이 확산되는 것이 생태계 보호에 도움이 안 된다고 말한다(『채식의 배신』, 36쪽 이하 참조). 밥 호름스도 과학적으로 고찰한다면, 환경에 가장 도움이 되는 시나리오는 고기를 전혀 먹지 않는 것이 아니라, 고기를 적절하게 먹는 것이라 한다. 지구상의 적지 않은 목초지는 농사를 짓기에는 부적절하지만, 소나 양이나 염소들을 키우기에는 적합하다. 또한 인간의 식생활 부산물은 돼지나 개나 닭에게 먹일 수 있다. 가축을 전혀 기르지 않으면, 지구상의 많은 목초지를 버려두게 되며, 물고기를 잡지 않는다면 더 많은 농경지를 개간해야 할 것이다(Bob Holmes, "Veggieworld: Why Eating Greens Won't Save the Planet", *New Scientist*, issue 2769, 2010.7. 20 참조).

자연주의적 오류를 범하는 것이 될 것이다. 이 경우에도 싱어가 이런 오류를 범하지 않으려면, '생태계 보존은 윤리적으로 선이다'(명제2)와 '빈국 국민들의 아사를 막는 것은 윤리적으로 선이다'(명제3)는 명제들이 윤리학적으로 입증되어 있어야 한다. 필자는 앞서 언급한 세 가지 명제들이 싱어의 공리주의적 입장에서 입증될 수 있는 것으로 생각한다. 공리주의의 입장에서 볼 때, 건강증진과 생태계 보존과 굶주림 방지는 선하기 때문이다. 즉 세계 속에 있는 고통의 총량을 줄여주는 것들이다. 과연 채식을 통해 싱어와 그 추종자들이 주장하는 그런 건강상, 생태상, 정치상의 이득을 얻을 수 있는가, 하는 문제에 대해서는 최종적인 결론이 나질 않았다.

필자가 이런 논의를 하는 이유는, 사실의 차원에서 주장되는 건강상의 채식주의가 당위의 차원에서 주장되고 있는 윤리적 채식주의와 뒤섞여 논의되고 있다면, 이는 사실과 당위를 구분하지 못하는 치명적인 문제가 될 것이기 때문이다. 만약 인육섭취가 다른 어떤 동물고기를 섭취하는 것보다 인간의 건강에 좋다는 것이 밝혀졌다고 하자. 그렇다면 건강강의 인육주의가 성립할 것이다. 이런 건강상의 인육주의에 근거하여 누군가가 '인간은 인육을 먹는 것이 도덕적이다'는 윤리적 인육주의를 주장한다면 이는 잘못이다. 건상상의 채식주의에 근거하여 윤리적 채식주의를 지지하려는 것도 마찬가지로 잘못이다. 그러나 만약 건강상의 채식주의, 생태적 채식주의, 정치적 채식주의도 윤리학적 근거를 갖고 있음이 인정된다면, 그것들을 윤리적 채식주의를 지지하는 논리와 연결시켜 활용하는 것도 받아들일 수가 있을 것이다. 그런데 만약 육식이 건강에 이롭고 완전 채식주의(vegan)가 건강에 치명적으로 해롭다는 사실이 밝혀진다면,

이런 경우에도 동물들이 공장식 축산으로 말미암아 당하는 고통을 줄이기 위해 채식을 해야 한다는 싱어의 동물복지론적 채식주의가 유지될 수 있을는지 의문이다.92)

싱어가 지지하는 채식주의는 그 동기의 관점에서 봤을 때, 동물의 고통을 줄이려는 동기, 생태계의 보존을 위한 동기, 빈국의 굶주림 문제를 해결하려는 동기를 갖고 있다. 그중에 가장 우세한 동기는 동물의 고통을 줄이려는 동기이며, 나머지 동기들은 이 주된 동기에 수반되어 있는 부차적인 동기들로 보인다. 필자가 뒤에서 싱어의 채식주의를 비판적으로 분석할 때 집중적으로 검토해 보고자 하는 것은 그에게 첫 번째 동기를 제공한 공리주의가 과연 그의 채식주의와 조화하는가, 하는 문제이다.

지금까지 우리는 채식주의를 그 동기의 관점에서 분류했다면, 채식주의는 그 철저성의 관점에서도 다양하게 분류된다. 오보–락토 채식주의(ovo–lacto vegetarianism)는 계란, 우유, 벌꿀과 같은 동물 생산물은 먹지만, 육류는 먹지 않는다. 락토 채식주의(lacto vegetarianism)는 동물의 고기와 알은 먹지 않지만 우유는 먹는다. 오보 채식주의

---

92) P. D. Hopkins와 A. Dacey는 "Vegetarian Meat: Could Technology Save Animals and Satisfy Meat Eaters?"(*J Agric Environ Ethics*, 2008, 21), 579쪽에서 공장식 축산으로 고통받는 동물들을 생각하면 채식을 해야 한다고 생각하지만, 막상 오래된 습관과 고기 맛을 잊지 못하여 육식을 하는 대다수 사람들을 위해 발생기 조직배양의 생명기술로 동물을 죽임이 없이 시험관에서 고기를 만드는 기술을 발전시켜야 한다고 말한다. 그리고 그렇게 하는 것은 단순히 흥미로운 선택사항이 아니라 우리들의 도덕적 의무라고 주장한다. 그러나 채식주의자들이 주장하듯이 육식이 건강에 해롭다고 한다면, 굳이 그런 생명공학기술을 발전시킬 필요가 있을 것인지 의문이다. 인공고기를 만들어 먹어야 한다는 이런 주장을 '윤리적 육식주의'로 명명할 수 있을 텐데, 만약 육식이 건강에 치명적으로 해롭다면, 윤리적 육식주의가 성립할 수 있을지 의문이다. 필자가 이 대목에서 의도하는 바는 건강상의 채식주의와 윤리적 채식주의가 부조화하는 경우에, 싱어가 마주하게 되는 곤란함을 보여주는 것이다. 다시 말해서 건강상으로는 육식이 더 바람직하다는 것이 과학적 사실로 확인되었다고 가정해보자(이는 사실판단이다). 공리주의 도덕으로 보았을 때 채식을 하는 것이 바람직하다고 판단될 경우(이는 가치판단이다), 공리주의자로서 싱어는 이런 사실-가치의 부조화를 어떻게 해결할 것인가 하는 것이다.

(ovo vegetarianism)는 육류와 우유는 먹지 않지만 알은 먹는다. 완전채식주의로 번역되기도 하는 비건이즘(veganism)은 모든 동물의 고기와 계란, 꿀, 우유, 치즈 같은 동물의 부산물도 먹지 않는다.[93] 생식채식주의(raw vegetarianism)는 신선하고 요리되지 않은 과일, 씨앗, 야채, 견과류만 먹는다. 과일채식주의(fruitarianism)는 오직 식물에 해를 가하지 않는 방식으로 채집된 과일, 견과류, 씨앗 등만을 먹는다.[94] 채식을 얼마나 철저하게 하느냐에 따라 생겨나는 다양한 유형의 채식주의는 이상에서 언급된 것 말고도 더 만들어질 수 있을 것이다. 예컨대 누군가가 특정한 날짐승의 알(예컨대 메추리알)과 특정한 채소(예컨대 브로콜리와 콩나물)만 먹는 채식주의도 생각해 볼 수 있을 것이다.[95]

---

93) 비건(vegan)이란 용어는 1944년 도날드 왓슨(Donald Watson)과 엘시 슈리글리(Elsie Shrigley)가 영국에서 비건협회(The Vegan Society)를 창립하면서 만든 용어이다(리차드 W. 불리엣, 『사육과 육식』, 임옥희 옮김, 파주: 알마, 2008), 38쪽. 일설에 의하면 vegetarian의 앞에 있는 세 글자인 veg와 뒤의 두 글자인 an을 합쳐 vegan이란 용어를 만들었다고 한다.

94) Noelle Marin, *Vegetarianism: The History and Differnt Types of Vegetarianism Including the Ethics and Religious Reasons for Vegetarianism*, 2쪽 참조.

95) '채식주의'라는 용어에 가장 잘 어울리는 채식주의는 완전채식주의(veganism)이다. 생식주의와 과일채식주의도 채식만 한다는 점에서 완전채식주의의 부류에 들어갈 수 있을 것으로 보인다. 그러나 락토-오보 채식주의, 락토 채식주의, 오보 채식주의는 채식주의로 분류하지만, 육식을 완전히 거부하지 않는다는 점에서 가벼운 육식주의로 분류할 수도 있겠다. 대부분의 사람들은 고기와 채소 중에서 어느 하나만을 먹어야 한다고 생각하지 않는다. 자신의 식사에서 고기와 채소를 얼마의 비율로 먹느냐 하는 것은 정도의 문제이다. 완전채식주의에 대립되는 의미의 '완전육식주의(meatatarian)'라는 용어가 있지만, 그것을 실천하는 사람은 극소수일 것이다. 이런 의미에서 본다면, 싱어가 육식주의자로 간주하는 대부분의 사람들은 보는 관점에 따라서는 부분적으로 채식주의자들이기도 하다. 반대로 흔히 채식주의자로 분류되는 폴로 채식주의자(pollo vegetarian)나 플렉시테리언(flexitarian) 페스코 채식주의자(pesco vegetarian)는 보는 관점에 따라서는 부분적 육식주의자들이기도 하다. 폴로 채식주의자는 닭고기, 칠면조, 우유, 계란, 생선을 먹으며, 페스코 채식수의자는 우유, 계란, 생선을 먹으며, 플렉시테리언은 자연 상태에서 자란 고기를 먹기 때문이다. 멜라니 조이(M. Joy)는 육식주의(carnism)를 다음처럼 규정한다. "우리는 고기를 먹는 것과 채식주의—동물과 세계와 우리 자신에 대한 일련의 가정들에 기초한 선택행위로서의 채식주의—를 같은 것으로 보지 않는다. 오히려 우리는 고기를 먹는 것을 당연한 것, 자연스러운 것, 항상 그래왔었고 앞으로도 그럴 것이라고 생각한다. 우리는 우리가 행하는 것이 무엇인지 왜 그렇게 하는지에 대한 반성 없이 동물을 먹는다. 왜냐하면 이런 행위 아래에 가로놓여 있는 신념체계는 보이지 않기 때문이다. 보이지 않는 이런 신념체계를 나는 육식주의라고 부른다"(M. Joy, *Why We loves Dog, eat Pigs and wear*

그러면 싱어가 『동물해방』에서 강력하게 밀고 있는 채식주의가
어떤 것인가? 싱어는 인류가 값싼 고기를 얻기 위해 현대의 공장식
축산방식을 도입한 이후 소, 돼지, 닭들이 얼마나 고통스러운 상황
에서 사육되고 있는가를 현장 잠입기자처럼 세세하게 기술한 뒤, 공
장식 축산에 의해 고통받는 동물들을 고통으로부터 해방시킬 수 있
는 강력한 길은 우리가 채식주의를 받아들이는 것이라고 주장한다.

채식주의자가 되는 것은 인간이 아닌 동물을 살해하는 것과 동물

Cows, Conari Press, 2011), 29쪽. 그러나 잡식동물로서 인간은 채소를 먹을 때도 당연하고 자
연스럽고, 과거, 현재, 미래에도 먹을 것으로 생각하며, 별다른 반성 없이 채소를 먹는다. 이런
점에서 본다면 육식주의에 대한 조이의 규정은 채식에 대해서도 그대로 적용될 수 있기에, 육
식주의에 대한 적합한 정의인지는 의문이다. 조이는 인간은 잡식동물이기에 고기를 먹는 것이
자연스럽다는 주장에 대해서도 납득하기 힘든 비판을 하는데, 다음과 같다. "우리 대부분은 인
류가 수천 년 동안 동물을 사냥해서 먹어왔기 때문에, 고기를 먹는 것이 자연스럽다고 믿는다.
적어도 200만 년 동안 잡식성 식사의 일부로 고기를 먹어온 것이 사실이다. … (중략) … 그러
나 공정하게 되려면, 영아살해나 살인, 강간 및 식인풍습도 최소한 육식만큼 오래되었으니 '자
연스럽다'고 주장해야 할 것이다. 그럼에도 우리는 이런 행위들을 정당화하려고 역사를 들먹
이지는 않는다"(Why We loves Dog, eat Pigs and wear Cow, 107쪽). 그러나 조이식으로 반
박한다면, 동성애나 수간도 장구한 역사를 갖고 있기에 '자연스럽다'고 말해야 할 것이다. 그
리고 자살도 유구한 역사를 자랑하니 자연스럽다고 해야 할 것이다. 그러나 그렇게 말하기에
는 무리가 있다. 장구한 역사를 갖고 있다고 모든 것이 자연스럽게 되는 것은 아닐 것이다. 영
아살해가 자연스러운 것이어서 모든 문화권에서 일반적으로 행해졌다면, 인류는 아마 멸종되
었을 것이다. 살인이나 식인 풍습도 마찬가지이다. 모든 문화권에서 사람들은 아무런 규제를
받음이 없이 서로를 무차별적으로 죽이고 잡아먹었다면 인류가 어떻게 지금까지 살아남을 수
있었겠는가? 그러나 잡식동물로서 인류가 고기를 먹는다고 인류가 멸종하지는 않는다. 싱어는
육식이 자연스럽다는 사실을 강조하는 사람들에게 다음처럼 말한다. "그렇지만 우리가 음식을
구하기 위해 사냥을 하고, 이것이 자연적 과정의 일부분이라고 하자. 그러나 이 같은 과정이
자연스럽기 때문에 옳다는 가정에는 추론상의 오류가 있다. 사춘기로부터 폐경기에 이르기까
지 여자들은 매년 혹은 이 년마다 아기를 낳는 것은 의심의 여지없이 '자연스러운' 것이다. 그
러나 이것이 자연스럽다는 것은 이와 같은 과정에 간섭하는 것이 그릇된 것임을 의미하지는
않는다"(피터 싱어, 『실천윤리학』, 1991, 94쪽). 그러나 여성이 가임기 동안에 아기를 매년 낳
는 것은 생물학적으로 가능한 일이기에 '자연스럽다'고 말할 수 있지만, 사회·문화적으로 받
아들이기 힘들어서 출산하는 아이를 조절할 수가 있을 것이다. 그런 한, "이것이 자연스럽다는
것은 이와 같은 과정에 간섭하는 것이 그릇된 것임을 의미하지는 않는다" 하는 싱어의 말은
맞다. 그러나 아예 한 명의 아이도 낳지 않도록 간섭하는 것은 잘못된 것이다. 육식은 자연스
러운 것이지만, 고기를 많이 먹지 말라고 하면서 고기를 과잉 섭취하는 서양인들의 육식 문화
에 대해 간섭할 수가 있다. 그러나 고기를 전혀 먹지 않는 완전채식주의를 택하지 않는 것은
윤리적으로 악이라고 말하는 것은 잘못이다. 인간이 성적인 욕망을 느끼는 것은 자연스러운
것이지만 성욕에 간섭하여 적절한 금욕생활을 하도록 하는 것은 잘못이 아니다. 그러나 아예
성적 욕망을 조금도 충족시켜서는 안 된다고 말하는 것은 잘못이다.

들에게 고통을 가하는 일을 종식시키기 위해 우리가 취할 수 있는 매우 실천적이며 효과적인 조치라 할 수 있다.[96]

그러면 우리는 채식주의를 어느 정도까지 철저하게 밀고 나가야 하는가? 싱어에 의하면, 일단 공장식 축산업을 통해 생산된 소고기, 돼지고기, 닭고기나 계란을 구입해서 먹어서는 안 된다. 양고기는 현재로서는 부분적으로만 집약적 생산이 이루어지고 있지만, 향후 집약적 생산방식으로 사육될 수 있으니, 양고기도 안 먹는 것이 좋다. 그런 고기를 먹는 것은 공장식 축산업을 더욱 지원해 주는 결과가 되고 결국 공장식 축산에 의해 생산되는 동물들의 고통을 더 심화시키는 비도덕적 행위가 된다. 구입하려는 고기의 생산지가 불확실할 경우에도 구입해서는 안 된다. 공장식 축산물이 아닐 것으로 믿고 구입했으나, 우리의 믿음이 배신당할 수 있기 때문이다. 그러면 물고기는 어떤가? 물고기도 바다에서 잡은 물고기와 양식업을 통해 사육된 물고기로 나누어 생각해볼 필요가 있다. 전자는 사육과정에서의 고통은 없지만 후자는 사육과정에서 더 많은 고통을 당한다. 어쨌건 물고기를 식단에 올리려면 우리는 그것들을 죽여야 한다. 그래서 싱어는 물고기를 채식주의자의 식단에 올릴 수 있느냐 없느냐를 결정함에 있어서 물고기가 고통을 느낄 수 있는가 없는가, 하는 것을 고려해야 한다고 말한다. 싱어는 여러 과학적 연구에 따르면 물고기가 고통을 느낄 수 있다는 것은 분명해 보이므로 물고기도 먹어서는 안 된다고 주장한다. 싱어는 채식주의자의 식단에서 소고기, 돼지고기, 닭고기, 양고기, 칠면조고기, 계란, 치즈, 우유, 요구르트를

---

96) P. Singer, *Animal Liberation*, 161쪽.

제거하고, 또 물고기도 제거한 뒤에, 바닷가재, 게, 새우, 굴, 대합조개, 홍합, 가리비를 먹어도 되는지 먹지 말아야 하는지를 검토한다. 그는 이 모든 것들도 채식주의자의 식단에 포함시켜서는 안 된다고 주장한다. 싱어는 조개류가 고통을 느끼는지는 불분명하다고 생각해서 채식주의자로 전향한 뒤에도 먹은 적이 있지만, 지금은 먹지 않는다고 고백한다. 그렇게 결정한 이유는 만약 그런 것들이 고통을 느끼지 않는다면 다행이지만, 혹여 고통을 느낄 수 있는 가능성이 상존하는 한, 우리는 고통을 가하지 않는 안전한 쪽으로 결단하는 것이 옳다는 것이다. 싱어는 이를 '의심의 혜택(the benefit of the doubt)'[97]이라 부르고 있다. 결국 그가 지지하는 채식주의는 철저성의 관점에서 완전채식주의가 된다.

> 그렇다면 낙농제품을 이용하지 말아야 한다는 완전채식주의자들의 주장은 옳다.[98]

지금까지의 논의를 요약하면, 싱어가 지지하는 채식주의는 동기상으로는 윤리적 채식주의이고 철저성의 관점에서는 완전채식주의이므로 결국 그는 '윤리적 완전채식주의(ethical veganism)'를 주장하고 있는 셈이다.

이 대목에서 우리가 관심을 가져야 할 문제는 싱어가 완전채식주의를 윤리학의 차원에서 제대로 정당화시키고 있는가, 하는 문제이다. 우리가 건강상의 채식주의를 채택하고 있다면, 그것이 완전채식

---

97) 이 개념에 대해서는 뒤에서 설명하겠다.
98) P. Singer, *Animal Liberation*, 176쪽.

주의인지 오보-락토 채식주의인지 혹은 다른 유형의 채식주의인지
는 문제가 되지 않을 것이다. 그중에 어느 것을 받아들이더라도 그
것은 선택의 문제이지 정당화의 문제가 아니기 때문이다. 그러나 우
리가 일단 채식주의를 윤리적 차원에서 다루기 시작하면, 우리가 받
아들이는 채식주의가 완전채식주의냐 아니면 오보 채식주의냐 락토
채식주의냐 하는 것은 단순히 선택의 문제가 아니다. 우리는 그것을
정당화해야 한다. 그런데 우리가 앞서 살펴보았듯이 싱어는 완전채
식주의가 윤리적으로 타당함을 정당화하는 작업을 하고 있는데, 그
때 그가 의지하는 개념은 '의심의 혜택'이라는 것이다. 그러나 필자
는 싱어가 그 개념으로 완전채식주의를 정당화하는 데 실패했다고
생각한다. 싱어는 갑각류도 먹지 않는 것이 좋겠다고 주장하는데,
이 경우에도 그는 '의심의 혜택'이라는 개념을 사용한다. 사냥꾼이
덤불 속에서 부스럭거리는 소리를 들었는데 그 소리의 주인이 사슴
인지 사람인지 의심이 들 때에는 총을 쏘지 말아야 한다는 것이
다.99) 이 논리를 갑각류의 고통 문제에 적용하면, 갑각류가 고통을
느끼는 능력을 갖고 있을 수도 있고 없을 수도 있지만, 이처럼 의심
스러운 상황에서는 갑각류에게 이득이 되는 쪽으로 결정하여 먹지
않는 것이 바람직하다는 것이다. 그러나 사냥꾼이 덤불 속의 물체가
확실하게 사슴(짐승)으로 확인되지 않은 상황에서 총질을 해서는 안
된다는 주장을 펼칠 때에 적용한 '의심의 혜택' 원칙을, 갑각류가 고
통을 느끼지 못한다는 확실한 과학적 증거 없이는 먹어서는 안 된다
는 주장을 정당화하는 데 사용하는 것은 그 원칙을 오용하는 것으로

---

99) P. Singer, *Practical Ethics*(1979), 98쪽 참조.

보인다. 우선 덤불 속의 물체일 가능성 있는 것으로 거론되어 비교되는 두 물체(사슴과 인간)는 동등한 가치를 가진 존재가 아니다. 사슴이라는 100% 확신이 없는 상태에서 총질을 했는데 알고 보니 사람을 죽였을 경우 저지르는 잘못이 엄청나게 크다. 만약 사냥꾼이 사슴일 가능성이 95%라 생각하고 총질을 했는데 알고 보니 역시나 사슴이었다고 하자. 그러면 그는 사슴 한 마리를 잡은 기쁨을 누릴 것이다. 그러나 만약 사람을 맞춘 것이라면, 그가 당하게 될 고통은 사슴 한 마리를 잡으면서 느꼈을 기쁨과 비교할 수가 없다. 그러니 이 사냥꾼의 경우는 '의심의 혜택' 원칙을 받아들이는 것이 합리적이다. 그런데 새우가 고통을 느끼는가, 느끼지 않는가? 하는 문제에다 '의심의 혜택' 원칙을 적용할 경우에는 의심이라는 덤불 속에 숨어서 비교되는 가능성은 두 가지이다. 하나는 새우가 고통을 느낀다는 것이고 다른 하나는 고통을 느끼지 않는다는 것이다. 사냥꾼의 이야기에 끼워 맞춘다면 '고통을 느낀다는 가능성'은 인간에 해당하며, '고통을 느끼지 않는다는 가능성'은 사슴에 해당한다. 그리고 총질에 해당하는 행위는 새우를 먹는 것이고 사냥꾼에 해당하는 것은 인간이다. 그러면 인간이 새우를 먹지 않는 것은 5%의 인간일 가능성을 믿고 인간에게 총질하지 않아서 사람을 죽이는 것을 모면하는 사냥꾼의 입장이 될 것이다. 그리고 새우를 먹는 것은 95% 사슴일 가능성을 믿고 사슴에게 총질을 하여 사냥의 즐거움을 누리는 사냥꾼의 입장이 될 것이다. 이제 우리는 왜 '의심의 혜택' 원칙을 사냥꾼에게 적용하는 것은 합리적이지만, 새우를 먹을 것인가 말 것인가로 고민하는 사람에게 적용하는 것이 합리적이지 않은지 알 수 있다. 첫째로, 고통을 못 느낄 것으로 오인하여 인간이 새우를 먹기 위해 죽였을 경우 사냥꾼이 당하게 되는 고통의 크기는, 사슴으로 오인하여 총질함으로써 인간을 죽였을 때 사냥꾼이 당하게 되는 고통의 크기와 같은 것일 수는 없기 때문이다. 설령 사냥당하는 사람과 잡아먹히는 새우의 입장에서 살펴보더라도, 사슴으로 오인되어 총질당해서 죽게 되는 사람이 잃어버리게 될 즐거움의 크기와 고통을 느끼는 능력이 있는데도 불구하고 없는 것으로 오인되어 잡아먹히는 새우가 잃어버리게 될 즐거움의 크기는 도저히 비교될 수 없을 것이다. 둘째로, 인간이 새우를 먹을 때와 먹지 않을 때 발생하는 유용성의 총량비교에서도 새우를 먹지 말아야 할 이유를 찾기 어렵다. 인간이 새우를 먹지 않을 때 얻게 되는 이득은 새우가 인간에게 잡아먹히면서 생겨나는 고통을 줄여준다는 것이지만, 인간이 새우를 먹을 때 얻게 되는 이득은 약간의 미각적인 즐거움이다. 그러면 여기서 새우가 얻는 고통의 양과 인간이 얻는 즐거움의 양 중에서 어느 것이 더 클까? 필자는 설령 새우가 고통을 느낀다 하더라도 그것이 죽으면서 느끼는 고통의 양이 인간이 그것을 먹으면서 느끼는 즐거움의 양보다 더 적을 수가 있다고 생각한다. 새우가 외적·내적·물리적 자극으로 말미암아 느끼는 고통의 강도는 미미하여 인간이 그런 자극들로 말미암아 느끼는 고통만큼 민감하지 않을 것이기 때문이다. 이제 이하에서 우리는 서론에서 제기했던 두 번째 문제를 다루어 보고자 한다.

Ⅱ. 동물도 과연 고통을 느끼는가?

공리주의자인 싱어는 쾌는 선이고 고통은 악이라고 생각한다. 그리고 동물은 고통을 느끼며, 육식은 동물들에게 고통을 주는 행위이므로 윤리적으로 악이라고 주장한다. 동물의 고통에 근거하여 완전 채식주의로 나아가는 싱어의 논리에 대해 사람들은 두 방향에서 비판하였다. 첫째는, 동물이 고통을 느낀다는 싱어의 입장을 인정한 뒤, 식물들도 고통을 느낀다면 우리는 채식도 포기해야 하는 것이 아닌가 하는 방식으로 싱어를 공격하는 경우이다. 필자는 개인적으로 식물도 고통을 느낀다고 주장하는 것은 억지스럽다고 생각하지만, 이런 문제제기에서 식물이 고통을 느끼든 느끼지 못하든 싱어는 곤란한 상황에 빠지게 된다는 것이 필자의 생각이다. 만약에 식물이 고통을 느끼는 능력이 없으며, 따라서 '이익' 혹은 '이해관심'으로 번역되는 interest를 갖고 있지 못하다면, 우리는 식물들에 대한 도덕적 고려의 의무를 갖지 않게 되며, 결국 누군가가 생태계의 기본이 되는 식물들을 무분별하게 파괴해도 우리는 그것을 비난할 아무런 도덕적 근거를 갖지 못하게 된다. 누군가가 '식물들을 무분별하게 파괴하면 인간과 동물들의 생명이 위험해지기 때문에 그것은 잘못이다'라고 말할 수 있다. 그것은 맞는 말이다. 그러나 이 경우 식물은 어디까지나 동물과 인간의 생명 유지를 위한 수단으로서만 의미가 있는 것이지, 그 자체의 '이익'을 위해 보호받는 것은 아니게 된다. 만약 식물이 고통을 느낀다는 것이 과학적으로 확인되었으며 그래서 '이익'을 가진다고 가정하자. 이런 상황에서도 싱어가 여전히 '육식은 안 되지만 채식은 된다'고 주장한다면, 그는 '식물차별주자'가 될 것이다. 만약 싱어가 '식물도 고통을 느끼므로 식물도 먹어서는 안 된다'라고 말한다면, 그는 식물차별주의자가 되는 것은 면하겠지만, 인간의 식생활을 전면적으로 부정하는 것이 되어버릴 것이다. 둘째로, 사람들은 싱어가 동물들은 고통을 느낀다고 말할 때, 싱어의 그런 주장 자체를 문제 삼는 방향에서 비판하기도 한다. 우리는 이하에서 이 문제를 둘러싸고 전개되는 논의를 간단히 살펴볼 것이다.

나는 내가 고통을 느낀다는 사실을 안다. 그러나 순전히 사변적으로만 말한다면 타자—그것이 인간이든 동물이든—가 고통을 느낀다는 사실을 나는 알 수가 없다. 고통은 고통을 느끼는 당사자만의 것이다. 그것은 특전적 경험(privileged experience)이다. 그래서 꾀병으로 남을 속이는 것이 가능하다. 그렇다면 우리는 타인이 고통을 느낀다는 것을 어떻게 알 수 있는가? 타인도 나와 비슷한 고통을 느낀다고 추정하는 것이 합리적인 이유는 타인도 내가 갖고 있는 것과 같은 "신경계—이는 우리들의 신경계와 같은 기능을 갖고 있으며, 유사한 상황에서 유사한 감정들을 산출하는 기능을 가진 것으로 추정된다—를 가지고 있는 존재"라는 사실이다.[100] 싱어는 이런 논리의 연장선상에서 동물도 고통을 느낄 수 있다고 주장한다.

> 우리는 이들 동물이 우리의 신경계와 유사한 신경계를 갖고 있다는 사실을 알고 있다. 인간들이 고통을 느끼는 그런 상황에 동물들이 놓이게 되면, 그들의 신경계도 우리들의 신경계와 같은 방식으로 생리학적으로 반응할 것이다.[101]

---

100) P. Singer, *Animal Liberation*, 11쪽.

101) P. Singer, *Animal Liberation*, 11쪽.

동물들은 고통을 느끼지 못한다는 데카르트의 입장을 여전히 지지하는 연구자들이 없는 것은 아니다. 김성환은 다음처럼 말한다.

현대 윤리학자 싱어(P. Singer)는 채식주의자들에게 경전과 같은 『동물해방』에서 데카르트가 동물이 아픔을 느낄 수 없는 기계라고 주장해 육식을 옹호한 원흉이라고 비판한다. … (중략) … 그러나 내가 이 책에서 적극 변호하려는 인물이 바로 채식주의자들에게 공공의 적이며 인지주의 동물과학자들에게 주요 타깃인 데카르트다.[102]

채식주의자가 육식을 잔인한 짓으로 여기는 핵심 이유들 가운데 하나는 동물이 아픔을 느낄 수 있다는 것이다. … (중략) … 그러나 과연 소, 돼지, 닭이 인간처럼 아픔을 느낄 수 있을까? 애완동물을 키우면 부정하기 힘들겠지만 이 문제는 아직 과학에서 명쾌한 답이 나오지 않았다. 우리가 아픔을 느끼니까 소, 돼지, 닭도 아픔을 느낀다고 생각하는 것은 우리의 뛰어난 공감능력을 증명할 뿐인지도 모른다.[103]

필자는 동물의 고통에 대한 싱어의 주장은, 김성환이 지적하고 있듯이 인간의 탁월한 공감능력에 의해 과장된 측면이 있다고 생각한다. 마취학 교수인 스튜어드 더비셔(Stuart Derbyshire)는 다음처럼 주장한다.

동물의 권익을 옹호하는 사람들은 철학자 제러미 벤담의 유명한 발언, "문제가 되는 것은 그들이 추론할 수 있는가이다"를 인용하면서, 마지막 질문에 긍정적인 답이 존재하리라 생각한다. 그러나 이는 성급한 생각이다. 동물이 고통을 느끼고 괴로워하는 것이 얼마나 미미한지, 특히 우리 인간의 감각에 비한다면 얼마나 작은 것인지를 보여주는 좋은 증거가 있다. 동물이 느낀다고 생각되는

---

102) 김성환, 『동물인지와 데카르트 변호하기』(서울: 지식노마드, 2016), 6-7쪽.
103) 김성환, 『동물인지와 데카르트 변호하기』 4쪽.

> 고통은, 동물의 세계에 투사한 우리 인간의 경험에 근거해서 내려진 일종의 해석이다. '고통'이란 단어를 면밀히 검토해보면 알 수 있듯이, 이런 투사는 이해할 만한 것이기는 하지만 잘못된 것이다.[104]

마취과 의사들의 증언에 의하면, 마취 상태의 환자는 수면내시경을 할 때에 마취 상태에서도 의사가 입을 벌리라고 하면 입을 벌리고 내시경을 목구멍으로 집어넣으면 '아야!' 소리를 내지만, 마취에서 깨어나면 그 고통을 전혀 기억하지 못한다고 한다. 이런 경우 3인칭의 관찰자가 보기에는 고통의 행위와 고통의 언어가 있었음에도 불구하고 1인칭의 환자 입장에서는 그 자신이 고통을 당한 것인지는 판단하기 힘든 일이다. 만약 그 환자가 고통을 당한 것으로 판단한다면, 그 환자는 굳이 수면내시경을 할 필요가 없을 것이다. 수면내시경을 하는 가장 중요한 이유는 고통 없이 조사받기 위함이기 때문이다. 그러므로 환자는 고통의 몸짓과 고통의 언어를 표현했음에도 불구하고 고통을 당하지 않았다고 해야 할 것 같다. 이런 관점에서 본다면, 인간들이 보기에 동물들이 고통의 소리와 고통의 몸짓을 보인다고 하더라도, 그 사실로부터 곧바로 '그러므로 동물들도 고통을 당한다'는 결론을 도출해낼 수 없을지도 모른다. 인간이 갖고 있는 탁월한 감정이입의 능력 덕택에 인간은 동물들의 고통을 과장해서 받아들이는 측면이 있을 것이다. 그럼에도 불구하고 필자는 동물이 단순히 기계와 같은 존재이기에 고통을 느끼지 않는다고 생각하는 데카르트의 입장도 잘못이라고 생각한다. 마이클 폴란은 이와 관련하여 설득적인 중재안을 내놓고 있다.

---

104) 스튜어트 더비셔, 「동물권은 왜 잘못된 것인가?」(『논쟁 없는 시대의 논쟁』, 영국사상연구소 엮음, 박민아 외 옮김, 서울: 도서출판 이음, 2009에 수록), 292-293쪽.

> 철학자와 과학자 사이에 형성된 일반적 합의는 고통이 주어지면 고등동물은 똑같은 진화적 이유로 우리와 거의 똑같이 반응한다는 것이다. … (중략) … 그러나(필자 보충) 인간의 고통이 그 엄청난 강도에서 동물의 고통과 같지 않다는 그들(다이엘 대닛과 부디안스키)의 주장이 틀렸다고 생각하지 않는다.[105]

줄리안 바지니(J. Baggni)는 고통(혹은 통증, pain)과 고난(suffer)을 구분할 것을 제안한다.

> 고통은 단순히 불쾌한 감각인데, 이는 진화의 과정에서 생명체가 신체상의 위험에 처했을 때 경고해주는 시스템이다. 물론 어떤 고통은 거짓 경고일 때도 있다. 우리는 기본적인 중앙 신경계를 갖추고 있는 모든 동물이 고통을 느낄 것임을 의심할 하등의 이유가 없다. 심지어 어떤 갑각류는 약간의 고통을 느낄지도 모른다. 그러나 고난을 겪는 것은 고통의 순간 혹은 연속적인 고통을 갖는 것은 아니다. 그것은 고통이 쌓여 합성되는 것이며, 일정량의 기억을 요구한다.[106]

동물의 고통에 관해서는 다음처럼 정리해 두어야 할 것 같다. 동물이나 특히 고등동물이나 인간이 통증을 느낀다는 사실을 부정하기는 힘들 것으로 보인다. 그렇다고 인간이 치통으로 느끼는 통증이 침팬지나 소가 치통으로 느끼는 통증이 같은 강도인지는 알 수 없는 일이다. 물론 인간은 동물들이 겪을 수 없는 '고난'을 겪는다. 그럼에도 동물들이 고통을 느낀다는 사실이 인정된 이상, 우리는 동물들의 고통을 줄여주는 방식으로 행동해야 한다는 싱어의 입장을 어느 정도 받아들여야 할 것 같다.

---

105) 마이클 폴란, 『잡식동물의 딜레마』, 399-400쪽.

106) J. Baggini, *The Virtues of the Table: How to Eat and Drink,* (Granta, 2014), 53쪽.

그러면 동물이 고통을 느낀다는 사실로부터 싱어가 우리에게 강력하게 권유하는 윤리적 완전채식주의를 도출하는 것은 아무런 문제가 없는가? 필자는 문제가 많다고 생각한다. 싱어는 새우나 게 같은 갑각류나 굴이나 조개류도 먹지 말 것을 요구하지만, 과연 그런 것들이 인간의 신경계와 같은 진화적 방어기제를 갖고 있는지 의심스럽기 때문이다.107) 필자는 그것들이 죽임을 당함으로써 발생하는 고통보다 인간이 그것들을 먹으면서 얻는 즐거움이 훨씬 크다고 생각한다. 그것들을 먹지 못하게 하는 것은 공리주의의 원칙을 위배하는 일이 될 것이다. 그러면 우유나 계란이나 기타 동물 부산물은 어떤가? 우리가 그것들을 먹는다고 직접적으로 동물들에게—비록 그것들이 공장식 축산에 의해 사육되는 동물들에게서 온 것이라 하더라도—고통을 주는 것은 아니지 않는가? 확실히 그렇다. 그럼에도 싱어는 그것들을 먹지 말아야 한다고 주장한다. 그것들을 먹는 행위는 그것들을 생산하는 시스템을 지원해주는 것이며, 그 시스템을 지원해주는 것은 공장식 축산에 의해 사육되는 동물들의 고통을 지속화시키는 것이기 때문이다.108) 납득이 가는 추리이다. 그렇다면 전통적인 방식으로 사육되는 소, 돼지, 닭과 그것들로부터 얻은 우유나 계란은 먹어도 되는가?

---

107) 싱어는 갑각류가 인간과는 다른 신경체계를 갖고 있음을 인정하면서도(P. Singer, *Animal Liberation*, 173-174쪽 참조) 고통을 느낄 것으로 믿는다. 그러나 이는 그가 포유류의 고통감지능력을 논변할 때 사용했던 논거를 정면으로 부정하는 것이 된다. 그는 동물들이 고통을 느낄 것이라고 주장할 때 사용한 논거는 "동물들이 우리와 유사한 신경계를 갖고 있다는 사실"이었다.

108) 실상 알 낳는 기계로 전락한 산란계들은 고기를 제공하는 육계들보다도 더 오래 살기에 육계보다 더 많은 고통을 당하게 된다는 관점에서 보면, 계란 소비는 산란계의 고통을 더 연장시키는 일이 될 것이다.

Ⅲ. 방목의 방식으로 사육한 뒤 최대한 고통 없이 죽인 동물은 먹어도 되는가?

비록 현대에 와서는 공장식 축산이 동물의 고기를 생산하는 주도적인 방식이 되었지만, 동물을 사육하는 또 다른 방법이 줄곧 존재해왔다. 그것은 동물들에게 거의 스트레스를 주지 않는 인도적인 방목형 사육방식이다.[109] 비록 이런 사육방식으로 생산되는 고기의 양은 공장식 축산으로 생산되는 고기의 양에 비하면 너무나 적지만, 어쨌건 이런 생산방식이 현실적으로 존재한다는 사실은 결코 가볍게 봐 넘겨서는 안 될 일이다. 전통적인 동물사육에 대해 싱어는 다음처럼 말한다.

> 물론 사육이 소규모로 이루어진다면 그것이—거세, 어미와 새끼의 격리, 낙인 찍기 같은 것으로 인한 고통이 없는 것(필자 보충)—가능할 수도 있겠다. 그러나 이런 방식으로 생산된 고기로는 오늘날 도시인구의 거대한 육류수요를 충족시킨다는 것은 불가능하다.[110]

그러나 싱어의 이 말은 맞는 말이면서 틀린 말이다. 소규모의 비집약적 방식으로 고기를 생산한다면 공급이 수요를 감당하지 못하

---

109) 이런 사육방식에 대한 자세한 논의는 마이클 폴란의 『잡식동물의 딜레마』, 218쪽 이하, 265쪽 이하, 403쪽 이하 참조. 인도적인 방목형 사육방식에 대한 폴란의 지지에 대해 싱어는 비판적인데, 그는 전통적인 방목형 사육이 공장식 축산에 대한 대안이 될 수 있다는 폴란의 주장을 진화의 과정에서 야생동물들이 가축이 된 과정에 대한 진화론적 논의에 대한 폴란의 주장과 연계시킨 뒤에 논점을 희석시켜 폴란을 공격한다(Singer P. and J. Mason, *The Ethics of What We Eat*, 248-251쪽 참조). 필자가 보기에 싱어의 비판은 그렇게 설득적이지 않다. 물론 싱어는 방목형 농장에서 즐겁게 살다가 고통이 최소화된 상태로 도축된 동물의 고기를 먹는 것이 윤리적으로 허용되는가, 하는 문제는 매우 난해한 철학적 문제들에 연루되어 있음을 알고 있다. 이는 대체 가능성 논변과 관련된 것인데, 이 문제에 대한 싱어의 논의는 다음 절에서 다루게 될 것이다.

110) P. Singer, *Animal Liberation*, 160쪽.

고, 고기는 부자들만이 먹을 수 있는 귀한 음식이 될 것이라는 싱어의 주장은 어느 정도 맞는 말이다. 그러나 우리가 여기서 문제 삼는 것은 공리주의적인 관점에서 봤을 때, 본성적 욕구를 충족시켜 주는 방식으로 행복하게 사육되어서 고통을 최소화하는 방식으로 도축되는 가축들의 고기를 먹는 것이 인정될 수 있느냐 없느냐 하는 문제인데, 이 문제의 관점에서 볼 때, 공리주의로부터 윤리적 완전채식주의로 나아가는 것은 불가능하다. 전통적인 방식으로 사육되는 가축들의 삶은 대체로 행복한 생을 영위할 가능성이 크며, 공리주의적 관점에서 봤을 때 오히려 그런 사육방식을 확산시키는 것이 요구된다. 그렇게 되면 고기 값도 내려갈 것이다. 하여간 가격 문제는 윤리학자가 신경 쓸 일이 아니고, 사업가가 신경 쓸 일일 것이다. 사실 지구상에는 소나 양을 방목하여 키우기에는 적합하지만 농사를 짓기에는 부적합한 구릉지가 많이 있다. "전 세계 육지의 3분의 2가 농작물을 키우기에 적합하지 않다. 많은 지역이 너무 춥거나, 너무 가파르거나, 너무 습하거나, 너무 건조하기 때문이다."[111] 그런 구릉지를 적극적으로 활용하여 동물복지를 고려한 동물농장들을 많이 만들면, 공리주의 정신에 부합하는 고기를 더 많이 생산할 수 있을 것이다.

그런데 흥미로운 것은 싱어가 동물의 고기를 먹을 것인가, 말 것인가, 하는 문제를 이론의 측면과 실천의 측면으로 나누어 다룬다는 점이다.

엄격한 논리로만 말한다면, 동물의 이익을 동정심의 입장에서 고

---

111) 리어 키스, 『채식의 배신』, 107쪽.

려하는 것과 미식가적 입장에서 고려하는 것에는 아무런 모순이 없다. 누군가가 동물에게 고통을 가하는 데 반대하지만 동물들의 고통 없는 죽음을 반대하지 않는다면, 그는 고통 없이 살았고 또 순간적으로 고통 없이 도축된 동물을 계속 먹을 수 있다. 하지만 실천적·심리적인 측면에서 볼 때, 인간 아닌 동물들을 배려하면서 동물들을 계속 먹는 것은 일관적일 수가 없다.[112]

우리는 축산업에 종사하는 사람들이 그들이 키우던 가축이 가축전염병에 걸려 죽을 때, 자식 같은 소가 죽어서 고통스럽다고 말하는 것을 본다. 그들이 자신들이 키우는 가축들에 대한 연민을 갖는 것과 그들을 다 키운 뒤에 시장에 내다 파는 것은 일관적이지 않다고 싱어는 말한다. 그러나 필자는 이론적 관점에서는 공리주의자라도 고기를 먹을 수 있지만 실천적 관점에서는 먹을 수 없다는 싱어의 이 말이 납득되지 않는다. 왜냐하면 동서양을 막론하고 전통적인 방식으로 가축을 길러온 많은 사람들은 동물들을 잘 배려하여 사육하면서도 심리적인 고통을 느낌이 없이 그들을 도축하여 먹을거리로 삼아왔기 때문이다. 집에서 키우던 돼지를 잡아먹는 것에 약간의 심리적 고통을 느낄 수가 있다고 하자. 그렇다 하더라도, 이익평등고려원칙에서 도출되는 엄격한 논리적 결론에 따라 유아살해를 해야 할 때 느끼게 되는 연민의 감정을 무시하라고 권하는 싱어가 엄격한 논리적 결론을 부정하는 것은 이상한 일이다. 필자가 보기에 싱어가 이론과 실천을 구별할 때, 그는 공리주의적 관점에서 채식을 정당화하려는 자기 논리의 취약점을 알고 있었던 것으로 보인다. 실상 적지 않은 연구자들이 싱어 채식주의의 취약한 부분을 계속 공격

---

112) P. Singer, *Animal Liberation*, 159쪽.

하고 있다. 로저 크리습은 전통적 사육방식으로 생산된 고기를 먹는 것은 현실적으로 공리적 유용성(쾌락, 행복)을 극대화하기에 공리주의는 육식을 권장해야 한다고 주장한다.

> 비집약적으로 사육된 동물들은 살 만한 가치가 있는 생을 영위한다. 그리고 인간은 고기를 섭취하면서 미각의 즐거움, 만족 혹은 여타의 긍정적인 정신적 이익을 얻는다. 채식주의는 이 두 가지 유용성의 원천을 폐지하려 한다. 그리하여 유용성의 극대화를 요구한다면 이 상황에서 동물을 사육해서 먹는 것은 공리주의자의 의무가 된다.[113]

그러나 싱어는 다음처럼 말한다.

> 우리들이 단순히 어떤 특별한 음식으로 미각을 만족시키기 위해 다른 생물의 목숨을 빼앗을 준비가 되어 있다면, 그 생물은 우리의 목적을 위한 수단일 뿐이다. 아무리 강한 연민을 느낀다고 해도, 얼마 안 가 우리는 결국 돼지, 소 그리고 닭을 우리가 이용할 무엇으로 간주하게 된다.[114]

가축을 인간의 목적을 위한 수단 이상으로 간주해야 한다는 것은 과연 공리주의적인 발언인가? 공리주의는 동물이 아니라 심지어 인간조차도 쾌락(혹은 유용성)을 극대화하기 위한 수단으로 삼고 있지 않는가?

윌리엄스와 같은 학자들은 공리주의가 심리학적으로는 인간을 위

---

113) R. Crisp, "Utilitarianism and Vegetarianism", *International Journal of Applied Philosophy* 4(1988), 44쪽. *Ethics for Everyday*, David Benatar ed., Mcgraw-Hill, 2002, 407쪽에서 재인용.

114) P. Singer, *Animal Liberation*, 278쪽.

한 도덕으로서는 적합하지 않다고 생각한다. 공리주의는 사람들로 하여금 그들의 사적인 이상, 계획, 관심과 기호를, 다시 말하면 그들의 삶을 살 가치 있게 만들어주는 모든 것을 쾌락의 극대화를 효율적으로 촉진시키는 목표에 강제로 종속시키게 만든다. 공리주의는 개인들의 정체성과 무관하게 오로지 인간의 행복을 극대화하는 일에만 열성을 쏟는다. 그래서 공적인 유용성을 극대화하기 위해 우리들 중의 누가 희생되어야 하는가, 하는 문제에 직면하여 아무런 제한이 없다. 공리주의적 행위자는 자기 자신에게 특별한 가치를 부여하지 말아야 하는 도덕적 성자이거나 성자이기를 열망해야 한다. 그의 관점은 자신을 포함한 모든 사람의 이익관심으로부터 엄격하게 중립적이다.[115]

공리주의의 이런 특징은 자연스럽게 우리를 세 번째 물음으로 데려간다. 만약 육식을 통해 쾌락 혹은 행복이 극대화되는 방법이 있을 수 있다면, 육식은 정당화되는 것이 아닌가?

Ⅳ. 사육해서 잡아먹히는 동물의 고통에 대비해서 새로 태어나는 동물들의 행복의 총량이 더 크다면 육식도 가능한 것이 아닌가?

싱어는 종차별주의의 대표적인 사례로 육식문화 이외에도 동물실험, 동물원, 사냥 등을 거론한다. 종차별주의란 인간이 단지 인간이라는 생물 종에 속한 구성원이라는 이유 하나만으로 인간의 생명과 권익에 대해 배타적인 가치와 특권을 부여하면서, 다른 동물 종이 단지 인간이라는 생명 종의 구성원이 아니라는 이유로 그들의 생명

---

115) G. Scarre, 'utilitarianism' (in; *Encyclopedia of Applied Ethics* Vol.4, Academic Press, 1998), 439쪽.

권과 이익을 무시하거나 부정하거나 차별하는 것을 말한다.116) 그런데 우리는 싱어가 제창하는 채식주의가 윤리적 완전채식주의임을 앞에서 확인하였다. 그는 소고기, 돼지고기, 닭고기는 말할 것도 없고, 우유나 계란, 치즈, 요구르트도 먹어서는 안 된다고 말한다. 그리고 조개류나 갑각류도 먹지 말아야 할 식품 목록에 포함시킨다. 그러면 과연 우리가 조개를 먹는 것은 종차별주의적 행위인가? 그가 제시하는 논리에 따르면 우리가 조개를 먹는 것이 종차별적 행위가 되지 않으려면, 조개보다 감각능력나 운동능력이 떨어지는 '혼수상태'의 식물인간을 먹는 것을 주저하지 말아야 한다. '혼수상태'라는 말을 사용한 이유는 식물인간들 중에서 종종 의식이 멀쩡하여 주위에서 하는 말을 알아듣는 사람도 있다고 하기 때문이다. 만약 우리가 소고기를 먹는 것이 종차별적 행위가 되지 않으려면, 소보다 감각능력, 운동능력, 사고능력이 뒤처지는 소위 '가장자리 인간'들을 먹을 준비가 되어야 한다. 그렇게 하는 것이 소와 식물인간의 이익을 평등하게 고려하는 것이다. 우리는 당장에 식물인간을 조개와 같은 평면에 두고 저울질하는 것을 가능하게 만드는 싱어의 논리에서 인간으로서 심한 모독감을 느낄 수 있다. 그러나 싱어가 보기에 바로 그 모독감이야말로 종차별주의에 뿌리를 두고 있는 것이다. 그런데 싱어는 이 절에서 제기했던 질문에 대해 대단히 중요한 의미를 갖는 말을 다음처럼 한다.

　이 장에서의 논증들이 옳다면, '동물의 생명을 빼앗는 것은 통상

---

116) 싱어는 인종차별과 성차별이 잘못임을 입증하는 것과 같은 방식으로 종차별이 잘못임을 입증하려고 한다. 필자는 이런 입증방식이 잘못된 것임을 이 책의 제1장에서 밝혔다.

잘못된 것인가?'라는 질문에 대해 하나의 답만이 존재하는 것은 아니다. '동물'이라는 용어도— '인간이 아닌 동물'이라는 제한된 의미에서도—생명의 너무나 다양한 영역을 포괄하고 있기에, 그들 모두에게 하나의 원칙을 적용할 수가 없다.[117]

윤리적 완전채식주의를 제창하는 싱어에게서 이런 말을 듣게 된 다는 것이 이상하지 않은가? 이 인용문에서 싱어는 하급동물들을 죽 이고 식용으로 이용하는 것이 가능함을 암시하고 있는 것으로 보인 다. 그는 더 노골적으로 말한다.

이성과 자의식이 없는 동물이라고 말하게 되는 그런 동물들의 경 우에는, 살생에 반대할 명분이 보다 약하다. 자신을 타자와 구별 되는 개별적인 실재로 알지 못하는 존재를 다룰 때에는, 살생은 그것이 담고 있는 쾌락이 감소되는 만큼만 그릇된 일이 된다. 모 든 것을 감안할 때, 살해된 생명이 즐거운 삶을 살지 못했다면, 아 무런 직접적 잘못은 없다. 심지어 살해된 동물이 즐거운 삶을 살 았다 하더라도, 그 살생의 결과로서 그 살해된 동물이 똑같이 즐 겁게 살 다른 동물로 대체된다면 최소한 아무것도 그릇된 것이 없 다고 주장할 수 있을 것이다. … (중략) … 그래서 자의식이 없는 동물은 어떤 면에서는 다른 것과 대체 가능한 것으로 간주될 수도 있다. 그러나 자의식적인 동물이 대체 불가능하다.[118]

싱어는 이런 입장을 다음처럼 더 분명하게 표현한다.

동물들이 즐거운 삶을 살고, 고통 없이 죽임당하며, 그들의 죽음 이 다른 동물의 고통을 야기하지 않고, 또 한 동물의 죽음이 다른 동물—한 동물이 죽지 않았더라면 태어나 살 수 없었을 동물—의 삶에 의해 대체 가능한 경우에는, 자의식이 없는 동물을 죽이는

---

117) P. Singer, *Practical Ethics*(1979), 103쪽.

118) P. Singer, *Practical Ethics*(1979), 104쪽.

것이 그릇되지 않을 수 있다.[119]

싱어의 이런 논리에 따르면, 자의식이 없는 동물들을 키워서 먹으면서, 죽은 동물 대신 다른 동물을 키우면 된다.[120] 이를 '대체가능성논변(replaceability argument)'이라 부른다. 그런데 우리는 이 지점에서 커다란 의문을 갖게 된다. 동물들을 인간이 죽일 수 있는 부류와 없는 부류로 나누는 것이 싱어가 그토록 비난하는 종차별주의적인 발상이 아닌가? 싱어가 제시하는 기준은 자의식이다. 그러나 싱어도 인정하는 바이지만 자의식이 없는 동물도 쾌고감수능력을 갖고 있다는 점에서는 자의식이 있는 동물과 똑같다. 그렇다면 단지 자의식을 기준으로 삼아 죽여도 되는 동물과 죽여서는 안 되는 동물을 구분하여 차별하는 것이야말로 싱어 자신이 거부하는 종차별주의적 사고의 전형적인 사례이며, 이는 또한 그 두 부류의 동물이 공통으로 갖고 있는 이익인 삶에의 욕구—동시에 죽음을 피하고자 하는 욕구—의 이익을 동등하게 고려해주지 않는 것이 되기에 싱어 자신의 금과옥조인 이익평등고려원칙에 위배되는 일이 될 것이다. 싱어는 종차별주의를 비판하기 위해 공리주의적 입장에서 이익평등고려원칙을 만들었지만, 결국 그 원칙 때문에 대체가능성논변을 받아들여야 하고, 그 논변 때문에 종차별주의적인 주장을 하게 되고, 결

---

119) P. Singer, *Practical Ethics*(1979), 104쪽.

120) 자의식 혹은 자기인식은 세 가지로 구분될 수 있다. 첫째로, 자신의 몸을 외부 환경과 별개로 인식하는 능력인 '신체적 자기인식(bodily self-awareness)'이 있다. 둘째로, 자신이 집단 내에서의 위치에 따라 자신에게 요구되는 것이 무엇인가, 기대에 어긋나는 행동을 했을 때 어떤 결과가 따르는가를 인식하는 '사회적 자기인식(social self-awareness)'이 있다. 셋째로, 자신의 내면의 심리 상태나 정신 상태를 반성적으로 인식하는 '내성적 인식(introspective awareness)'이다(김성환, 『동물인지와 데카르트, 변호하기』, 258-259 참조. 싱어가 자기인식이 없는 동물은 대체가능하다고 말할 때, 그 동물들은 세 번째 의미의 자기인식이 없는 동물일 것이다).

국 이익평등고려원칙의 자기모순을 보여주는 상황에 도달하게 된 것이다. 필자가 보기에 그가 이렇게 될 수밖에 없는 이유는 그가 윤리학의 문제를 쾌락과 고통의 문제에 국한시켰기 때문이라고 생각한다.121)

싱어의 공리주의가 이쯤에 도달하게 되면, 우리는 그가 완전채식주의를 주장하는 이유를 알 수가 없게 된다.122) 우리는 대체가능성

---

121) 세상에 고통이 존재할 수밖에 없는 진화생물학적 이유가 있다. 첫째로, 개체적 차원의 이유이다. 아주 드문 경우이긴 하지만, 선천적으로 통증을 느끼지 못하는 사람들이 있는데, 사람들은 피상적으로 생각해서 그들이 아픈 것을 못 느끼니 좋을 것 같다는 생각을 할 수가 있다. 그러나 그들은 화상을 입거나 다치는 경우가 정상인들보다 더 빈번하여 불행하게도 삶을 일찍 마치는 일이 더 많다고 한다. 이런 관점에서 본다면 통증신경섬유와 이것과 결합된 뇌의 회로를 가짐으로써 위험에 대한 경보 시스템을 구비하고 있다는 것은 생명체의 생존에 커다란 이점이 되며 생존에 혜택을 주는 일이므로 진화의 축복이라 할 수 있다(D. C. Dennet, *Consciousness Explained*, New York, Back Bay Books, 1991, 61쪽 참조). 둘째로, 생태 시스템 차원의 이유이다. 생태계는 먹고 먹히는 동식물들로 이루어진 거대하고 복잡한 순환계이다. 생태계가 먹고 먹히는 관계가 아니라면, 진화가 일어나지 않을 것이다. 초식동물과 식물들 간에도 식물들이 일방적으로 아무런 대책 없이 먹히기만 하는 것이 아니라, 먹히지 않기 위해 그 나름의 대비책을 마련하면서 공진화가 일어나며, 초식동물과 육식동물의 관계에서도 서로 무기경쟁을 하면서 공진화가 일어난다. 그리고 생태 시스템은 식물, 초식동물, 육식동물 중 어느 한쪽도 일방적으로 번성하도록 되어 있지 않다. 먹고-먹힘의 이치는 생태계가 스스로 균형을 유지하기 위해 사용하는 방법이다. 이런 생태 순환계는 고통과 쾌라는 두 가지 윤활유를 사용해서 돌아간다. 그 둘 중 어느 하나라도 없으면 생태계의 순환은 정지할 것이다. 고통의 보편성에 대하여 『성경』에서도 "만물의 고통을 이루 다 말로 할 수가 없다"고 말한다. 불교의 창시자도 인생은 근본적으로 고통이라고 설파했다. 공리주의의 창시자도 삶에서 고통을 줄이고 즐거움을 늘리는 것을 윤리학의 목표로 삼은 것을 보면 삶의 근본에 가로놓여 있는 고통에 대해 크게 고민한 것 같다. 일반적으로 말해서 정의롭지 못한 사회에서 정의를 강조하고, 자유가 없는 사회에서 자유를 강조하며, 증오가 난무하는 사회에서 사랑과 용서를 강조하듯이, 고통이 바다의 파도처럼 넘실대는 인생에서 사람들은 즐거움과 쾌락을 강조하니까 말이다. 그러나 필자는 윤리학의 목표를 그렇게 잡는 것은 잘못이라고 생각한다. 고통은 윤리학이 다루어야 할 중요한 문제임에 분명하지만, 만약 모든 종류의 고통을 악으로 간주한다면, 생태계 전체와 인생 자체가 악이 되어버릴 것이다. 삶은 고통과 기쁨의 이중주이며, 기쁨만으로 이루어진 삶이나 고통만으로 이루어진 삶은 생각할 수 없다. 문제는 이중주를 보다 아름답게 연주하는 것이다. 어떤 삶은 다른 삶보다 더 고통스럽지만 인간승리의 아름다움을 보여주지만, 어떤 삶은 다른 삶보다 더 즐거움으로 가득 차 있지만, 전혀 의미 있어 보이지 않을 수 있다.

122) 대체가능성논변에 대한 싱어의 입장이 수용과 거부 사이를 왔다 갔다 하는데, 이에 대한 자세한 논의는 최훈의 논문, 「동물의 도덕적 지위와 육식은 동시에 옹호 가능한가?」(중앙대학교 중앙철학연구소, 『철학탐구』 제36집, 2014)를 참조하라. 다만 이 자리에서 필자는 최훈의 논문이 본문과 결론 사이에 논리적 연결고리가 매우 부실해 보인다는 점을 지적해 두고자 한다. 싱어는 『실천윤리학』 1판(1979)과 2판(1993), 제5장 '살생: 동물'에서 자신의 동물해방론의 공리주의적 기초를 놓는 작업을 시도하고 있는데, 아마 그 책에서 이 부분이 가장 논의가 어지럽게 전개되는 부분일 것이며, 싱어의 이론적 노력에도 불구하고 그 작업이 그렇게 성공

논변에 따라 굴, 홍합 같은 조개류와 새우나 바닷가재나 게 같은 갑각류를 먹을 수 있다. 그리고 자의식이 없는 것으로 보이는 소나 개나 돼지를 먹는 것도 가능하다. 물론 싱어는 '의심의 혜택' 원칙을 적용하여 개나 소 혹은 돼지도 먹어서는 안 된다고 주장한다.[123] 그러나 이런 동물들이 자의식이 없다는 것은 분명해 보인다. 싱어는 "의식적이며 쾌락과 고통을 경험할 수 있으나, 합리적이지도 않고 자기의식적이지도 않아서 인격체가 아닌 많은 존재들이 있다. 인간이 아닌 동물들은 대부분 이 같은 범주에 속한다. 신생아와 정신적 결함이 있는 사람들도 틀림없이 이 범주에 속한다"라고 말한다.[124] 그러나 그는 정작 우리가 알고 있는 대다수의 가축 동물들을 이 범주에 속하지 않고 자기의식적인 동물의 범주에 속하는 것으로 생각하고 있는데, 그렇다면 그가 '인간이 아닌 많은 동물들이 이 범주에 ─자기의식적이지 않은 범주─속한다'고 말할 때 염두에 둔 '많은 동물들'이 어떤 동물들인지 의아하다. 그는 '의심의 혜택'을 이용하여 한사코 소나 돼지 같은 것들을 자의식이 있는 동물들에 포함시켜야 한다고 말하지만, 필자는 그가 암암리에 그 '많은 동물들'에 소나 돼지 그리고 닭과 개들을 포함시켰다고 생각한다. 그가 정말로 자의식적인 동물로 간주하고 있는 것은 침팬지, 오랑우탄, 고릴라 같은 유인원이다. 싱어는 카발리에리와 함께 『대형유인원 프로젝트』라는 책을 출간했는데, 그 책에서 그는 인격체로서 인간이 갖는 것과 똑같은 도덕적 지위와 권리를 그런 유인원들에게 부여하자는 주장을

적으로 보이지 않는다.

123) P. Singer, *Practical Ethics* (2nd edition), 132쪽.
124) P. Singer, *Animal Liberation*, 84쪽.

펼치고 있다.125) 만약 그가 개나 소나 돼지도 동물 인격체로 보아야 한다고 진지하게 생각한다면, 침팬지 등에게 주자고 제안했던 그런 권리와 도덕적 지위를 당연히 이런 동물들에게도 부여하자고 했어야 할 것이기 때문이다. 그러나 싱어는 그렇게 하지 않는다. 만약 싱어가 동물들의 도덕적 권리를 확대해가는 운동을 점진적으로 하는 방편으로서 먼저 유인원들에게 확대해보고 그다음에 소나 돼지에게 확대하려 했다고 변명한다면, 이는 그가 중시하는 이익평등고려원칙에 어긋나는 방편이 될 것이다. 그가 소나 돼지가 자의식적이지 않고 의식적일 뿐이라고 생각했다는 보다 확실한 증거는 스쿠르톤 (Roger Scruton)의 육식 옹호론을 비판할 때 발견된다. 스쿠르톤의 육식 옹호론은 대강 다음처럼 전개된다.

> 인간은 자의식적인 존재이기에 자신의 삶을 자신의 것으로 인식한다. 그리고 인간은 야심을 품고 희망을 갖고 열망한다. 그런 인간이 자신의 삶의 목표를 성취하기 전에 단명하는 것은 비극이다. 인간은 오직 향락만으로 만족하지 못하며 과업을 성취함으로써 만족하기 때문이다. 이와는 달리 소나 돼지 같은 동물들은 미래의 성취를 예상하지 못하며, 자신의 삶을 더 만족스럽게 만들어줄 어떤 목표도 추구하지 않는다.126)

스크루톤의 입장을 이렇게 소개한 뒤, 다음처럼 말한다.

스크루톤은 소에 대해서 올바로 말한 것일 것이다. 하지만 그의

---

125) P. Cavalieri and P. Singer(eds.), *The Great Ape Project: Equality beyond Humanity,* (New York, St. Martin's Griffin, 1993), preface 참조.

126) R. Scruton, "The Conscientious Carnivore", In Steve Sapontzis, ed., *Food For Thought: The Debate over Eating Meat,* Prometheus, Amherst, NY, 2004, 88쪽. P. Singer and J. Mason, *The Ethics of What We Eat,* 253쪽에서 재구성했음.

논변은 심각한 지적장애로 말미암아 자신의 삶을 자기 것으로 인식하지 못하고 미래의 성취를 기대할 수 없는 사람들을 죽이는 것을 받아들여야 함을 의미하게 된다. 이 결론을 받아들이기에는 너무 쇼킹하다고 생각하는 사람들은, 정상적인 인간을 죽이는 것을 잘못된 일이 되게 만들어주는 고차의 정신적 능력을 결여하고 있다는 근거에서 고기를 얻기 위해 동물을 죽이는 것을 정당화할 수 없을 것이다.[127]

---

127) Singer P. and J. Mason, *The Ethics of What We Eat*, 253쪽. 인용문의 나머지 부분은 소위 '가장자리경우논증'이라고 불리는 것이다. 싱어는 이 논증을 다음처럼 설명한다. "자의식, 자율성 혹은 그와 유사한 특징들이 인간과 인간이 아닌 동물을 구별하는 데 도움이 될 수 있다는 주장에 대해 달리 반박할 수 있다. 즉 많은 동물보다 덜 자의식적이고 덜 자율적인, 정신적으로 결함이 있는 인간이 있음을 환기시키는 것이다"(P. Singer, *Practical Ethics*, 1979, 65쪽). 인간은 자의식적인 존재이기에 동물과 질적으로 차이가 나며, 그런 이유로 인간은 동물과 다른 대접을 받아야 한다고 주장하는 사람(우리는 이 사람을 '차별론자'로 부르자)이 있다고 하자. 그러면 싱어는 중증 치매노인이나 태어난 지 한 달밖에 되지 않은 어린아이도 자의식적인가, 하고 되묻는 방식으로, 차별론자의 주장을 공격한다. 그는 이런 논법을 자의식뿐만이 아니라, 도구, 이성, 문화, 종교 등등 차별론자들이 사용하는 모든 기준에 대해서 사용한다. 이는 싱어 같은 동물해방론자나 리건 같은 동물권리론자나 레이첼즈 같은 도덕적 개체주의자나 한결같이 애용하는 논증으로 그들이 자신들의 주장을 전개해나가면서 이론적 난관에 봉착할 때마다 불러내는 마술 같은 논증이다. '가장자리경우논증'의 문제점에 대해서는 할말이 많지만, 필자는 이 자리에서 그 논증이 갖는 치명적인 문제점 하나만 언급하겠다. 그것은 우리가 그 논증을 받아들이면, 자의식이 형성되기 이전의 건강한 아이들을 죽여도 아무런 문제가 발생하지 않는다는 것이다. 싱어는 직접 이점을 확인해준다. "우리는 인격체를 죽이지 말아야 할 근거가 신생아에게는 적용되지 않는다는 것을 알 수 있다. ... (중략) ... 이런 점에서 벤담이 '유아살해를 가장 소심하게 생각해보아도 조금도 불편스러움을 주지 않는 성질의 것'이라고 기술한 것은 옳다"(P. Singer, *Practical Ethics*, 1979, 124쪽). 싱어는 자신이 정당화시키는 유아살해는 장애가 심각하여 나머지 인생을 행복하게 살아갈 수 없는 아이라고 말할 것이다. 그러나 그가 '장래에 정상적인 삶을 살 가능성이 있는 아이'와 '장래에 정상적인 삶을 살 가능성이 없는 아이'를 구분하려면, 그는 자신이 배격해버린 가능성 혹은 잠재성의 개념을 밀반입해야 할 것이다. 그리고 잠재성 개념을 받아들이는 순간 가장자리경우논증이 보여주는 마술이 어떻게 관중들을 속였는지 들통이 난다. 그 논증은 잠재성의 개념을 부정한 위에 서 있기 때문이다. '삶의 주체(the subject of a life)'라는 개념으로 동물들에게도 권리를 인정해야 한다는 리건의 동물권리론도 잠재성의 개념을 부정하는 '가장자리경우논증'을 받아들이는 한, 난관에 처하기는 싱어와 마찬가지라고 생각한다. 그는 1세 이상의 정상적인 포유류가 그런 권리를 가지는 주체라고 생각한다(R. Regan, *The Case for Animal Right*, University of California Press, 2004, 78쪽 참조). 리건의 이런 주장에 따르면 1세 이하의 유아는 삶의 권리를 갖지 못하지만, 3세 된 침팬지나 개나 돼지는 그런 권리를 가지게 된다. 따라서 한 살배기 유아는 죽여도 되지만, 세 살짜리 침팬지나 돼지는 죽여서는 안 된다는 기이한 결론에 도달한다. 그의 동물권리론의 두 번째 기이함은 그것이 축산업자들의 대환영을 받을 가능성이 있는 이론이라는 것이다. 한 살 이하의 소나 돼지나 양들은 권리를 갖지 못하는데, 그렇다면 우리는 그것들을 먹어도 된다. 그런데 다수의 동물들은 한 살이 되기 전에 성장이 거의 이루어지기에, 리건의 동물권리론은 덩치는 커다란 1년 미만의 어린 동물을 도축하여 시장에 내다 팔려는 축산업자들에게 대환영을 받을 것이다.

이 인용문에서 싱어는 소가 자의식적이지 않다는 스크루톤의 입장을 받아들이는 모습을 보여주고 있다. 소나 돼지에게 자의식이 없다면, 소고기나 돼지고기를 먹을 수 있을 뿐만 아니라 당연히 우유나 계란도 먹을 수가 있다.[128] 싱어의 공리주의는 채식을 장려하기보다 오히려 육식을 장려해야 할 지경에 이르렀다. 물론 공장식 축산으로 생산된 고기를 먹으려면 그 동물들의 고통(–)의 양에 비례하는 즐거움(+)을 누리는 동물들을 키워야 하겠지만 말이다. 어쨌건 물러서서 생각한다 하더라도, 그가 '많은 동물들'이 자의식이 없기에 인간이 죽여도 된다고 생각하는 한, 싱어는 자신의 공리주의에 입각해서 윤리적 완전채식주의를 정당화하는 것은 불가능해 보인다.

싱어는 대체가능성논변을 수용함으로써 고기, 우유, 계란을 생산하면서 수반되는 동물들의 죽임과 스포츠 사냥이나 스포츠 낚시 그리고 동물 실험과 같은 관행으로 발생하는 동물들의 죽임을 비난하기 힘들게 되는 상황에 놓이게 된다.[129] 그런데 우리가 확인한 바는, 싱어가 대체가능성논변을 적어도 자의식적이지 않은 동물들에 대해서는 적용할 수 있음을 인정했다는 것이다. 그는 스스로 고백하듯이 『동물해방』을 출판할 때만 해도 헨리 솔트(Henry Salt)의 주장에 따라 대체가능성논변을 거부했다. 그러나 그는 『실천윤리학』 초판을

---

128) 그러나 자의식을 가진 것으로 보이는 침팬지, 고릴라, 오랑우탄과 같은 유인원은 먹어서는 안 된다. 싱어는 이들 동물들을 '인격체'로 간주하면서 다음처럼 말한다. "우리가 현재 알고 있는 지식에 따르면, 침팬지, 고릴라, 오랑우탄의 살육자들에게 동물살생을 반대하는 강력한 주장이 절대적으로 발동될 수 있다. 우리가 지금 소유하고 있는 지식에 근거할 때, 우리와 가까운 친척인 이들에 대해 우리가 지금 인간 존재에게 베풀고 있는 살생을 방지하는 완전한 보호조치와 똑같은 조치를 그들에게도 즉각적으로 베풀어야 한다"(P. Singer, *Practical Ethics,* 2nd edition, 132쪽).

129) T. Visak, "Do Utilitarian Need to Accept the Replaceability Argument?" (in: *The Ethics of Killing Animals,* T. Visak and R. Garner eds. Oxford University Press, 2016), 118쪽 참조.

출판할 때는 대체가능성논변을 거부할 수 있는 이론적 확신이 없다고 말한다.130) 그렇다면 자연스럽게 따라 나오는 결론은 '싱어가 윤리적 완전채식주의를 공리주의적으로 정당화하는 데 실패했다'는 것이 될 것이다.

비삭이 지적하고 있듯이, 대체가능성논변은 싱어 이론에서 가장 논쟁적인 측면인데, 그 논변에 대해 싱어는 이론적 확신을 갖지 못했다, 그 결과 수십 년에 걸친 그의 저술활동을 통해 자신의 이론을 눈에 띄게 바꾸게 되었다.131) 그 논변을 받아들이게 되면, 자의식적이지 않은 동물들의 살해를 정당화하는 길을 열어주게 되며, 결국 이는 자신의 완전채식주의에 치명적인 결함을 안겨주게 된다. 대체가능성논변을 거부할 수 있는 이론적 확신이 없다고 말한 싱어가 『실천윤리학』의 다른 곳에서는 대체가능성논변을 받아들이더라도 현대의 공장식 농장에 기초한 육식은 정당화될 수 없음을 지적한다.

> 문제의 동물(대체되어 새로 태어나는 동물: 필자 보충)이 즐거운 삶을 누린다면 그러한 논변(대체가능성논변: 필자 보충)이 타당하겠지만, 현대의 공장식 농장에서—여기서는 동물들이 너무나 북적거리고 움직이기 힘들어서 사는 것이 이득이 되기보다 짐이 되는 것처럼 보인다—사육되는 동물의 고기를 먹는 것을 정당화할 수 없을 것이라는 점이다.132)

그러나 우리가 양보해서 이런 싱어의 주장을 받아들인다고 하더라도, 싱어는 전통적인 방목형 사육방식에 의한 고기생산까지 거부

---

130) P. Singer, *Animal Liberation*, 101쪽 참조.

131) T. Visak, "Do Utilitarian Need to Accept the Replaceability Argument?" 118쪽 참조.

132) P. Singer, *Practical Ethics*(1979), 100쪽.

할 수는 없다는 것이다. 싱어의 권유대로 지구상의 대부분 인간이 완전채식주의를 채택할 때 생겨나는 음식 찌꺼기를 해결하기 위해 서라도, 전통적인 방목형 축산이 요구된다고 할 것이다. 그리고『실천윤리학』 제2판, 제5장 결론부에서는 다음처럼 말한다.

> 만약 사람들이 단순히 즐거움 때문에 동물을 계속 먹는다면, 우리가 어떻게 사람들에게 동물을 존중하라고 권장할 수 있으며, 동물들의 이익에 대하여 동일한 관심을 가지라고 권장할 수 있겠는가? 자기의식적이지 않은 동물을 포함하여, 동물에 대해 올바르게 고려하는 태도를 조성하기 위해서, 음식을 얻기 위해 동물을 죽이는 것은 피한다는 단순한 원칙을 만드는 것이 최선일 수 있을 것이다.[133]

그러나 대체가능성논변을 받아들이는 한, 이런 결론을 끄집어내는 것은 어색한 일이다. 자의식적이지 않은 동물들, 그래서 대체가능한 동물들에게 이익이 있다는 것이 이상한 말이 아닌가? 대체가능한 동물에서 우리가 존중하는 것은 특정의 개별적인 동물 자체가 아니고 그 동물에 담긴 쾌락이기에, 우리가 그 동물을 얼마든지 이용할 수 있을 것이다.[134] 이는 마치 우리가 숲속의 나무을 존중하지만 나무는 대체 가능한 것이기에, 다시 말해서 우리가 존중하는 것은 특정한 한 그루의 나무 그 자체가 아니라 목재이기에 그 나무를 얼마든지 이용할 수 있는 것과 마찬가지이다. 싱어는 우리가 동물을 존중하니까 동물을 먹어서는 안 된다고 말하는데, 이는 '우리는 나무를 존중하니까 나무를 베어서는 안 된다'라고 말하는 것처럼 설득

---

133) P. Singer, *Practical Ethics*(2nd edition), 134쪽.

134) 『이기적 유전자』에서 생명체는 유전자를 실어 나르는 도구에 불과하다고 말하는 리처드 도킨스(Clinton Richard Dawkins)의 표현을 빌려 설명한다면, 자의식이 없는 동물들은 단지 쾌고를 실어 나르는 그릇에 불과하다도 말할 수 있을 것이다.

력이 떨어지는 말이다.

그런데 싱어는 "자의식적이지 못한 존재가 대체 가능하다는 입장을 취하는 것이 그들의 이익이 중요하지 않다는 것을 말하려는 것은 아니다. 나는 이 책의 제3장에서 그들의 이익도 중요하다는 것을 명백히 밝혔다고 생각하고 싶다"라고 말한다.135) 우리는 싱어의 이 문장을 해석하는 두 가지 방식을 생각해볼 수 있다. 첫째로 그 인용문에서 언급된 '그들'을 '개별적 동물 하나하나의 모임'으로 간주하여 해석하는 방식. 둘째는 '그들'을 집합적으로 받아들여 해석하는 방식이다. 첫째 해석방식을 받아들이면, 그 인용문은 대체가능성논변과 모순을 일으키는 듯이 보인다. 우리가 '대체 가능한 동물들에게 이익이 있다는 것이 이상한 말이 아닌가?'라며 되물을 때, 우리는 쾌락의 전체 양만 중시하면서 쾌락의 주체로서의 낱낱의 동물 하나하나를 중시하지 않는 공리주의의 일반적 문제점을 대체가능성논변과 연결시켜 문제 삼고 있는 것이다. 대체가능성논변은 명백히 '누구의 쾌락이냐'를 중시하는 입장에서는 성립할 수 없는 논변이며, '**누구의** 쾌락이냐'가 아니라 '총체적으로 **얼마만큼의** 쾌락이냐'를 중시하는 '총체론적 형태의 쾌락주의(total version of utilitarianism)'에서만 성립하는 논변방식이다. 대체 가능한 동물들의 경우에는 결국 쾌고감수능력의 주체는 사라지고 그 주체를 통해 느껴진 고통과 기쁨만이 남는다. 주체가 사라지면 이익은 어느 누구의 것도 아니게 된다? 둘째 해석방식을 받아들이면, "자의식적이지 않은 존재가 대체 가능하다는 것이 그들의 이익이 중요하지 않다는 것을 의미하지

---

135) P. Singer, *Animal Liberation*, 102쪽.

는 않는다"는 그 말과 대체가능성논변이 양립하는 해석이 가능하다. 자의식적이지 않은 존재는 대체 가능하지만, 그래서 그런 존재들의 경우는 개체적 이익을 중시해주는 것은 의미가 없지만, 그래도 공리주의자들은 그런 존재들도 쾌고감수능력이 있음을 감안한다면 그들 존재들의 전체집합이 느끼는 기쁨의 총량은 늘리고 고통의 총량은 줄여주도록 애써야 한다는 점에서 볼 때, 그들의 이익도 중요하다는 식으로 해석할 수도 있을 것이다. 필자는 싱어가 위 인용문에서 '그들'을 어떤 의미로 사용했는지 잘 모르겠다. 아마 집합적 의미로 사용한 것으로 보는 것이 옳을 듯하다.

우리는 싱어가 자의식적인 존재와 단지 의식적이기만 한 존재를 구분하면서 전자의 생명을 빼앗는 것은 그릇된 일이지만 후자의 생명을 빼앗는 것은 그릇된 일이 아니라고 말하는 것을 살펴보았다. 이제 우리는 백번 양보해서 개나 소도 자의식적인 존재일 수 있다는 싱어의 주장을 받아들인다고 하자. 그러면 '왜 자의식적인 존재는 대체가능성논변의 대상이 될 수 없는가?'라고 물어볼 수 있다. 이에 답하기 위해 싱어는 선호공리주의(preference utilitarianism)의 입장을 취한다.

> 선호공리주의자들에 의하면, 인격체의 생명을 빼앗는 것은 통상 다른 존재의 생명을 빼앗는 것보다 더 나쁘다. 왜냐하면 스스로를 미래를 가지고 있는 독립체로 볼 수 없는 존재는 자신의 미래 존재에 대하여 선호를 가질 수 없기 때문이다.[136]

선호공리주의는 벤담이 주장한 고전적인 양적 쾌락공리주의

---

136) P. Singer, *Animal Liberation*, 81쪽.

(hedonistic utilitarianism)가 인간조차도 쾌락을 담는 그릇처럼 보는 데서 생겨나는 문제점을 해결하기 위해 개발된 이론이다. 쾌락공리주의에 따르면, 다 죽어가는 한 사람의 생명을 희생시킬 때 발생하는 고통이 10이라 할 경우, 그리고 그 한 사람을 희생시켜 10명의 다른 사람을 살려서 얻을 수 있는 쾌락이 50이라면, 그 사람을 희생시킬 수 있다. 그러나 밀(J. S. Mill)은 만족하는 돼지보다 불만족한 인간이 더 낫고, 만족해하는 바보보다 불만스러워하는 소크라테스가 더 낫다고 말했다. 밀에 의하면, 육체의 쾌락과 정신적 쾌락 둘 다를 경험한 사람의 선호에 의해서 육체적 쾌락에 대해 정신적 쾌락이 우선한다는 것을 입증해준다. 유용성(utility)에 대한 현대의 선호공리주의적 설명의 핵심은 '개인적 선호'라는 개념이다. 행복과 쾌락을 포함하여 사람들은 자신들의 욕망을 아주 다양한 상태로 표현하기 때문에, 필연적으로 선호공리주의에 있어서 욕망은 유용성을 행복으로만 보는 입장에 비해 한층 더 광범위하고 다원적이다.[137] 그러나 양적 공리주의를 택할 때조차도 어느 행위가 최대 쾌락을 산출해내는지를 계산하기가 쉽지 않은데, 선호공리주의를 채택하게 되면 공리주의적 계산이 더 어렵게 된다는 것이 문제로 등장할 것이다. 우리는 선호공리주의자에게 하나의 딜레마를 걸 수 있다.

> 선호 충족에서 오는 유용성의 총량을 계산할 수 있다면, 선호공리주의하에서도 대체가능성논변이 성립한다. 그렇다면 자의식 있는 동물을 먹는 것은 허용된다. 선호 충족에서 오는 유용성의 총량을 계산할 수 없다면, 대체가능성논변은 성립할 수 없으며, 선호를

---

137) W. T. Reich & S. G. Post(eds), *Encyclopedia of Bioethics*, Vol. 5 (Simon & Schuster Macmillan, 1995), 2509쪽 참조.

갖는 자의식 동물을 먹는 것은 허용되지 않는다. 그러나 선호충족에서 유용성의 총량 극대화를 말할 수가 없다면, 그것은 더 이상 공리주의가 아니다.[138]

V. 완전채식주의는 이익평등고려원칙에 부합하는가?

싱어의 윤리적 완전채식주의가 실천윤리학자로서 그가 금과옥조로 여기는 이익평등고려원칙과 조화하는지를 검토하려면 그 원칙에 대해 좀 더 자세히 살펴볼 필요가 있다.[139] 그는 먼저 '이익' 개념을 다음처럼 설명한다.

> 고통이나 즐거움을 느낄 수 있는 능력은 적어도 **이익(interests)을 갖기 위한 전제조건이며**, 그 조건은 우리가 의미 있는 방식으로 이익에 대해 논하는 것이 가능하려면 그 전에 충족되어야 하는 조건이다. … (중략) … 돌은 이익을 갖지 않는다. 왜냐하면 돌은 고통을 겪지 않기 때문이다.[140]

> 만약 어떤 존재가 고통을 겪는다면, 그 고통을 고려하지 않는 것은 도덕적으로 정당화될 수 없다. 평등의 원리는, 그 존재가 어떤 종류이건 그 존재의 고통이 다른 존재의 동일한 고통과 동등하게—대략적으로라도 비교할 수 있는 한—계산될 것을 요구한다. 만약 어떤 존재가 고통을 느낄 수 없거나 즐거움이나 행복을 누릴 수 없다면, 고려해야 할 바는 아무것도 없다.[141]

---

138) 싱어를 옹호하는 최훈도 "선호공리주의에 의해 인격체를 대체가능성논변의 대상에서 제외시키려는 시도는 그리 순탄하지 않다"는 점을 인정한다(「동물의 도덕적 지위와 육식은 동시에 옹호 가능한가?」, 226쪽).

139) 싱어의 이익평등고려원칙에 대한 보다 더 자세한 비판적 설명에 대해서는 이 책의 제1장을 보라.

140) P. Singer, *Animal Liberation*, 7-8쪽.

141) P. Singer, *Animal Liberation*. 8쪽.

싱어는 평등 개념에 대해서는 다음처럼 설명한다.

> 평등에 관한 주장은 지능, 도덕적 능력, 체력 또는 그와 유사한 사실의 문제에 의존하지 않는다는 점을 분명히 해두어야 한다. **평등은 도덕적 이념이지 사실에 관한 단언은 아니다. … (중략) … 인간은 평등하다는 원리는 인간들 사이에 있는 것으로 추정되는 실제적 평등에 대한 기술(description)이 아니다. 그것은 우리가 인간을 어떻게 대우해야 할 것인가 하는 것에 대한 규정(prescription)이다.**[142]

이제 우리가 살펴보고자 하는 것은 지구상의 모든 인간들이 싱어가 윤리학의 이름으로 명령하는 완전채식주의를 채택했을 경우, 정말로 지구상의 모든 생명체들의 이익이 평등하게 고려되는 결과가 나올 것인가 하는 것이다. 당장 세상의 모든 공장식 축산업은 문을 닫아야 한다. 그 결과는 무엇인가? 프레이(R. G. Frey)는 채식으로의 전면적인 전환에 따라 고기산업과 그 위성산업들이 종말을 맞이하면 이는 인간의 복지에 파국적인 결과를 만들어낼 것이며, 이를 공리주의적으로 정당화하는 길은 없다고 주장한다. 프레이는 채식주의가 전면적으로 채택될 경우 인간의 삶에 나쁜 영향을 주는 14가지 목록을 만들어 보인다.[143] 전 세계적으로 모든 고기산업과 그와

---

142) P. Singer, 앞의 책, 33쪽. (중략) 앞 부분의 강조는 싱어, 뒷부분의 강조는 필자에 의함. 필자는 싱어의 이런 입장에 반대하여, '평등한 대우'의 요구는 단지 우리가 추구하는 목표로서의 이념이기만 한 것이 아니라, '평등한 대우'를 요구하기 위한 실제적인 동등성에 기초해야 함을 이 책의 제1장에서 이미 밝혔다. 만약 '평등한 대우'를 요구하기 위한 실제적인 동등성에 기초함이 없이 평등을 요구한다면, 그것은 소위 말하는 '도덕주의의 오류'를 범하는 것이 될 것이다. 사실에서 당위를 끄집어내면 자연주의적 오류가 되지만, 도덕주의의 오류는 당위에서 사실을 끄집어내려고 할 때 범하게 되는 오류이다. 모든 인간은 평등하게 대우받아야 한다는 윤리학적 명제에 근거해서 과학적으로 밝혀진 남녀 간의 차이나 인종 간의 차이에 기초한 차별을 부정해버리면, 이는 도덕주의의 오류가 된다. 예컨대 링컨의 생애를 주제로 하는 영화를 만들면서 흑인에게 링컨 역을 배역하지 않는 것은 인종차별이라고 한다면, 이는 도덕주의의 오류가 된다.

143) J. Curnutt, "A New Argument for Vegetarianism" (in: *Ethics for Everyday*, David Benatar ed., Mcgraw-Hill, 2002), 405쪽 참조.

연관된 산업이 파산될 때 발생할 정치·경제적, 사회·문화적 어려움의 크기는 계산하기가 쉽지 않을 것이다.[144] 이에 채식주의자들은 공장식 축산으로 고통받는 동물의 숫자를 들이밀며 그들이 당하는 고통의 총량도 계산하기 쉽지 않다고 맞받아칠 것이다. 채식주의가 전면적으로 수용될 때, 싱어의 이익평등고려원칙은 고기산업의 종말로 말미암아 인간이 감수해야 하는 정치·경제적, 사회·문화적 손실과 채식으로 얻게 되는 동물들의 이익을 평등하게 고려해 주는가? 그러나 이 양자를 대비해서 계산함에 있어서 싱어가 결정적으로 놓치고 있는 것이 있다. 만약 인류가 전면적으로 채식을 선택하게 되면, 지구상에서 가축으로 길러지는 수많은 동물들이 고통을 당하지 않게 되겠지만, 그들이 일단 어떤 방식으로든 사라진 뒤에 인류는 더 이상 가축들을 사육하지 않을 것이고, 그 결과 지구상에 존재하는 가축은 거의 사라질 것이다.[145] 그렇게 되면 채식을 통해 동물들

---

144) 육식행위는 동물권리 옹호론자들이 말하듯이 미각의 욕구충족이라는 사소한 문제가 아니라, 잡식동물로서 인간이 갖고 있는 본능의 문제이기에, 이는 동시에 사회-문화적 문제이기도 하다(마이클 폴란, 『잡식동물의 딜레마』, 398-399쪽 참조). 싱어는 육식문화를 서구문화의 중요한 부분으로서 받아들여야 한다는 주장을 펼치는 사람들을 향해 다음처럼 말한다. "그러나 어떤 문화적 관습이 해롭다면 그것을 고치지 않고 그대로 두어서는 안 된다. 노예제도 또한 한때 미국 남부의 문화의 일부였다. 여성차별이나 다른 인종에 대한 편견 역시 한때, 그리고 어떤 곳에서는 지금도 문화적으로 중요하다. 널리 퍼진 문화 관례라고 해도 옳지 안다면, 우리는 그것을 바꾸려고 노력해야 한다"(Singer P. and J. Mason, *The Ethics of What We Eat*, 244-245쪽). 물론 싱어의 말이 맞다. 하지만 그는 인류가 수십만 년 동안 사냥을 통해 살아오면서 형성해온 그 육식문화와, 인류가 농사를 짓기 시작하면서 형성해온 방목식 사육에 의한 육식문화와 최근에 공장식 축산에 의해 형성된 그 육식문화를 구분하지 않고 있는 것이 문제로 보인다. 대부분의 사람들은 공장식 축산의 육식문화가 개선되어야 한다는 점에서는 이의를 제기하지 않을 것이다. 하지만 그들은 마찬가지로 싱어가 주장하는 완전채식주의도 거부할 것이다. 대부분의 사람들은 사육동물의 복지를 고려한 새로운 형태의 농장을 많이 만들어야 한다고 생각할 것이다.

145) 기준연도가 불분명한 어떤 통계자료에 의하면 전 세계적으로 일 년에 도축되는 동물의 숫자는 다음과 같다. 닭 26억 마리, 오리 13억 마리, 돼지 13억 마리, 토끼 11억 마리, 칠면조 6억 3천3백만 마리, 양 5억 1천8백만 마리, 염소 3억 9천8백만 마리, 암소 2억 9천3백만 마리, 물소 2천4백만 마리, 낙타 170만 마리라고 한다(http://bluelight.tistory.com/396). 다른 자료에 의하면 2001년에 미국과 유럽에서 육상동물 170억 마리가 식용으로 도축되었으며, 실험용으로 5천만~1억 마리, 모피용으로 3천만 마리가 죽었다고 한다(피터 싱어 엮음, 『동물과 인

이 얻게 될 행복의 양 또한 대폭 줄어들게 될 것이다. 결국 채식을 통해 공리주의적으로 얻게 되는 이득이 없어진다는 계산이 나온다.[146) 그럼에도 불구하고 채식주의를 통해 파괴된 고기산업과 연관된 정치·경제적, 사회·문화적 고통은 계속 지속된다. 그렇다면 이익평등고려원칙은 싱어가 생각하는 만큼 평등하지 않은 원칙으로 기능하게 될 것이다.

마이클 폴란은 우리가 채식주의를 택한다 하더라도 동물들의 고통 문제는 축산 공장에서 들판으로 옮겨질 뿐이라고 말한다. 싱어는 우리 식탁에 고기들이 올라오는 과정을 모르기 때문에 사람들은 속 편하게 육식을 하지만, 그들이 얼마나 비인도적이고 잔인한 방식으로 사육되는지를 알게 되면, 우리 식탁 바로 아래에 동물들의 지옥이 있음을 알게 된다고 역설한다. 그러나 우리가 채식주의를 받아들여서 식탁을 곡물이나 야채와 같은 식물성 음식으로 채운다고 하자. 우리는 채식주의 식탁 밑에도 야생동물들의 지옥이 있다고 말할 수 있을 것이다.

___

간이 공존해야 하는 합당한 이유들』, 노승영 옮김, 서울: 시대의창, 2012, 25쪽 참조). 그리고 미국 농무부에서 발행한 자료에 의하면 1988년에 미국에서 개 14만 471마리, 고양이 4만 2,271마리, 원숭이 5만 1,641마리, 모르모트 43만 1,457마리, 햄스터 33만 1,945마리, 토끼 45만 9,245마리, 야생동물 17만 8,249마리, 합계 163만 5,288마리가 동물 실험에 사용되었는데, 쥐와 생쥐를 포함시키면 1,600만 마리 정도의 동물이 실험에 사용되었다고 한다(피터 싱어, 『동물해방』, 83쪽). 만약 우리가 육식을 그만두거나 동물실험을 포기한다면, 이 모든 짐승들은 대부분 사라질 것이다. 인간들이 그것들을 단지 그들의 권리나 복지를 위해 기르지는 않을 것이기 때문이다.

146) 싱어는 이 대목에서 아마 이렇게 말할 것이다. "우리가 채식을 전면적으로 수용하면, 가축의 수가 대대적으로 줄어들고, 그 결과 채식을 통해 얻게 되는 동물들의 전체 행복 양도 대대적으로 줄어든다는 것은 맞는 말이다. 그러나 현재와 같은 공장식 축산이 지속될 경우 생겨날 것으로 예상되는 엄청난 수의 동물들의 고통을 예방하는 효과가 있음을 기억해둘 필요가 있다." 공리주의적 유용성을 계산할 때, 존재하지 않는 동물들의 행복이나 고통도 계산해 주어야 하는가, 하는 문제는 대단히 사변적인 문제이면서 열린 문제이기도 하다. 앞서 살펴보았듯이, 싱어는 『실천 윤리학』 제1판과 제2판의 5장에서 이 문제를 다루고 있으나, 자신의 입장을 명확하게 정하지 못하고 있다.

채식주의자가 먹는 곡식은 들쥐를 갈가리 찢어버리는 콤바인으로 수확한다. 또한 농부가 모는 트랙터의 바퀴는 굴속에 있는 설치류를 짓밟고, 농부들이 뿌리는 살충제는 대기 중에서 노래하는 새들을 죽여버린다. 수확이 끝난 뒤에는 우리는 인간의 곡식을 먹으려는 모든 동물들을 박멸해 버린다. 우리가 무엇을 먹는다고 하든 동물을 죽이는 일은 아마 피할 수 없을 것이다. 사람들이 어느 날 갑자기 엄격하게 채식주의 식단을 적용한다고 해도 매해 죽음을 당하는 동물의 숫자가 필연적으로 줄어들지는 확실치 않다. 모든 사람들에게 곡물을 공급하려면 동물이 살고 있는 방목지나 초원을 경작지로 만들어 훨씬 더 많은 작물을 생산해야 하기 때문이다.[147]

이런 반론에 대해 싱어는 이렇게 대응할 것으로 예상된다.

'아무리 그렇더라도 인간이 채식을 위해 곡물이나 야채를 재배하면서 죽는 동물의 숫자가 육식을 위해 공장식 사육을 하면서 죽는 동물의 숫자보다 많지는 않을 것이다. 그리고 곡물을 수확하다가 죽는 들쥐는 죽기 전까지는 야생에서 자유롭고 행복하게 살았지만, 공장식 사육 동물들은 살아 있음 자체가 고통인 삶이 아닌가?'

필자는 이 점에서는 폴란이 아니라 싱어의 말이 맞는다고 생각한다. 문제는 싱어의 이익평등고려원칙은 "우리가 도덕적 사고에 있어서 우리의 행위에 의해 영향을 받게 되는 모든 유정적 존재들의 유사한 이익들에 대해서 동등한 비중을"[148] 두기를 요구한다. 그렇다면 채식을 통해 고려되는 동물들의 복지 못지않게 인간의 경작행위를 통해 죽어가는 동물들의 고통도 평등하게 고려해야 할 의무가 생기는데, 그 의무를 다하지 못하는 문제점이 있다는 점에서는 폴란의 문제제기도 성립하는 것으로 보인다. 그런 의무를 다하려면, 싱어는

---

147) 마이클 폴란, 『잡식동물의 딜레마』, 412쪽.
148) P. Singer, *Animal Liberation*, 19쪽.

채식주의자가 먹는 곡식은 들쥐를 갈가리 찢어버리는 콤바인으로 수확한다. 또한 농부가 모는 트랙터의 바퀴는 굴속에 있는 설치류를 짓밟고, 농부들이 뿌리는 살충제는 대기 중에서 노래하는 새들을 죽여버린다. 수확이 끝난 뒤에는 우리는 인간의 곡식을 먹으려는 모든 동물들을 박멸해 버린다. 우리가 무엇을 먹는다고 하든 동물을 죽이는 일은 아마 피할 수 없을 것이다. 사람들이 어느 날 갑자기 엄격하게 채식주의 식단을 적용한다고 해도 매해 죽음을 당하는 동물의 숫자가 필연적으로 줄어들지는 확실치 않다. 모든 사람들에게 곡물을 공급하려면 동물이 살고 있는 방목지나 초원을 경작지로 만들어 훨씬 더 많은 작물을 생산해야 하기 때문이다.[147]

이런 반론에 대해 싱어는 이렇게 대응할 것으로 예상된다.

'아무리 그렇더라도 인간이 채식을 위해 곡물이나 야채를 재배하면서 죽는 동물의 숫자가 육식을 위해 공장식 사육을 하면서 죽는 동물의 숫자보다 많지는 않을 것이다. 그리고 곡물을 수확하다가 죽는 들쥐는 죽기 전까지는 야생에서 자유롭고 행복하게 살았지만, 공장식 사육 동물들은 살아 있음 자체가 고통인 삶이 아닌가?'

필자는 이 점에서는 폴란이 아니라 싱어의 말이 맞는다고 생각한다. 문제는 싱어의 이익평등고려원칙은 "우리가 도덕적 사고에 있어서 우리의 행위에 의해 영향을 받게 되는 모든 유정적 존재들의 유사한 이익들에 대해서 동등한 비중을"[148] 두기를 요구한다. 그렇다면 채식을 통해 고려되는 동물들의 복지 못지않게 인간의 경작행위를 통해 죽어가는 동물들의 고통도 평등하게 고려해야 할 의무가 생기는데, 그 의무를 다하지 못하는 문제점이 있다는 점에서는 폴란의 문제제기도 성립하는 것으로 보인다. 그런 의무를 다하려면, 싱어는

---

147) 마이클 폴란, 『잡식동물의 딜레마』, 412쪽.
148) P. Singer, *Animal Liberation*, 19쪽.

채식주의 운동에 더하여 기계식 경작을 포기하는 운동을 새롭게 시작해야 할 것이다.[149]

싱어의 채식주의의 이론적 기초가 되는 이익평등고려원칙에 대해 가해지는 또 다른 비판은 우리가 '최대 다수의 최대 행복은 선이다'고 외치면서 쾌락계산법을 제시하는 벤담의 양적 공리주의에 대해 가하는 비판과 맥을 같이한다. 그것은 측정의 문제이다. 벤담은 양적 공리주의자인데, 그가 '최대 다수의 최대 행복'을 공리주의의 슬로건으로 삼은 이상, 그가 양적 공리주의자가 되는 것은 불가피한 일이었다. 그래서 그는 쾌락의 양을 계산하는 7가지 기준을 제시한다. ① 강렬도, ② 지속도, ③ 확실성, ④ 신속도, ⑤ 다산성, ⑥ 순수도, ⑦ 광도가 그것이다.[150] 김영철은 벤담의 이 기준들에 대해 다음처럼 설명한다.

> 이러한 일곱 가지 쾌락계산의 기준 가운데 ①과 ②는 현재 느끼고 있는 쾌락의 가치를 판정하는 기준인데, 그것들이 얼마나 강하며, 언제까지 계속되는가를 판정하는 것이다. ③과 ④는 장차 느끼게 될 쾌락의 가치를 판정하는 기준이다. 확실히 얻어지는 쾌락은 불확실한 쾌락보다 바람직하며, 멀리 있는 쾌락보다 가까이 있는 쾌락일수록 더 큰 가치가 있다. ⑤와 ⑥은 행위 또는 사건의 평가에 사용되는 기준이다. 어떤 행위가 계속해서 좋은 결과를 낳을 때는 다산도가 있다고 하여 칭찬을 받게 된다. 어떤 행위가 좋은 결과만을 낳고 고통이 섞여 있지 않을 때에는 순수도가 높다고 하며, 그렇지 못할 경우에는 순수성이 없다고 한다. 이상 여섯 가지 기준은 한 사람 한 사람의 낱낱의 쾌고를 계산하는 기준이지만, 다

---

149) 마크 롤랜즈(M. Rowlands)에 의하면, 동물권리운동에는 세 종류의 운동이 있는데, 첫 번째는 채식주의자 되기이다. 두 번째는 사상전파, 세 번째는 시민불복종운동이다(*Animals Like Us*, New York & London, Versto, 2002, 177-178쪽 참조).

150) J. Bentham, *Introduction to the Principles of Moral and Legislation* (New York, Prometheus Books, 1988) 30쪽 참조.

수인의 경우에는 여섯 가지 기준 이외에 ⑦ 광도를 고려해야 한다. 즉 쾌고가 얼마만큼의 많은 사람들에게 미치고 있는지 그 범위를 계산해야 한다는 것이다.[151]

그러나 그는 벤담의 쾌락계산법에 대해 다음처럼 날카롭게 분석한다.

쾌락의 측정에 있어 공통의 단위가 없으며 설사 단위가 있다 하더라도 쾌락과 같은 것은 원래 개인차가 심할 뿐만 아니라, 쾌고에 대한 가치 역시 때와 장소에 따라 다르다. 이러한 천차만별의 심리작용 내지는 정신현상을 계산한다는 것은 거의 불가능에 가깝다.[152]

그리고는 쾌락계산법에 대해 다음처럼 설득력 있는 최종판결을 내린다.

사실 벤담이 제시한 쾌락계산법은 현실생활에서는 그다지 쓸모가 없으며, 다만 우리에게 행동을 신중히 해야 한다는 교훈 이외에는 아무것도 주는 것이 없다.[153]

마찬가지 비판이 싱어의 원칙에 대해서도 적용된다. 이익을 평등하게 적용하려면, 이익을 양적으로 계산할 수 있어야 하는데, 사실이는 현실에서 대단히 어렵다.

싱어를 향한 한 가지 비판의 유형은 공리주의를 소개할 때 논의된 측정의 문제를 생각나게 한다. 어떤 면에서 싱어에 의해 옹호된

---

151) 김영철, 『윤리학』(개정판, 서울: 학연사, 1994), 186쪽.

152) 김영철, 『윤리학』 190쪽.

153) 김영철, 『윤리학』 191쪽.

'이해관계의 동등한 고려'의 원리는 유용한 결정 과정을 제안한다고 할 수 있다. 그것은 대안적 수단들 중에서 결정을 내릴 때 우리로 하여금 모든 고통을 고려할 것을 명령한다. 하지만 이러한 명령을 적용하려고 하면 곧 엄청나게 복잡한 문제에 부딪힌다. ... (중략) ... 농사 목적으로 대초원에 울타리를 둘러치는 인간의 이해관계(싱어와 리건의 충고에 따라 채식주의자가 되려면 이런 것이 필요하다)는 방해받지 않은 서식지에 대한 야생동물의 이해관계보다 더 우선하는가? 태평양 북서쪽 연안에 있는 원시림에 대한 얼룩올빼미의 이해관계는 목재에 대한 인간의 이해관계와 어떻게 비교되는가? 목재의 효용이 중요한가? 도덕적 행위자로서 우리는 야생동물의 삶에 간섭할 책임이 있는가? 포식동물을 보호해야 하는가, 아니면 그것의 먹이가 되는 동물을 보호해야 하는가?154)

이런 갈등상황에서 이익평등고려원칙은 갈등을 조정하거나 해결하는 데 도움이 되는 실용성 있는 지침으로 작동하지 못하는 사변적 공염불에 그칠 가능성이 크다. 데자르뎅은 쾌락계산의 어려움이 만들어내는 벤담식 양적 공리주의의 문제점은 선호공리주의에서도 노정되고 있음을 다음처럼 주장한다.

선호공리주의는 선호가 욕구와 달리 등급이 매겨질 수 있다는 이유로 이러한 문제들(쾌락계산의 어려움이라는 문제: 필자 보충)을 어느 정도 극복하려고 시도한다. 예를 들어 나는 휴가도 원하고 일을 마치기 위한 더 많은 시간도 원하지만, 일보다 휴가를 **더 선호**한다. 하지만 비록 이러한 접근방식이 개인들의 욕구를 비교하는 데 있어서 몇 가지 문제를 극복할 수 있을지라도, 서로 대립하는 욕구를 가진 두 사람이 경험하는 쾌락(혹은 가치)을 비교하는 것에는 별 도움이 되지 않는다.155)

154) 조제프 R. 데자르뎅, 『환경윤리』(김명식 옮김, 고양: 연암서가, 2017), 245-246쪽.

155) 조제프 R. 데자르뎅, 『환경윤리』, 86-87쪽.

VI. 맺음말

인간은 잡식동물이다. 싱어는 이 생물학적 사실을 과소평가하고 있는 것은 아닌가? 물론 '인간은 잡식동물이다'는 생물학적 사실로부터 '그러므로 인간은 잡식의 식생활을 해야 한다'는 윤리적 주장으로 진행해 가는 것이 사실에서 당위를 도출해 내는 자연주의적 오류처럼 보일 수 있다. 그러나 필자는 자연주의적 오류라는 것을 신중하게 적용해야 한다고 생각한다. 예컨대 인간은 성욕을 느끼는 존재이다. 이 생물학적 사실로부터 누군가가 '그러므로 인간은 성욕을 충족시켜야 한다'고 추리했다면, 그는 자연주의적 오류를 범한 것인가? 필자는 오류를 범한 것일 수도 있고 오류를 범하지 않은 것일 수도 있다고 생각한다. 그것은 성욕을 충족시키는 방식에 달려 있다. 자신의 성욕을 도덕적이고 합법적으로 충족시킬 수도 있고 강간과 같은 비도덕적이고 불법적인 방식으로 충족시킬 수도 있을 것이다. 인간이 인지상정으로 갖고 있는 자연적인 여러 욕구들에 관한 한, 기존의 윤리학은 그런 욕구의 충족 그 자체를 부정적으로 간주하지는 않았다. 전통윤리는 그런 욕구의 충족을 인정한다. 문제는 그 충족방식이며, 여기에서 도덕이 문제로 등장하는 것이다. 이런 식으로 생각한다면, 인간이 가진 잡식의 욕구를 전면적으로 부정하는 것은 잘못된 것이다. 마치 인간의 결혼윤리를 논할 때 인간의 성욕이 전제되어야 하는 것처럼, 인간의 음식윤리를 논할 때 인간이 가진 잡식의 욕구는 전제되어야 한다. 그 다음에 바람직한 결혼윤리에 대한 윤리적 논의를 하는 것이 가능하듯이, 바람직한 음식문화에 대한 윤리적 논의를 하는 것이 가능하다. 이런 관점에서 본다면 우리에게 완전채식주의를 윤리의 이름으로 명령하는 것은 아마 잡식동물인 인간에게 내려진 가장 황당한 윤리적 명령일지 모른다. 그럼에도 불구하고 일부의 사람들은 싱어의 채식주의 운동에 동참한다. 아마 그 이유는 사육되는 동물들이 받는, 고문 수준의 고통에 사람들이 크게 동정심을 느끼기 때문일 것이다. 그러나 필자는 싱어가 채식주의에 대한 사람들의 관심을 환기시킴에 있어서는 성공적이었지만, 채식주의를 공리주의 논리로 정당화함에 있어서는 실패한 것으로 생각한다. 우선 바다나 강에서 생산되는 많은 하등동물들의 경우는 고통을 느끼는 능력이 있는지 분명하지가 않다. 그런 능력이 없다면 우리는 그것들을 마음 놓고 먹어도 된다. 설령 싱어처럼 '의심의 혜택'을 주어서 그것들에게 고통을 느끼는 능력이 있다고 해 두자. 그럼에도 우리가 그것들을 자비롭게 죽여서 먹는다면, 그것을 먹지 않아야 할 이유가 없다. 그들은 고통을 느끼는 신경중추기관이 미미하게 발달해 있어서, 그들이 죽으면서 당하는 고통도 인간이 상상하는 것만큼 크지 않을 것이며, 인간이 그것들을 먹음으로써 얻게 되는 이득이 더 클 것이다. 어차피 모든 생명체는 죽게 되어 있는데, 그들이 바다나 강에서 자연사한다고 하더라도 고통 없이 죽는다는 보장은 없다. 오히려 인간에게 잡혀 죽는 것이 덜 고통스러울 수도 있다. 그러면 육상의 포유류나 파충류나 조류들은 어떤가? 싱어는 이 동물들을 자의식이 있는 것과 없는 것으로 나눈 뒤, 전자는 대체 불가능하지만 후자는 대체 가능하다고 한다. 전자에는 고등 유인원이 확실하게 포함된다. 그러면 개, 소, 말, 양 등등은 전자에 속하는가, 후자에 속하는가? 싱어는 이들 동물에게도 '의심의 혜택'을 준다. 그래서 이런 동물을 먹어서는 안 된다고 말한다. 그러나 그도 인정하듯이, 대체

가능성논변을 받아들인다면, 침팬지 같은 유인원을 먹거나 실험용로 사용하면 안 되지만, 전통적 사육방식으로 생산한 고기를 소비하는 것은 가능하다.

싱어는 공리주의에 입각하여 이익평등고려원칙을 만들고, 그 원칙에 근거하여 종차별주의를 공격한다. 그리고 종차별주의의 입장에서 육식을 종차별적 행위의 전형적 사례라고 비판한다. 그러나 공리주의는 쾌락총량극대화의 관점에서, 동물을 쾌고를 담고 있는 그릇에 불과한 자의식이 없는 동물들을 대체 가능한 존재로 보게 된다. 이리하여 마찬가지로 쾌고감수능력을 가지고 있음에도 불구하고 동물들이 자의식이 없는 대체 가능한 동물과 자의식적인 대체 불가능한 동물로 나누어진다. 그리고 그는 대체 불가능한 동물들을 인간이 자비롭게 도축해 먹으면서 다른 대체 동물들을 행복하게 사육하면 이론적으로 육식이 가능하게 된다는 결론에 빠져들게 된다. 물론 그는 그런 결론에 빠져드는 것을 원하지 않았기에, 여러 가지 이론적 탈출을 시도하지만, 결국 이론적으로는 육식이 허용된다는 결론을 마지못해 받아들인다. 그런데 그는 이런 식으로 자신의 생각을 전개해 나가는 과정에서, 그가 그토록 비난해 마지않았던 종차별주의의 잘못을 범하게 된다. 자의식을 기준으로 어떤 동물들을 죽이는 것은 허용되지만 어떤 동물들은 허용되지 않는다는 것이야말로 전형적인 종차별주의적 사유이기 때문이다. 이는 무엇을 말해주는가? 윤리적 완전채식주의를 공리주의적으로 정당화하려는 싱어의 시도는 실패했다는 것이다.

사족이지만, 필자는 싱어의 채식주의 논증이 실패했다고 생각함에도 불구하고 공장식 축산의 문제점에 대한 그의 가차 없는 비판에 대해서는 공감한다는 말을 덧붙인다. 그러나 육식을 위해 기존의 공장식 축산을 고집하는 것이 하나의 극단이라면, 그 문제를 해결하기 위해 완전채식을 해야 한다는 싱어의 입장도 그 반대편에 있는 극단주의라 생각한다. 정답은 그 중간 어디엔가 있을 것이다.

제4장

동물 윤리학과
'가장자리경우논증'

최근 우리 사회에서도 동물에 대한 윤리학적 논의가 활성화되면서 동물의 복지나 권리를 옹호하는 서양 철학자들의 논의가 많이 소개되고 있다. 예컨대 피터 싱어의 동물해방론(animal liberation), 톰 리건의 동물권리론(animal right), 제임스 레이첼즈의 도덕적 개체주의(moral individualism)가 그것이다. 공리주의자인 싱어는 사람들이 고통당하는 것을 싫어하는 것을 정당한 욕구로 인정한다면 동물들도 고통으로부터 해방시켜야 한다고 주장한다. 리건은 '삶의 주체(subject of a life)'로서 인간에게 도덕적 권리가 인정된다면 마찬가지로 삶의 주체인 동물들에게도 도덕적 권리가 인정되어야 한다고 주장한다. 다윈의 진화론 이후 인간과 동물 간의 질적인 차이를 인정하던 서구의 전통적인 관념이 붕괴되었는데, 다윈 이후 윤리학의 새로운 길을 모색하는 레이첼즈는 '도덕적 개체주의'라는 개념을 통해 도덕적 권리의 문제를 종의 개념으로부터 분리시키기를 주장하고 있다. 흥미 있는 사실은 이들 모두가 자신들의 입장을 정당화하기 위해 공통의 논증방식을 사용하고 있다는 것이다. 그것은 다름 아닌 '가장자리경우논증'이라고 불리는 논증이다. 이 논증은 동물에 대한 인간의 도덕적 지위를 결정함에 있어서 정상으로부터 심각하게 벗어난 인간들을 이용하여 동물들의 지위를 높이는 논증방식을 말한다.

싱어, 리건 그리고 레이첼즈가 전가의 보도처럼 휘두르는 가장자리경우논증이 생각하는 것만큼 훌륭한 논증이 아니라 허술한 논증임이 밝혀진다면, 동물해방론, 동물권리론 그리고 도덕적 개체주의는 이론으로서 치명적인 결함을 드러내는 것이 될 것이다. 필자는 여기에서 첫째로, 싱어, 리건, 레이첼즈가 가장자리경우논증을 사용하여 자신들의 주장을 펼치는 구체적인 논의 맥락들을 검토할 것이다. 둘째로, 가장자리경우논증을 비판적으로 분석할 것이다. 그리하여 가장자리경우논증을 이용하여 '종'들 간의 차이를 부정하려는 시도는 실패했음을 보일 것이다. 셋째로 '종' 개념의 복권을 통해 가장자리 인간들의 도덕적 지위를 새롭게 복원하는 방법을 타진해 볼 것이다.

I. 동물을 위한 '가장자리경우논증'

우리는 이 장에서 싱어, 리건 그리고 레이첼즈가 자신들의 입장을 정당화하기 위해 가장자리경우논증을 사용하는 구체적인 문맥을 살펴볼 것이다. 싱어는 고통을 당하지 않고 즐거움을 누리고 싶어 하는 동물들의 이익도 인간들의 그런 이익과 동등하게 대우받아야 한다는 주장을 정당화하기 위해 다음처럼 말한다.

> 자의식이나 자율성 혹은 어떤 유사한 특징이 인간과 동물을 구별하는 데 도움을 줄 수 있다는 주장에 대해서는 다른 방식으로 반박할 수 있다. 즉 동물보다 더 자의식적이지도 못하고 자율적이지

도 못한, 정신적으로 결함이 있는 인간이 있음을 환기시키는 것이다. … (중략) … '가장자리경우논증'이라고 이름 붙여진 이 반박은 매우 강력하다.[156]

흔히 인간과 동물을 질적으로 구분 짓기 위해 여러 가지 기준이 동원되곤 했다. 자율성, 언어, 이성, 자기의식, 문화, 도덕, 도구 등등이 그것이다. 그러나 최근의 동물행태학적 지식에 의하면, 동물들도 비록 초보적인 수준이긴 하지만 도구를 사용하고 언어생활을 하며 이성적 추리를 할 수 있으며 문화를 갖고 있으며 자기의식적이기도 하다. 이 모든 것은 인간과 동물 간에는 오직 양적인 차이만이 존재할 뿐이지 질적인 차이가 있는 것은 아님을 말해주는 것으로 해석되는 경향이 있다. 설령 인간과 동물 간에 질적인 차이가 있다 하더라도, 동물권 옹호론자들은 그 사실이 동물에 대한 인간의 차별을 정당화시켜 주지는 않는다고 생각한다. 그들은 '가장자리경우논증'이라는 무기로 그러한 차별의 논리를 무너뜨릴 수 있다고 믿는다.

지금까지는 인간과 동물은 상이한 인식적 능력들을 소유하고 있으며, 이러한 차이들이 도덕적으로 중요하다고 논증되어 왔다. 그러나 이런 주장들은 소위 '가장자리경우논증'에 취약하다.[157]

만약 지능의 차이에 따라 권리가 달리 부여되어야 한다고 말한다면 이를 받아들이고자 하는 사람은 거의 없을 것이다. 왜냐하면 인간이라는 종 안에서도 지능의 차이가 엄연히 존재하기 때문이다. 지능이 기준이 되어야 한다면 피부색이나 몸의 크기 등이 기준이 되지 말아야 하는 이유는 무엇인가? 또한 침팬지, 심지어 개

---

156) P. Singer, *Practical Ethics*(1979), 65쪽.

157) R. Garner, *A Theory of Justice for Animal: Animal Right in a Nonideal World* (Oxford: Oxford University Press, 2013), 142쪽.

나 고양이들은 일부 불행한 인간에 비해 지능이 더 높다. 이때 이들 동물이 일부 인간들에 비해 더 많은 권리를 갖는 것일까?[158]

김성한은 가장자리경우논증을 이용하여 도구, 언어, 도덕에 대해서도 그런 것들이 인간과 동물을 질적으로 차이 나게 만들어 주는 기준이 될 수 없음을 밝히려 하고 있다.[159] 필자는 가장자리 경우의 논증으로 인간과 동물의 질적 차이를 무너뜨리기에는 그 논증이 지나치게 허술한 논증이라는 느낌을 지울 수 없지만, 그 옹호자들은 이 논증이 대단히 강력한 논증이라고 생각한다. 싱어는 인간의 존엄성에 대한 서구사회의 기존 입장을 비판할 때도 이 논증을 사용한다.

진실은, 인간의 본유적 존엄성에 대한 호소가 평등주의 철학자의 문제들을 해결하는 것처럼 보이는 것은 단지 인간의 본유적 존엄성이 도전을 받지 않는 동안만 그러하다는 것이다. 일단 유아, 지적장애인, 반사회적 정신 질환자, 히틀러, 스탈린 그리고 그 외 다른 사람들을 포함하여 모든 인간이 그 어떤 코끼리나 돼지 혹은 침팬지도 가질 수 없는 어떤 존엄성 또는 가치를 갖는 이유가 무엇인가를 묻게 되면, 우리는 이러한 질문에 대답하는 것이 매우 어렵다는 사실을 알게 된다.[160]

주지하다시피, 싱어의 동물해방론이 공리주의 도덕이론에 기초하고 있다면, 리건의 동물권리론은 칸트주의 윤리설의 중요한 특징적 측면을 받아들이고 있다. 가너의 관찰에 의하면 모든 동물 윤리학자들이 가장자리경우논증을 이런저런 방식으로 활용하는데, 특히 실례로 리건의 논증이 있다. 리건은 칸트의 인격개념을 거부하고 그것을

---

158) 김성한, 「피터 싱어의 동물해방론」(고려대학교 철학연구소, 『철학연구』 22권, 1999), 107쪽.
159) 김성한, 「피터 싱어의 동물해방론」 105-106쪽 참조.
160) P. Singer, *Animal Liberation*, 239쪽.

보다 약한 선택적 자율성의 개념으로 대체시킨다. 이 개념은 그가 도입한 '삶의 주체'라는 개념에 잘 보관되어 있다.[161]

> 삶의 주체가 된다는 것은 이 책의 서장에서 언급된 특징들을 가진 삶을 영위하는 개체가 된다는 것이다. 즉 만약 개체들이 믿음과 욕구를 갖고, 지각과 기억을 하며, 그들 자신의 미래를 포함해서 미래감을 갖고 있으며, 즐거움이나 고통의 감정에 더하여 정서적 생활을 하고, 선호에 대한 이익관심(interests)과 복지적 이익관심을 갖고, 그들의 욕구와 목표를 추구하기 위해 행위할 수 있는 능력을 갖고 있다면, 시간의 흐름에도 심리·물리적 동일성을 확보하고 있다면, 그들이 다른 타자에 대해 갖는 유용성과 논리적으로 독립해서 그리고 그들이 다른 타자의 이익관심의 대상이 된다는 것에 대해 논리적으로 독립해서 그들의 경험적 삶이 자신에게 이롭거나 해롭다는 의미에서 개별적인 복지를 갖는다면, 그 개체들은 삶의 주체이다. 그 자신 삶의 주체의 개념을 충족시키는 존재는 특유한 가치—내재적 가치(inherent value)—를 가지며, 단순히 대체 가능한 것으로 간주되거나 취급되지 않는다.[162]

리건은 동물들도 삶의 주체일 수 있는가를 검토하기 위해 자율성을 두 가지로 구분한다. 첫 번째 자율성은 칸트적인 의미의 강한 자율성 개념이다. 칸트에 따르면, 개인들은 다른 유사한 상황에 놓인 개인들이 행동할 때 수용하는 이유들에 따라 행동할 수 있다면, 그 개인들은 자율적이다. 리건은 그 어떤 동물도 칸트적인 의미에서 자율적이지는 않다는 사실을 인정한다.[163] 그러나 그는 만약 우리가 칸트가 제시한 자율성의 개념을 받아들이면, 유아나 중증 지적장애인들은 삶의 주체가 되지 못함을 지적한다. 그래서 그들도 삶의 주

---

161) R. Garner, *A Theory of Justice for Animal: Animal Right in a Nonideal World*, 144쪽 참조.

162) T. Regan, *The Case for Animal Right* (University of California Press, 2004), 243쪽.

163) T. Regan, *The Case for Animal Right* 84쪽 참조.

체일 수 있으려면, 두 번째 자율성 개념을 수용해야 한다.

> 그러나 칸트적인 의미의 자율성만 있는 것은 아니다. 대안적인 자율성은 이렇다. 개체들이 만약 선호를 갖고 그 선호들을 만족시키기 위해 어떤 행위를 일으킬 능력을 갖고 있다면, 그 개체들은 자율적이다. 자율성에 대한 이런 해석에 따르면(우리는 이를 선호자율성이라 부를 수 있겠다), 어떤 개체는 유사한 상황에 놓인 다른 개체가 무엇을 행해야만 하는가, 하는 물음을 묻기 위한 예비단계로 그 자신의 욕망과 목표 등등을 추상화하는 능력을 갖출 필요는 없다.164)

신생아, 중증 지적장애인, 식물인간, 심각한 치매노인 등은 칸트적인 의미의 자율성을 갖고 있지 못하지만, 선호자율성을 갖고 있다. 일 년 이상 된 정상적인 포유동물들은 선호자율성을 갖는다. 그러나 돌멩이나 식물, 구름, 강은 선호자율성도 갖지 못한다.165)

리건이 칸트적인 인격 개념을 버리고 '삶의 주체' 개념으로 옮겨 갈 때, 그는 가장자리경우논증을 이용한다. 리건의 주장에 의하면, 만약 우리가 칸트의 인격개념을 받아들이게 되면 가장자리 인간들은 권리를 가질 수가 없다. 왜냐하면 가장자리 인간들은 칸트가 인격체가 가져야 한다고 생각하는 그런 능력들, 즉 자기 삶을 정언명법에 따라 규제하고 또 자신의 자율적 행위 결과에 책임지는 능력을 갖지 않고 있기 때문이다. 리건은 이러한 반직관적 결론을 피하기

---

164) T. Regan, *The Case for Animal Right*, 85쪽

165) T. Regan, *The Case for Animal Right*, 85쪽 참조. 리건은 식물들이 선호자율성을 갖지 못한다고 말하고 있는데, 필자는 리건이 선호자율성에 대해 정의하는 방식을 엄격하게 적용하면, 식물들도 선호자율성을 갖고 있는 것으로 보인다. 특히 식충식물들의 경우는 더욱 그러하다. 그리고 식물인간들의 경우는 병이 아주 심각한 경우에는 선호자율성조차도 갖지 못한 것으로 보인다. 왜냐하면 그들은 자신들의 선호를 충족시키기 위한 어떤 행동을 일으킬 수가 없기 때문이다. 선호자율성을 가진 개체들의 집합에 식물을 포함시켜야 한다면 그 개념은 너무 넓어 보이고, 식물인간을 배제시켜야 한다면 그 개념은 너무 좁아 보인다.

위해 가장자리 인간도 포함시킬 수 있는 약한 자율성 개념을 채택한
다. 그리고 일관성을 위하여 몇몇 동물 종도 이 자율성 개념을 가진
생명체들의 집합에 포함시킨다.[166] 리건은 자신의 동물권리론에 대
한 코헨의 비판에 응수하면서도 가장자리경우논증을 활용한다. 코헨
은 동물은 도덕적 행위주체가 아니라는 입장에서 동물에게 권리가
있다는 것을 부인한다. 이에 대해 리건은 다음처럼 말한다.

> 그러나 내 생각에는 도덕적 책임에 필요한 전제조건들을 결여하
> 고 있는 것은 동물뿐만이 아니다. 많은 인간들도 마찬가지이다.
> 예컨대 신생아, 곧 태어날 아이, 어린아이들은 그들의 행위를 지
> 시하는 도덕원칙들을 형성할 수가 없다.[167]

리건은 인간만이 도덕적인 존재이며 존엄한 존재라는 주장을 거
부할 때나 동물들도 권리의 주체일 수 있다는 자신의 입장을 방어할
때, 가장자리경우논증을 사용하고 있다.

레이첼즈는 포스트다윈주의 시대를 살아가는 우리는 인간만이 고
귀하고 존엄하다는 낡은 윤리관을 버려야 할 때라고 생각한다. 그는
인간과 동물 간에는 질적인 차이는 없고 정도의 차이만이 있다는 것
은 과학적으로 확립된 사실이라고 생각한다. 그에 따르면 다윈 이후
의 시대를 살아가는 우리에게 적합한 윤리는 '도덕적 개체주의'이다.
그는 도덕적 개체주의의 기본 아이디어를 다음처럼 소개한다.

> 도덕적 개체주의는 개체가 어떻게 대접되어야 하는가, 하는 문제

---

166) R. Garner, *A Theory of Justice for Animal: Animal Right in a Nonideal World*, 144쪽 참조.
167) C. Cohen & T. Regan, *The Animal Right Debate* (New York: Rowman & Littlefield
   Publishers, Inc., 2001), 271쪽.

에 관한 판단의 정당화에 대한 테제이다. 그 기본 아이디어는 한 개체가 어떻게 대접되어야 하는가, 하는 문제는 그가 어떤 집단의 구성원인가에 대한 고려를 통해서가 아니라, 그가 가지고 있는 개별적인 특질에 대한 고찰을 통해 결정되어야 한다는 것이다.[168]

도덕적 개체주의가 주장하는 근본적인 아이디어 중의 하나는 도덕 규칙들은 종 중립적이라는 것이다.[169]

레이첼즈의 도덕적 개체주의는 종차별주의에 대한 싱어의 공격에 적지 않게 영향을 받은 것으로 보이며, 도덕이 종차별주의의 오류를 범하지 않으려면 도덕은 종 중립적이어야 한다고 생각하는 듯하다. 이런 관점에서 레이첼즈는 몇 가지 유형의 종차별주의를 구분한 뒤, 모든 종류의 종차별주의가 잘못임을 주장한다. 그는 특히 조건부 종차별주의를 비판하면서 다음처럼 말한다.

인간이 이성적인 자율적인 행위자라는 사실은 인간에 대한 우리들의 대우와 인간 아닌 동물에 대한 대우 사이에 있는 모든 차이를 정당화할 수 없다. 이는 대우의 차이를 일정 부분 정당화할 수 있을지 언정, 나머지 부분의 차이를 정당화할 수 없다. 이러한 유형의 조건적 종차별주의에는 여전히 또 다른 문제점이 있다. 뇌 손상을 입은 일부 불운한 인간들은 이성적인 행위자가 아니다. 우리는 그들에 대해 뭐라고 말해야 하는가? 우리가 고려하는 입장에 따를 때, 자연스러운 결론은 그들의 지위는 한갓 동물의 지위라는 것이다.[170]

코헨은 종차별주의에 대해 가해지는 일반적인 비판을 다음처럼 정리한다.

---

168) J. Rachels, *Created from Animals: Moral Implication of Darwinism* (Oxford: Oxford University Press, 1990), 173쪽.

169) J. Rachels, *Created from Animals Moral Implication of Darwinism*, 208쪽.

170) J. Rachels, *Created from Animals Moral Implication of Darwinism*, 186쪽.

만약 권리를 가진다는 것이 도덕적 요구(claim)를 만들 수 있고, 또 도덕법을 파악하고 적용할 수 있게 되는 것을 의미한다면, 많은 인간들—뇌 손상을 입은 자, 혼수상태인 사람, 노망든 사람—은 명백히 이런 능력을 결여하고 있기에 권리를 가질 수 없다.[171]

그러나 코헨은 종차별주의를 변호하기 위해, 이런 비판에 대해 다음처럼 응수한다.

이런 비판은 실패한다. 이런 비판은 인간성의 본질적인 특징을 마치 인간을 분류하기 위한 철망처럼 취급하는 잘못을 저지르고 있다. 인간을 동물과 구별시켜 주는 도덕판단의 능력은 인간 존재한 사람 한 사람씩에게 적용해보아야 하는 시금석이 아니다. 약간의 장애로 말미암아 인간에게는 자연스러운 도덕적 기능을 충분히 수행하지 못하는 사람들도 분명히 바로 그 이유로 도덕 공동체로부터 쫓겨나지 않는다. 초점이 되는 것은 종이다. 인간은 자발적인 동의하에서만 실험의 대상이 될 수 있는 그런 종류의 종이다. 인간의 자유로운 선택은 존중되어야 한다. 동물은 원칙적으로 자발적으로 동의를 하거나 동의를 철회하거나 혹은 도덕적 선택을 하는 것이 불가능한 그런 종이다.[172]

끝까지 종의 개념을 포기하지 않고 있는 코헨의 이런 반론을 격파하기 위해 레이첼즈는 자신의 도덕적 개체주의를 보다 선명하게 보여주기 위해 하나의 사고실험을 해 보기를 제안한다.

하지만 이런 생각—어떤 종이 정상적으로 갖고 있는 특징들에 따라 개체들에 대한 처우방식이 결정되어야 한다는 생각(필자 집어넣음)—은 면밀한 검토를 견뎌내지 못할 것이다. 단순한 사고 실험은 문제점을 노출시킬 것이다. 비범한 재능을 가진 침팬지가 영

171) C. Cohen, "The Case for the Use of Animals in Biomedical Research", (*New England Journal of Medicine*, Vol. 315, Issue 14, October 2, 1986) 3쪽.

172) C. Cohen, "The Case for the Use of Animals in Biomedical Research", 3쪽

어를 읽고 말하는 방법을 배웠다고 가정(이는 아마도 불가능하겠지만)해보자. 그리고 그가 결국 과학, 문학 그리고 도덕을 논할 수 있게 되었다고 가정하자. 마침내 그가 대학 수업에 출석하고 싶다는 욕구를 표현한다. 이제 이를 허용할지 여부에 관한 다양한 논의가 있을 수 있다. 그런데 누군가가 다음처럼 주장했다고 가정하자. "오직 인간만이 그 수업에 출석할 수 있다. 인간은 읽고 말할 수 있으며, 과학을 이해할 수 있다. 침팬지는 그렇게 할 수 없다." 그러나 이 침팬지는 이러한 것들을 **할 수 있다.** "그렇다. 하지만 **정상적인** 침팬지는 그렇게 할 수 없고, 바로 그것이 문제다." … (중략) … 이것이 훌륭한 논증인가? … (중략) … 이 논증은 우리가 어떤 개체를 어떻게 대우해야 하는가를 결정할 때, 그 **개체의** 특질에 근거해서가 아니라, **다른** 개체들의 특질에 근거해서 그 개체를 어떻게 처우해야 한다고 가정하고 있다. … (중략) … 이는 불공정할 뿐만 아니라 불합리하기도 하다.173)

레이첼즈의 이런 사고 실험이 과연 성공적인가? 도덕적 행위자의 집합을 구할 때, 우리는 더 이상 종의 개념을 사용해서는 안 되고, 개체의 도덕적 능력만을 보아야 한다는 그의 주장은 과연 설득적인가? 그의 이런 주장 역시 가장자리 논증이 정당한 논증일 경우에만 성립하는 주장이기에, 가장자리 논증이 잘못된 논증임이 밝혀진다면, 레이첼즈의 사고실험도 불가능한 실험이 될 것이다.174)

드브리스는 코헨의 입장에 대한 또 다른 엉뚱하고 설득력 없는 비판을 한다. 아기나 혼수상태의 성인에게는 언어능력이 결여되어 있어도, 그래서 언어능력에 대해 개체마다 세부적인 차이를 보여준다 하더라도, 그들이 언어능력을 지닌 종의 구성원이라는 사실이, 그들을 다른 종과 분리시켜 준다고 코헨은 주장한다. 이에 대해 드브리스는 다음처럼 비판한다.

---

173) J. Rachels, *Created from Animals: Moral Implication of Darwinism*, 187쪽.
174) 이에 대한 자세한 비판은 이 책의 제1장을 보라.

인간과 인간 외 동물들 사이의 윤리적 구별을 정당화하는 것이 인류라는 종의 구성원들만이 녹색 티셔츠를 제작할 수 있다는 사실이라고 주장한다고 상상해 보자. 이것이 터무니없는 논리로 들리는 이유는 녹색 티셔츠를 제작하는 능력은 그 종이 윤리적인 것과는 아무런 관련이 없기 때문이다. 이번에는 그 근거를 언어라고 해보자. 역시 같은 문제에 부딪힌다. 언어를 사용하는 능력이 그 종이 윤리적인 것과 아무 관련이 없다면, 우리가 종 사이의 구별을 시도하고 있을 때 언어를 이유로 드는 것이 과연 적절할까? '소속' 논증은 그 종이 구성원인 것과 윤리적인 것이 어떤 관련이 있다고 가정함으로써 논점을 교묘히 회피하는 것일 뿐이다.175)

드브리스의 비판은 다른 연구자의 글을 이용할 때나 비판할 때, 종종 사람들이 보여주는 허술한 모습의 견본사례로 보인다. "녹색 티셔츠를 제작할 수 있는" 능력을 인간과 동물을 가르는 기준으로 본 뒤, 이 능력의 유무에 따라 코헨이 종차별을 정당화한다는 식으로 말하는 것이야말로 터무니없는 일이다. 인간만이 갖고 있고 동물들은 갖지 못한 것으로 간주되는 이런저런 능력들, 예컨대 복잡한 언어생활, 정교한 도구제작능력, 섬세한 추리력, 무엇보다도 자기 행동에 책임지는 도덕적 행위능력은 종의 개념을 받아들일 때에만 가장 잘 설명될 수 있다는 것이 코헨의 주장이다. 그는 종의 개념을 부각시키기 위해 언어능력을 예로 들었을 뿐이다. 그가 종의 개념을 부각시키기 위해 "녹색 티셔츠를 제작할 수 있는" 능력을 예로 들었다는 것은 그의 진지한 주장을 부당한 방식으로 희화화하는 것이 된다. 코헨은 다음처럼 말한다.

동물들(즉 그 말의 일상적인 의미에서, 비인간 동물들)은 자유로

---

175) 마이클 셔머, 『도덕의 궤적』 (김명주 옮김, 서울, 바다출판사, 2018), 398-399쪽.

운 도덕적 판단능력을 결여하고 있다. 그들은 도덕적 요구를 하거나 그런 요구에 반응할 능력을 갖추지 못한 존재이다. 그러므로 동물들은 권리를 갖지 못하며, 아무런 권리도 가질 수 없다. 이것이 동물들이 가진다고 주장되는 권리에 관한 논증의 핵심이다. 권리의 소유자는 그 자신을 포함한 모든 사람들을 지배하는 의무의 규칙을 이해하는 능력을 갖고 있어야 한다. … (중략) … 인간은 그러한 능력을 갖고 있다. 인간들은 이런 의미에서 자기입법적이며, 도덕규칙의 지배를 받는 공동체의 구성원들이며, 그래서 권리를 갖는다. 동물들은 그런 도덕적 권리를 갖지 못한다. 그들은 도덕적으로 자기입법적이지 않으며, 참다운 도덕공동체의 구성원이 되는 것이 불가능하고, 따라서 권리를 가질 수가 없다.176)

코헨은 도덕적 자기입법능력이 인간과 동물을 구분 짓는 결정적인 기준임을 분명히 밝히고 있다. 종의 개념을 중시하는 것은 코헨만이 아니다. 로버트 노직은 다음처럼 말한다.

심지어 심각한 정신지체인 인간이 다른 포유류의 정상적인 동물보다 덜 이성적이고, 덜 자율적이며, 내적 심리에서 덜 다채롭다는 사실이 밝혀졌다 하더라도, 그는 그럼에도 불구하고 인간이며 비록 결함이 있더라도 인간 대우를 받아야 한다.177)

아네슨이 정확하게 설명하고 있듯이, 노직은 이 인용문에서 아네슨과 아인슈타인이 지력의 차이를 보임에도 불구하고 동일한 도덕적 원리를 가져야 하는가, 하는 문제에 대해 언급하고 있는 것이 아니다. 노직은 이 두 사람이 같은 인간 종에 속하며, 그 때문에 같은 기본권을 가질 자격이 있음을 환기시키고 있다.178)

---

176) C. Cohen, "The Case for the Use of Animal in Biomedical Research", 2쪽

177) R. Nozik, "Do animals have rights?" (in; *Socratic Puzzles*. Harvard University Press, 1997, 307쪽), R. J. Arneson의 논문, "What, if anything, renders all humans morally equal?" (D. Jamieson, ed., *Singer and His Critics*, Blackwell Publishers Ltd, 1999), 123쪽에서 재인용.

178) R. J. Arneson "What, if anything, renders all humans morally equal?", 123쪽.

Ⅱ. '가장자리경우논증'에 대한 비판

우리는 앞 절에서 싱어, 리건 그리고 레이첼즈가 그들의 주장을 정당화하기 위해 가장자리경우논증을 사용하는 구체적인 사례들을 살펴보았다. 그런데 우리는 가장자리경우논증의 효시라 볼 수 있는 것을 벤담과 존 로크에게서 발견할 수 있다. 벤담은 다음처럼 말한다.

> 그 이외에 무엇이(인간과 동물 사이의: 필자 집어넣음) 넘을 수 없는 경계선을 그어주는가? 그것은 이성능력인가? 혹은 아마도 담화능력인가? 그러나 다 자란 말이나 개는 태어난 지 하루나 일주일 혹은 한 달 된 아기보다도 비교할 수 없을 정도로 한층 더 이성적이고 대화도 잘한다.[179)]

벤담은 이 인용문에서 정상적인 성체 고등 포유동물과 3개월이 안 된 인간의 아기를 동일평면에 놓고 비교하고 있는데, 우리는 벤담의 이 말에서 가장자리 사례 논증의 고전적인 모습을 보게 된다. 벤담에 앞서 로크는 인간에게는 생래적인 본유관념(innate idea)이 있다고 주장한 합리주의 철학자 데카르트의 입장을 공격하면서 가장자리 논증의 맹아를 보여주는 주장을 펼친다. 예컨대 데카르트 같은 합리주의자는 '존재하는 것은 존재한다'는 명제나 '동일한 사물이 존재하면서 존재하지 않는 것은 불가능하다'는 명제는 모든 사람들의 보편적 동의를 얻을 수 있는 원리이기에 본유적 명제라고 주장한다. 이에 대해 로크는 다음처럼 말한다.

> 그러나 내가 말하고 싶은 말을 할 수 있는 자유를 가진다면, 이

---

179) J. Bentham, *The Principles of Morals and Legislation*, 311쪽.

명제들은 보편적 동의를 얻기는커녕, 인류의 대부분은 그 명제들을 거의 모르고 있다. 무엇보다도 아이들이나 백치는 명백히 이들 명제를 조금도 알지 못하고 또 생각하지 않기 때문이다. 그리고 인지하지도 생각하지도 못한다는 것은 그 명제들이 보편적 동의—이는 본유적 진리에 반드시 수반되어야 한다—를 받고 있다는 주장을 파괴하기에 충분하다. 영혼이 지각하지도 않고 이해하지도 않는 진리가 영혼에 각인되어 있다는 것은 내가 보기에 거의 모순이다. … (중략) … 마음에 무엇인가를 각인하고도 이것을 지각하지 않는다는 것을 나는 도무지 이해할 수가 없다.180)

로크가 위 인용문에서 언급하고 있는 '아이와 백치'는 싱어가 고등 유인원들과 비교할 때 형편없이 열등한 존재들로 간주한 '가장자리 인간'들이다. 데카르트 같은 합리주의자들이 모든 인간은 본유관념을 갖고 태어난다고 주장할 때, 염두에 두고 있는 '인간'은 정상적인 정신능력을 갖춘 인간이며, 그들은 어린아이도 정상적으로 성장하여 그의 정신에 깃든 이성능력이 온전히 개화하게 되면, '존재하는 것은 존재한다'는 명제나 '동일한 사물이 존재하면서 존재하지 않는 것은 불가능하다'는 명제에 동의하지 않을 수 없게 된다는 뜻으로 그런 주장을 하고 있다. 데카르트의 입장에서는 백치의 경우도 제대로 치료받아 정상적인 사고를 할 수 있게 되면, 그런 명제들의 진리성에 동의하지 않을 수 없게 된다고 말할 것이다. 그러니 로크가 어린아이와 백치의 현재적 상태로만 판단하여 그들은 앞서 언급된 명제들을 이해하지 못한다고 말하고 있다면, 데카르트는 어린아이와 백치의 잠재적 능력까지 고려하여 그들도 그 명제들을 이해한다고 주장한다. 어느 쪽이 상식에 부합하는 주장인가? 데카르트가

---

180) J. Locke, *An Essay Concerning Human Understanding* (Oxford: Oxford University Press, 1975), 49-50쪽.

'모든 사자는 천성적으로 육식동물이다'라고 주장한다면, 로크는 '아니다 갓 태어난 사자새끼는 고기를 먹지 못하고 어미젖을 먹기에 모든 사자는 육식동물이라고 주장하는 것은 틀렸다'라고 말한다. 로크가 유치한 논리를 펼치고 있는 것이 한눈에 들어온다.[181] 로크식으로 말한다면, 성체 사자들 중에서도 위장장애를 일으킬 경우 풀을 먹는 경우도 있으므로 그 사자를 이용하여 '모든 사자는 육식동물이다'는 주장에 반대할 수도 있을 것이다. 그러나 그런 예외적인 사례, 즉 가장자리 사례들을 끌고 와서 사자가 육식동물임을 부정하는 논법을 우리는 한마디로 '견강부회'라고 부른다. 가장자리경우논증은 견강부회 논법의 전형적인 모습을 보여주고 있다는 것이 필자의 생각이다. 임종식은 '가장자리 인간'을 '주변부 사람'으로 부르면서 다음처럼 주장한다.

> 능력 면에서 주변부 사람들이 동물보다 오히려 열세에 놓여 있다. 따라서 '같은 것은 같게, 다른 것은 다르게'를 주문하고 있는 아리스토텔레스의 형식적 동등 원칙(formal equality principle)에 따라, 능력이 없다는 이유로 동물의 도덕적 지위를 부정하고자 한다면 주변부 사람들의 도덕적 지위도 부정해야 하는 것이 아닌가? 능력을 갖지 못했음에도 불구하고 주변부 사람들의 도덕적 지위를 인정하고자 한다면 동물의 도덕적 지위도 인정해야 하는 것이 아닌가? 다시 말해 강한 동물권 부정론자는 다음의 두 입장 중 하나를 택해야 하는 딜레마에 처하게 된다. 첫째, 치매환자도 동물과 같이 도덕적 지위를 갖지 못한다. 둘째, 동물도 치매환자와 같이 도덕적 지위를 가졌다.[182]

---

181) 로크는, 논리학의 동일률과 같은 원칙이 태어나면서부터 정신에 각인되어 있다면 왜 갓 태어난 어린아이는 그것을 인지하지 못하는가, 하고 반문하면서, 정신에 각인되어 있는 것이 인지되지 않는다는 것은 도무지 이해할 수 없는 일이라고 말하지만, 정신에 내장된 것은 인지되어야 한다는 논법으로라면, 정신분석학에서 사용하는 '무의식'이란 말은 처음부터 성립할 수 없을 것이다. 왜냐하면 그 용어는 의식이면서 동시에 의식되지 않는 의식을 지칭하기 때문이다. 우리들의 정신에는 수많은 기억들이 각인되어 있지만, 그렇다고 우리가 그 모든 기억들을 다 의식하는 것은 아니다. 각인됨은 의식됨을 함축하지는 않는다.

임종식은 이런 딜레마를 제시한 뒤에 다음의 말을 덧붙인다.

첫째 입장을 취한다는 것은 지속적 식물 상태의 환자나 중증의 치매환자를 생체실험도구로 사용해도 된다는 말과 다르지 않으며, 심지어 그들을 과녁 삼아 사격 연습을 하고 햄버거 공장으로 보내도 무방하다는 말과 다르지 않다. 첫째 입장을 취한다는 것은 어불성설이나 그렇다고 둘째 입장을 취할 수도 없는 것이, 그런다는 것은 동물권 부정론자로서의 정체성을 포기하겠다는 것과 다르지 않기 때문이다.[183]

임종석이 이런 딜레마를 제시하는 것이 가능하기 위해서, 그는 의도적이든 비의도적이든 가장자리 인간들의 잠재적 능력을 무시해야 한다. 가장자리 인간들—지속적 식물인간, 중증의 치매환자, 중증 정신 질환자, 무뇌아, 중증 발달장애인—과 정상적인 성체 유인원들 한 집단으로 묶어 비교한 뒤, 오히려 정상적인 성체 유인원들이 가장자리 인간들보다 인격체로서의 능력 면에서 훨씬 우수하다고 주장하면서, 가장자리 인간이 도덕적 지위를 갖고 있다면 정상적인 성체 유인원들도 그런 지위를 갖는다고 봐야 한다고 주장한다. 그러나 가장자리 인간 논증을 펼치는 자들은 오로지 병들거나 비정상인 인간의 현재적 특징과 정상적인 고등 유인원의 현재적 특징만을 비교한다. 그러나 그들은 '아리스토텔레스의 형식적 동등원칙'을 잘못 적용하고 있다. 싱어는 유아살해를 정당화하는데, 유아는 인격체가 아니기에 인격체인 성체 침팬지와 유아의 생명 중에서 우리가 택일을 해야 할 경우 유아를 죽여야 한다는 엽기적인 주장을 펼친다. 과

---

182) 임종식, 『인간 위대한 기적인가, 지상의 악마인가?』 134쪽.
183) 임종식, 『인간 위대한 기적인가, 지상의 악마인가?』 135쪽.

연 이것이 "같은 것은 같게, 다른 것은 다르게"[184]를 요구하는 아리스토텔레스의 형식적 동등 원칙에 기초한 결론인가? 유아는 성장하여 어른이 되면 성체 침팬지와 비교할 수 없을 정도로 인격체의 면모를 갖추게 된다는 사실은 왜 무시하는가? 아리스토텔레스의 원칙이 진정으로 동등하게 적용되려면, 인간이 갖고 있는 잠재적 가능성도 고려되어야 한다. 현재적인 것은 현재적인 것끼리, 잠재적인 것은 잠재적인 것끼리, 그리고 현재적인 것도 인간과 동물의 발달단계에 비례해서 비교해야 한다. 5개월 된 어린애와 열 살 된 침팬지의 현재적 능력을 비교하는 것은 공평하지 않다. 인간의 잠재성을 고려하지 않고 인간의 이익을 계산하는 것은 인간의 이익을 동물의 이익과 평등하게 고려하지 않는 것이며, 일단 잠재성을 고려하게 되면 '종'을 고려하게 된다는 것이 필자의 주장이다. 만약 생명체들의 잠재성을 고려함이 없이 생명체들이 현재 상태에서 고통에 대해 얼마나 민감하게 받아들이느냐에 따라 생명체에 대한 우리들의 처우방식을 결정해야 한다면, 술에 취해 깊은 수면에 빠져 있는 정상적인 성인들조차도 가장자리 인간 취급을 받아야 할 것이다. 왜냐하면 그들은 고통에 대해 매우 둔감하기 때문이다. 심지어는 매우 추운 날씨임에도 불구하고 야외에서 잠들어 사망에 이르는 경우도 있다. 이에 대해 싱어는 아마 다음처럼 말할 것이다.

> 그들이 술에 만취된 상태에서 깨어나면 외부의 자극에 정상적으로 반응하는 능력을 회복하게 된다. 그러므로 그들을 가장자리 인간 취급해서는 안 된다.

---

184) 임종식, 『인간 위대한 기적인가, 지상의 악마인가?』, 133쪽 참조.

그러나 싱어가 이렇게 말하면서 자신의 입장을 변호하려면, 그는 자신이 배격하고자 하는 잠재성의 개념을 끌어들이게 된다, 만취 상태의 인간이 현재로서는 고통에 극도로 둔감하지만, 술이 깨면 고통감지능력을 회복할 수 있는 잠재능력을 현재 갖고 있기 때문에, 그를 가장자리 인간 취급해서 안 된다는 것이다. 이에 싱어는 다음처럼 말할 것으로 예상된다.

> 모든 술 취한 사람이 술에서 깨어나면 모두 장상적인 고통감지능력을 회복하게 된다. 말하자면 고통감지능력이 없다가 그 능력을 회복하게 되는 것으로의 이행이 필연적이다. 그러나 가장자리 인간들이 정상인으로의 이행은 필연적이지 않다.

그러나 그가 이렇게 말한다면, 그가 신생아나 태중의 아이에게 생명권이 없음을 주장하면서, "물론 호모사피엔스로서의 태아가 가지고 있는 잠재적인 합리성, 자기의식 등이 소나 돼지가 가지고 있는 잠재적인 합리성과 자기의식 등등보다 크다는 것은 사실이다. 그러나 그 사실로부터 태아가 더 강한 생명에의 권리를 가진다는 결론은 생겨나지 않는다"[185]고 한 것과 모순을 일으킨다. 왜냐하면 호모사피엔스로서의 태아가 현재로서는 합리성과 자기의식이 없지만 시간이 흐르면서 그런 것들을 갖게 되는 것은 필연적임에도 불구하고, 싱어는 잠재성에 근거한 태아의 생명권을 인정해 주지 않았기 때문이다. 싱어는 유아살해를 찬성하는데, 그는 자신의 이런 입장을 정당화하기 위해 암암리에 잠재성의 개념을 밀반입하고 있다. 그가 살해를 정당화하는 유아들은 물론 정상적인 유아들이 아니고, 치유가

---

185) P. Singer, *Practical Ethics*, 120쪽.

불가능한 것으로 보이는 심각한 장애를 가진 아이들이다. 그는 공리주의적 관점에서 봤을 때, 그런 아이들을 치료하기 위해 부모들이 고통, 시간, 의료비를 들이는 것은 잘못된 일이라고 생각한다. 그는 그렇게 생각하면서 자기도 모르게 잠재성 개념을 사용하고 있다. 정상적인 유아는 정상적인 인간으로 양육될 잠재성이 있지만, 장애를 가진 유아들은 그런 잠재성을 갖지 않고 있다고 생각한다. 물론 싱어는 이렇게 말할 것이다.

> 내가 장애를 가진 유아의 살해를 정당화할 때, 나는 잠재성 개념이 아니라 현재성 개념에 호소하고 있을 뿐이다. 만약 무뇌증에다 길어도 2년 이상 살 수 없는 유아가 있다고 한다면, 그 아이는 정상인 유아에 비해 현재의 관점에서 봤을 때, 가질 수 있는 '이익'이 너무나 빈약하며, 그 아이의 이익은 얼마든지 무시될 수 있다는 것이 내 생각이다.

그러나 싱어가 끝까지 잠재성이나 잠재능력을 무시하고 현재성 혹은 현재능력만을 중시하면서 어떤 생명체의 이익을 계산하려 한다면, 그는 정상적인 유아와 정상적인 성인의 생명 중에서 어느 하나를 택해야 할 경우, 유아의 생명을 포기해야 한다는 결론을 내리지 않으면 안 된다. 대부분의 신생아들은 성인에 비해 쾌고감수능력이 현저하게 떨어지며, 따라서 그들이 갖는 이익은 성인이 갖는 이익에 비해 보잘것없기 때문이다. 그러나 우리가 인간 종의 세대를 이어간다는 관점에서 보면, 싱어의 이런 결론은 받아들일 수 없는 일이다. 그리고 이런 결론으로 우리를 데려가는 이익평등고려원칙이 아주 잘못된 원칙임을 알게 된다.

생명체가 고통과 쾌감을 느낄 수 있는 능력의 유무나 강약에 따라 그들을 처우하는 방식이 달라져야 한다는 것이 싱어가 이익평등고려원칙이라는 것을 만들 때 갖고 있었던 기본적인 생각이다. 필자는 이런 생각에 부분적으로만 동의하지만,[186] 설령 이 생각이 옳다 하더라도, 싱어는 자신의 실천윤리학 체계 내에 잠재성의 개념을 받아들이지 않으면 안 되고, 잠재성의 개념을 받아들이지 않을 수 없다면, '종'에 따라 잠재성이 다르므로 그는 종개념을 받아들여야 하며, 종개념을 받아들여야 한다면, 종에 따라 생명체를 처우하는 방식이 달라질 수밖에 없으므로, '종차별주의'라는 용어는 버려져야 한다.

가장자리 인간 논증이 허술한 논증방식임을 밝히기 위해 필자는 하나의 예를 들어보겠다. 여기에 최대 시속 30km로 달릴 수 있는, 정상 작동하는 40만 원짜리 자전거가 한 대 있다고 하자. 그리고 그 옆에 정상적으로 작동할 경우 시속 260km까지 달릴 수 있지만, 현재는 앞쪽의 타이어가 펑크 났고, 동력전달 계통에 사소한 고장이 나서 달릴 수 없는 3,000만 원짜리 자동차가 한 대 있다고 하자. 말

---

186) 인간은 가급적 고통 없는 삶, 기쁨이 충만한 삶을 원한다. 싱어를 포함한 공리주의자들이 주장하듯이 오로지 고통의 문제만이 윤리학의 모든 문제라고 생각하는 것은 동의하기 힘들다. 공리주의자들은 삶에 있어서 고통이 갖고 있는 적극적 의미와 역할에 대한 감수성이 부족해 보인다. 이 점에서 공리주의자들은 "고통은 삶의 의미를 배가시킨다"라고 말한 니체의 통찰에 못 미치고 있다. 고통은 삶에서 제거되어야 할—사실은 제거될 수도 없지만—불필요한 잉여물이 아니다. 우리는 고통을 통해 성숙한다. 만약 우리가 고통이 전혀 없는 삶을 산다면, 우리는 무엇을 통해 삶의 의미를 깨우칠 수 있겠는가? 많은 위대한 예술작품과 문학작품들, 그리고 위대한 고등종교들과 불멸의 사상들은 삶의 고통에 대한 반성에서 생겨난 것들이다. 물론 우리는 맹목적으로 고통을 예찬할 필요는 없다. 그렇다고 맹목적으로 고통을 거부할 필요도 없다. 모든 인생은 고통과 기쁨의 협연이다. 문제는 고통 없는 인생이 아니라, 우리가 고통을 통해 얼마나 성장하고 성숙하느냐 하는 것이다. 쾌락에도 무의미한 쾌락이 있고 고통에도 의미 있는 고통이 있다. 예컨대 컴퓨터 게임을 하는 것은 쾌락이지만 그것은 상대적으로 의미 없는 쾌락이다. 그리고 어려운 철학서적을 공부하는 것은 고통스러운 일이지만 그것은 의미 있는 고통이다. 물론 우리는 의미 없는 고통을 감내할 필요는 없지만, 그렇다고 모든 고통이 다 의미 없다고 말해서는 안 된다. 인간은 고통스럽더라도 의미 있는 삶을 추구하지만, 쾌락이 넘쳐나더라도 무의미한 삶은 멀리하려 한다. 물론 인류에게서 고통을 경감시켜 주는 일에 몰두하는 삶은 의미 있는 삶이다. 그러나 그런 일에 몰두하는 일 자체는 고통을 많이 수반한다. 이는 벤담과 밀의 삶을 생각해보면 알 수 있는 일이다.

하자면 '가장자리 차'가 한 대 있다. 가장자리경우논증이 훌륭한 논증이라고 강변하는 사람들은, 이 경우 정상 자전거가 고장 난 가장자리 자동차보다 더 소중하다고 주장하는 사람이나 마찬가지라는 것이 필자의 생각이다. 가장자리경우논증의 옹호자들이 보기에 자전거나 자동차나 탈것이라는 점에서는 마찬가지인데, 자전거는 정상적으로 작동하기에 지금 당장 이동수단으로서 활용할 수 있지만, 소위 '가장자리' 자동차는 고장이 나서 이동수단으로서의 가치를 갖지 못한다. 그러니 두 사물의 잠재적 특징을 철저하게 배제하고 현재적 특징만을 고려하여 두 사물의 가치를 비교하려는 그들의 입장에서는 자전거를 더 높이 평가해야 한다. 만약 누군가가 고장 난 자동차의 잠재적 기능을 고려하여 그 가장자리 자동차를 더 높이 평가하면, 그들의 눈에 그는 '도구차별주의자'가 될 것이다.

가장자리 논증을 이용하면, 침팬지를 비롯한 영장류에게만 도덕적 지위—그것이 직접적인 도덕적 지위이건 간접적인 도덕적 지위이건—를 부여하고 다른 고등 포유동물에게는 부여하지 않는 것이 종차별주의가 됨을 정당화할 수 있다. 피터 싱어와 파올라 카바리에리는 우리가 인간이라는 사실에 초점을 맞추기보다 풍부하고 다양한 사회적·정서적 삶을 영위하는 지적인 존재라는 사실에 초점을 맞추면서 인간이 가지는 도덕적 지위를 대형 유인원들에게도 주어야 한다고 주장한다.[187] 그런데 이는 인간을 영장류에 포함시킨 뒤, 영장류를 다른 고등 포유동물보다 더 중시하사는 주장이 될 것이다. 그러나 인간을 단지 인간의 유전자를 타고 태어났다는 이유 하나만

---

187) P. Cavalieri & P. Singer, *The Great Ape Project: Equality beyond Humanity* (New York: St. Martin's Griffin, 1993), 1쪽. 이 책의 6장에서 F. Patterson과 W. Gordon은 고릴라도 인격(presonhood)을 갖고 있다고 주장한다.

으로 다른 동물들보다 도덕적으로 더 중요하다고 주장하는 것은 종차별주의라는 싱어 자신의 입장에서 봤을 때, 이런 주장 역시 종차별주의가 될 것이다. 영장류의 태아나 갓 태어난 새끼들 혹은 심하게 정신적으로 지체된 침팬지나 오랑우탄들과 같은 가장자리 영장류들은 일반적인 성체 영장류들이 보여주는 능력을 전혀 보여주지 못한다. 그것들은 다 자란 새우나 열 살 된 붕어보다 능력 면에서 더 못하다. 최근 과학자들의 연구에 의하면, 돼지나 까마귀는 대단히 영리한 동물로서 가장자리 영장류가 보여주는 지적능력보다 월등히 앞선 능력을 보여준다. 그렇다면 영장류에 속하는 생명체들의 생명만을 더 중시하자는 것은 명백히 종차별주의가 될 것이다. 싱어가 전통도덕을 비판하면서 사용한 종차별주의가 왜 싱어 자신의 주장을 비판하게 되는가? 전통도덕을 비판할 때는 종을 인정하지 않았지만, 영장류를 한데 묶을 때는 종을 인정하기 때문이다. 싱어가 일관되게 주장하려면 인간의 도덕적 지위를 영장류에게까지만 확대하려는 운동을 그만두어야 할 것이다. 인간이 갖고 있는 도덕적 지위를 영장류에게 확대하는 것이 종차별주의의 오류를 범하는 것이 된다면, 그 오류를 피하기 위해 도덕적 지위를 고등 포유류에게까지 확대하면 어떻게 되는가? 그러나 그렇게 하더라도 종차별주의를 피해가지 못할 것이다. 왜냐하면 돼지나 돌고래 같은 고등 포유동물이 비록 지적이며 복잡한 정서생활과 사회생활을 한다 하더라도, 여전히 가장자리 돼지나 가장자리 돌고래는 다 자란 정상 붕어나 정상 새우보다 더 큰 생명권을 가질 수는 없을 것이기 때문이다. 그러면 도덕적 지위를 다 자란 붕어나 새우까지 확장해서 부여하면 어떻게 될까? 그러나 새우나 붕어들 중에서도 가장자리 새우나 붕어가 있을 수 있는데, 이것들은 곤충들을 잡아먹는 식충동물인 끈끈이주걱보다 더 나을 것이 없어 보인다. 그럼에도 불구하고 가장자리 새우나 붕어가 단지 새우나 붕어의 유전자를 갖고 태어났다는 이유 하나만으로 새우나 붕어의 생명권을 끈끈이주걱의 생명권보다 더 중시한다면, 이 역시 종차별주의가 될 것이다.

필자는 지금까지 가장자리경우논증이 잘못된 논증임을 보여주기 위해, 가장자리경우논증을 이용하여 식충식물의 생명권도 인정되어야 함을 보여주었다. 가장자리경우논증은 인간을 부당하게 차별하려는 부당한 논증일 뿐이다. 임종석은 "외계 종에게 기꺼이 사육당하고 그들의 식탁에 흔쾌히 올라가겠다는 마음가짐 없이는 종차별주의를 주장할 수 없다"라고 말한다.[188] 그러나 외계종이 이성적이고 자유의지에 기초한 도덕적 판단능력을 가진 존재라면, 마찬가지로 이성적이고 자유로운 의지의 소유자이며 도덕적 판단능력을 가진 인간을 그렇게 대하지는 않을 것이다. 이는 인간이 도덕적 행위주체인 다른 행성의 열등한 외계인을 발견했을 경우에도 그렇게 하지 않을 것이기 때문이다. 싱어는 아직까지는 자율적인 도덕적 행위 주체로 밝혀지지 않은 동물들조차도 함부로 다루는 것이 종차별주의의 잘못을 범하는 것이라고 주장하고 있는데, 설령 고등문명을 가진 외계인이 존재한다면 그들이 싱어나 그의 주장을 지지하고 있는 몇몇 사람들이 동물들에게 우호적이듯이 인간에게 합리적인 방법으로 접근할 것을 기대하는 것이 당연할 것이다. 그러니 외계인이 인간을 그들의 식탁에 올릴 것이라는 걱정은 과도한 걱정일 수도 있다. 문

---

188) 임종식, 『인간 위대한 기적인가, 지상의 악마인가?』, 173쪽.

제는 인간 이외의 다른 동물들에게 자유의지에 기초한 도덕적 행위
능력이 과연 있는가, 하는 것이다. 만약에 동물들에게도 그런 능력
이 있다는 사실이 입증된다면, 우리는 그런 동물들에게 당연히 도덕
적 권리가 있음을 인정해야 할 것이다.

Ⅲ. 가장자리 인간들의 도덕적 권리

우리는 지금까지 가장자리경우논증이 잘못된 논증임을 밝혔다.
가장자리경우논증은 인간과 동물의 경계를 무너뜨리는 데 사용되었
다. 가장자리 논증이 잘못된 논증이라면, 인간과 동물의 종간 경계
는 유지된다는 것이 귀결된다. 그러면 인간과 동물의 종간 경계가
유지된다면 가장자리 인간들의 도덕적 지위 문제는 어떻게 해결될
수 있는가? 가장자리 인간들의 도덕적 지위는 여전히 정상적인 인간
의 도덕적 지위와 동일한가? 그래서 싱어가 말했듯이 단지 호모사피
엔스라는 종의 구성원이라는 이유 하나만으로 무조건 존엄한 것으
로 신성시되어야 하는가? 가장자리 인간들의 도덕적 지위문제를 다
루기에 앞서 먼저 인간이란 개념이 어떻게 정의되어야 하는가라는
문제부터 먼저 살펴보고자 한다.

1) 인간을 어떻게 정의할 것인가?

피터 싱어에 의하면, 인간 개념을 정의하는 두 가지 방식이 있
다.189) 하나는 인간을 '호모사피엔스라는 종의 구성원'으로 정의하

---

189) P. Singer, *Practical Ethics*, 74쪽 이하 참조.

는 것이고 다른 하나는 인간을 인격체로 정의하는 것이다. 그리고 그는 상황윤리학자인 조셉 플레처에 따라 인격체 개념을 규정한다. 조셉 플레처는 인격체의 징표에 자의식, 자기통제, 미래감, 과거감, 타인과 관계 맺는 능력, 타인에 대한 관심, 의사소통, 호기심 등등이 있다고 했다.[190] 싱어는 인간에 대한 이러한 두 정의가 겹치기는 하나 일치하지는 않는다고 말한다. 앞서 언급된 징표를 가진 존재는 인격체이다. 이 기준에 의하면 침팬지는 인격체가 된다. 혹은 사자나 코끼리도 인격체가 될 수 있다. 그리고 갓 태어난 아이는 인격체가 될 수 없다. 그러나 싱어가 인간을 이런 식으로 규정하는 것은 세 가지 점에서 잘못된 것이다. 첫째로, 인간을 플레처 식의 인격체로 정의하면 히틀러도 인격체이고 슈바이처도 인격체다. 이런 인격체 개념으로는 히틀러와 슈바이처 중에서 누가 더 나은 인격을 가진 인물인지 판단할 수가 없다. 히틀러나 슈바이처나 모두 플레처가 말하는 인격성의 징표를 갖고 있음을 훌륭하게 잘 보여주고 있기 때문이다. 플레처가 말하는 인격 개념에는 의지자유가 없기 때문에 인격체에 부여되는 도덕적 특성도 없으며, 따라서 어느 인간이 더 인격적인가를 평가할 수 있는 방법이 원천적으로 봉쇄된다. 둘째로, 인간 개념을 이렇게 나누어 규정하는 것은 아주 기이한 일이다. 이렇게 나누어 놓으면 인간의 전유물인 인격을 인간이 아닌 것도 갖게 되기 때문이다. 인간을 플레처식의 인격개념으로 정의하면 명백히 인간이 아닌 것이 인간이 된다. 예컨대 침팬지는 인간이 아니지만 플레처가 정의한 인격체의 모습들을 보여주기에 인간이 된다. 이는 우스운 일

---

190) P. Singer, *Practical Ethics*, 75쪽 참조.

이다. 셋째로, 인간을 앞서 말한 이 두 가지 정의 중에서 하나로 정의하는 것은 생명체로서 인간이 가지는 잠재성과 현실성의 구분을 못 하도록 막아 버린다. 예컨대 태아는 현재로서는 온전한 인간은 아니지만, 장래 온전한 인간이 될 수 있는 잠재적 존재이다. 그런데 피터 싱어식으로 인간에 대한 두 가지 정의만을 갖고 이 태아가 인간인지 아닌지를 논해보자. 인간을 호모사피엔스라는 종의 구성원으로 본다면, 태아는 인간의 범주에 들어가며, 더욱이 **온전한** 인간의 범주에 들어간다(그러나 실상 태아는 **잠재적** 인간에 불과하다). 인간은 인격체라는 정의의 관점에서 본다면, 태아는 **인간이 아니다**(그러나 태아는 실상 **잠재적 인간**이다). 어느 정의를 적용하더라도 인간의 잠재성을 거론할 여지가 발견되지 않는다. 이 세 가지 문제점을 해결하려면, 인간을 '호모사피엔스라는 종의 유전적 특징을 가진 자유로운 도덕적 행위주체'로 정의해야 한다. 첫째로, 인간을 이렇게 정의하게 되면, 왜 우리는 히틀러가 비난받을 인격을 갖고 있고 슈바이처가 칭송받을 인격을 가졌는지 알게 된다. 히틀러는 자유로운 도덕적 행위주체이지만, 그는 자신의 자유를 잘못된 방향으로 사용했기에 비난의 대상이 된다. 슈바이처는 정반대의 경우여서 칭송의 대상이 된다. 둘째로, 침팬지나 코끼리는 인격(=인간)이 될 수 없는지도 알게 된다. 그것들은 아무리 인격체의 징표를 뚜렷이 보여 준다 하더라도 호모사피엔스라는 종의 구성원이 아니기 때문이다. 셋째로, 그 정의에 의하면 태아는 호모사피엔스라는 종의 유전적 특징을 가졌다는 점에서 장래에 인격체가 될 수 있는 잠재성을 가지고 있음이 설명된다.

물론 인간이 아니면서 도덕적 행위주체일 수 있는 가능성을 가진 존재는 얼마든지 있을 수 있다. 고도의 문명을 가진 이성적이고 도덕적인 외계인이 있을 수 있는데, 이런 존재는 인격체로 간주될 수 있을 것이다. 그러나 그 외계인은 인간 인격체는 아니다. 문제는 지구상에 인간 인격체가 아닌 동물 인격체가 있느냐 하는 것이다. '동물 인격체'라는 말에서 '인격체'가 '인간'을 의미한다면, 이 말은, 침팬지도 인격체일 수 있다고 생각하는 싱어가 그런 경향을 보여주듯이, 혼란을 조장하는 말이다. 그래서 필자는 인격체라는 말보다 '도덕 행위주체'라고 풀어쓰는 것이 좋다고 생각한다. 그렇게 되면 '외계인 도덕행위자', '인간 도덕행위자' 혹은 '동물 도덕행위자'라는 용어를 사용하는 것이 가능하다.[191]

호모사피엔스라는 종의 구성원이라는 것은 어떤 생명체가 인간이 되기 위한 필요조건이다. 그리고 자유로운 도덕적 행위주체, 즉 인격체가 된다는 것은 인간이 되기 위한 충분조건이다. 정상적인 성인은 인간이기 위한 필요조건과 충분조건을 다 갖추었다고 말할 수 있다. 그러나 신생아나 도덕적 판단능력과 행위능력이 없는 중증의 치매노인과 같은 경우는 인간이기 위한 필요조건만 갖춘 것으로 간주되어야 할 것이다.

---

191) 싱어도 다음처럼 말한다. "'인격체(person)'라는 말은 마치 '인간(human being)'이라는 말과 같은 것을 의미하는 것처럼 종종 사용되었기 때문에, '인격체'라는 말을 이렇게 사용하는 것―조셉 플레처의 인격체 개념에 따라 사용하는 것; 필자 집어넣음―은 불행히도 우리를 잘못 이끌 수 있다. 그러나 두 용어는 같은 개념이 아니다. 우리 종족의 구성원이 아니면서도 인격체인 존재가 있을 수 있으며, 우리 종족의 구성원임에도 인격체가 아닌 자가 있을 수 있다"(P. Singer, *Practical Ethics*, 75-76쪽). 그러나 그가 말하는 인격체는 여전히 자의식과 합리성을 근간으로 하는 개념이며, 그런 식으로 이해된 인격체의 개념에는 '자유로운 도덕적 행위 주체'의 개념이 들어갈 여지가 없다. 그런 이유로 침팬지도 인격체가 되고, 돌고래도 인격체가 될 수 있는 것이다. 그러나 그런 동물들은 현재의 동물행태학적 지식에 의하면, 자유로운 도덕적 행위주체는 아니다.

2) 가장자리 인간의 도덕적 권리문제

싱어는 '도덕적 인격(moral personality)'이 인간 평등의 근거를 제공한다는 롤즈의 입장을 공격한다.

> 도덕적 인격을 평등의 근거로 사용하는 데는 문제가 있다. 도덕적 인격이 원 안에 있는 것과는 달리 정도의 문제라는 것이 한 가지 반론이다. 어떤 사람은 일반적인 정의와 윤리의 문제에 대해 매우 민감하게 반응하는 반면, 다른 사람들은 다양한 이유로 그와 같은 원리들에 대해 매우 한정된 관심만 가진다. 도덕적 인격체(moral person)가 된다는 것이 평등의 원리라는 영역 내에 들어오기 위하여 필요한 최소한의 것이라는 주장은, 이 최소한의 선이 어디에 그어져야만 하는가, 하는 문제를 남겨두고 있다.[192]

그러나 '도덕적 인격'을 '정도의 문제'로 보는 싱어의 이런 논리는 '도덕성'이라는 말이 갖는 두 가지 기능을 구분하지 못하고 있음을 보여준다. 그 용어는 사실어의 기능과 평가어의 기능을 갖고 있다. 예컨대 우리가 '모든 인간은 도덕적인 존재라는 점에서 평등하다'라고 말할 때, 그 말의 뜻은 모든 인간이 도덕적인 행위를 하며 착하게 살아간다는 뜻이 아니다. 오히려 인간이란 존재는 선악의 갈등을 경험하며 그중의 하나를 선택하는 방식으로 살아가는 존재이며, 모든 인간이 그러하다는 점에서 평등하다는 뜻이다.[193] 이 명제는 사실에 관한 진술을 하고 있으며, 이 경우 '도덕적인 존재'라는 말은 평가어가 아니고 사실어이다. 이 경우 '도덕성'은 정도의 문제가 아니다. 그러나 '그는 도덕적인 사람이다'라고 말할 때, 이 명제

---

192) P. Singer, *Practical Ethics*, 16쪽.

193) 동물들은 그렇게 살아가지 않는다는 점에서 동물은 도덕적 존재가 아니다. 즉 동물들은 도덕과 무관한 존재이다.

는 평가에 관한 진술을 하고 있으며, 이때 '도덕적'은 평가어이다. 이 경우 '도덕성'은 정도의 문제이다. 그는 도덕규범을 잘 지키고 남에게 악을 행하지 않는 선량한 사람이란 뜻이다.[194] 이런 구분의 관점에서 위 인용문을 분석해 보면, "도덕적 인격을 인간 평등의 근거로 사용하는 데는 약간의 문제가 있다"는 문장에서 사용된 '도덕적'은 사실어이다. 왜냐하면 이 문장은 '모든 인간은 도덕적 인격을 갖고 있다는 점에서 평등하다고 하는 주장은 문제가 있다'로 바꾸어 이해될 수 있기 때문이다. 그러나 같은 인용문에서, 싱어가 "어떤 사람은 일반적인 정의와 윤리의 문제에 대해 매우 민감하게 반응하는 반면, 다른 사람들은 다양한 이유로 그와 같은 원리들에 대해 매우 한정된 관심만 가진다"고 하면서 사람에 따라 정의와 윤리에 대해 다양한 모습을 보인다고 할 때, '도덕적'은 평가어가 된다. 이상의 분석을 통해 싱어가 범하고 있는 오류를 분명하게 파악할 수 있다. 싱어는 같은 문장 안에서 '도덕적'을 평가어로 사용하기도 하고 사실어로 사용하기도 한다. 애매어의 오류를 범하고 있는 셈이다.[195]

---

194) '도덕적'이라는 용어가 사실어로 사용되는지 평가어로 사용되는지를 구분하는 한 가지 방법은 그 용어가 전칭명제에 사용되느냐 특칭명제에 사용되는가를 살펴보는 것이다. '도덕적이다'라는 서술어가 인간 모두에게 적용될 때, 그 용어는 사실어가 된다. '도덕적'이라는 용어가 개개 인간에게 적용되면, 그 용어는 **대체로** 평가어가 된다. '모든 인간이 도덕적인 존재이다'는 문장에서 '도덕적'은 필자의 설명방식에 따르면 사실어가 된다. 그런데 '홍길동은 도덕적인 존재이다'는 문장에서 '도덕적'은 필자의 설명방식에 따르면 평가어가 된다. 그렇다면 전체에 타당한 것은 부분에 대해서도 타당하다는 논리학의 원리에 의하면, 전칭명제에서 사실어로 사용되었다면, 특칭명제에서도 사실어로 사용되어야 할 것이다. 이런 이유에서 필자의 주장은 잘못된 것이 아닌가 하는 의구심을 가질 수 있겠다. 그러나 필자는 '홍길동은 도덕적 인간이다'는 특칭명제가, '홍길동은 선과 악의 갈등을 느끼는 상태에서 자유를 행사하며 살아가는 존재'라는 의미로 해석될 수 있음을 부인하는 것이 아님을 말해 둔다.

195) 흥미로운 점은 싱어도 '도덕적'이라는 말의 두 가지 용법, 즉 사실어로서의 용법과 평가어로서의 용법을 알고 있으면서도, 이런 오류를 범하고 있다는 것이다. 그는 말한다. "롤즈에 있어 '도덕적 인격'이라는 용어는 '도덕적으로 훌륭한 인격'의 의미로 사용되고 있지 않다. 그가 사용하는 '도덕적'이란 용어는 '무도덕적인(amoral)'이라는 용어와 대비되는 것이다"(*Practical Ethics*, 16쪽). 이 인용문은 싱어가 '도덕적'이란 용어가 두 가지 방식으로 사용될 수 있음을 알고 있음을 보여준다. 그럼에도 불구하고 그는 이 말에 뒤이어서 롤즈를 비판

싱어의 논법대로라면, 히틀러는 '도덕적 인격'이 아니고, 슈바이처는 도덕적 인격이 될 것이다. 그러나 이 경우 '도덕적'이 사실어라면, 히틀러나 슈바이처나 다 도덕적 인격체이다. 그러나 평가어라면 히틀러는 비도덕적이고 슈바이처는 도덕적이다.196) 싱어는 필자의 이런 비판에 대해 다음처럼 응수할 것이다.

> 도덕적이라는 말이 평가어로도 사용될 수 있고 사실어로도 사용될 수 있는데, 내가 그 구분을 놓쳤다는 당신의 주장에 동의한다. 그럼에도 불구하고 도덕적 인격을 평등의 근거로 보는 입장에는 보다 더 심각한 문제가 있다. 그것은 "모든 인간이 도덕적 인격체라는 것은 심지어 최소한의 의미에 있어서조차도 참이 아니라는 것이다. 유아나 아주 어린 어린애들은, 정신장애자들과 마찬가지로 기본적인 정의감마저 갖고 있지 않다는 것이다."197)

싱어는 또다시 가장자리경우논증을 사용하고 있다. 그러나 우리는 앞서 가장자리경우논증이 보여 주는 문제점을 충분히 살펴보았다. 가장자리논증이 논증으로서 성공적이지 못하다는 필자의 논의가

하면서 다음처럼 말한다. "어떤 사람은 일반적인 정의와 윤리의 문제에 대해 매우 민감하게 반응하는 반면, 다른 사람들은 다양한 이유로 그와 같은 원리들에 대해 매우 한정된 관심만 가진다." 그는 이렇게 말하면서 '도덕적'이라는 말을 다시금 평가어로 사용하고 있다. 싱어는 롤즈가 '도덕적'을 사실어로만 사용하고 평가어로 사용하지 않는다고 말하고서는, 사람에 따라 도덕성에 차이가 있다는 사실, 즉 '도덕적'이 평가어로도 사용된다는 사실을 이용해서 롤즈를 비판하는 오류를 범하고 있다. 우리가 싱어의 주장을 최대한 호의적으로 해석한다면, 싱어는 아마 유아는 '도덕적'이라는 용어의 평가적 의미에서가 아니라―왜냐하면 유아는 평가받을 도덕성이 없으니까―사실적 의미에서도 성인과 비교해서 '도덕성'의 정도에 차이가 난다는 주장을 하고 싶었던 것으로 해석할 수가 있겠다. (왜냐하면 성인은 비록 그가 악을 행하더라도 선악의 지평을 알고 있지만 유아는 그 지평을 알지 못하고 있기 때문이다.) 그러나 사실적 의미에서 차이가 나는 '도덕성'이라는 것이 있다면, 그것이 어떻게 '사실적'인 도덕성이 되는지 알 수가 없다.

196) 필자는 이미 제1장에서 인간은 성차와 피부색에 관계없이 "자유로운 도덕적 행위주체로서 인격체라는 점에서 실제적이고 본질적인 동등성을 갖고 있다"라고 말했으며, 그 동등성의 관점에서 볼 때 인종차별과 성차별이 잘못된 것이라고 주장했다.

197) "" 안은 싱어의 말을 인용한 것임. P. Singer, *Practical Ethics*, 17쪽.

옳다면, 그 논증에 의거하여 '모든 인간은 자유로운 도덕적 행위주체로서 인격체라는 점에서 실제적이고 본질적인 동등성을 갖고 있다'는 필자의 주장과 도덕적 인격을 인간 평등의 근거로 사용하는 롤즈의 주장을 공격하는 싱어의 논리는 잘못된 것이다. 유아들은 정상적으로 성장하면 '자유로운 도덕적 행위주체(인격체)'가 되는 잠재적 인격체이기 때문에 현실적 인격체가 갖는 도덕적 권리에 준하는 잠재적인 도덕적 권리를 가진다. 이에 싱어는 다음처럼 답할 것이다.

> 롤즈는 유아와 어린이를 평등의 원리라는 영역 안에 실제적인 도덕적 인격체와 함께 **잠재적인** 도덕적 인격체로 포함시키고 있다. 그러나 이는 그의 이론을 우리의 일상적인 도덕적 직관에 일치시키기 위해 만들어진 것이 분명한 **임시변통적인** 고안품이다.198)

과연 롤즈가 잠재성의 개념에 호소하는 것은 임시변통적인가? 싱어는 잠재성 논의가 임시변통적인 이유를 밝히지 않고 있다. 그러나 그는 다른 곳에서 잠재성과 현재성을 구분하는 상식의 도덕을 다음처럼 비판한다. 그는 여섯 살 된 침팬지의 생명은 한 살 된 유아의 생명보다 더 우선적으로 고려되어야 한다는 주장을 펼치는데, 이런 주장에 대한 예상되는 비판을 염두에 두고 다음처럼 말한다.

> 내가 앞 절에서 제시한 논증에 대한 있을 법한 반론은, 나의 논증이 단지 태아의 현재적 특징만을 고려하고 있지 잠재적 특징을 고려하지는 않고 있다는 것이다. 어떤 임신중절 반대론자는 태아가 현실적 특성들에 의거하여 인간이 아닌 다른 동물과 비교될 경우

---

198) P. Singer, *Practical Ethics*, 17쪽.

불리하다고 주장할 것이다. 그러나 우리가 태아가 갖고 있는 성숙한 인간 존재로 될 수 있는 잠재성을 고려할 때, 호모사피엔스라는 종족의 구성원이라는 점이 중요하게 되고, 태아는 어떤 닭, 돼지, 소보다도 훨씬 우월해진다. ... (중략) ... 그러나 그 사실로부터 태아가 더 강한 생명에의 권리를 가진다는 결론은 생겨나지 않는다. 일반적으로 잠재적인 X는 X가 갖는 모든 권리를 갖지 않는다. 찰스 황태자가 영국의 잠재적인 왕이지만, 그가 현재 왕의 권리를 갖고 있는 것은 아니다.[199]

이 주장은 옳은가? 찰스 황태자는 현재 영국의 왕이 아니어서, 현재 영국 왕의 권리를 누리지 못하는 것은 사실이다. 그러면 그는 일반인의 권리만을 누리는가? 그렇지 않다. 그는 일반인들이 누리는 권리보다 훨씬 더 커다란 권리를 누린다. 그러면 그 근거는 무엇인가? 그가 영국의 잠재적인 왕이기 때문이다. 우리가 가장자리 인간의 도덕적 권리를 변호하기 위해 '잠재성 개념'을 끌어들이는 것을 '잠재성 논변'이라고 부른다면, 이 잠재성 논변은 종의 일반적 성질을 중시하는 논변이 될 것이다. 이 논변은 신생아를 성인 인간이 일반적으로 갖고 있는 도덕적 행위능력을 잠재적으로 가지고 있는 존재로 보자는 주장을 하고 있기 때문이다. 이에 대해 싱어는 우리가 지금까지 살펴본 공격—이 공격은 실패했다—과는 또 다른 공격을 한다. 그는 가장자리경우논증에 대한 예상되는 비판을 다루면서 다음처럼 말한다.

정신장애자들은 정상인을 다른 동물로부터 구분지어 주는 능력을 소유하지는 못했지만, 그럼에도 불구하고 마치 그 같은 능력을 가진 것처럼 다루어져야만 한다는 것이다. 왜냐하면 그들은 그 종의

---

199) P. Singer, *Practical Ethics*, 119-120쪽.

정상적인 구성원들은 그런 능력을 가지는 바로 그 종에 속하기 때문이다. 달리 말해서 이 제안은 우리가 개인을 그들의 실제적 자질에 따라 다루지 말고 그가 속하는 종의 정상적 자질에 따라 다루어야 한다는 것이다.[200]

그리고 싱어는 다음처럼 비판한다.

나는 흑인과 백인 간의 **평균적인** 차이가 어떻든 간에, 어떤 흑인의 IQ는 백인의 점수보다 높을 수 있고, 그래서 흑인이든 백인이든 … (중략) … 그들 종족의 평균점에 따라 다루어질 것이 아니라 **개인으로서 다루어져야만 한다는 점**을 명백히 했다. 우리가 이 점을 받아들인다면, 정신장애자들을 다룰 때에 그들에게 그들 종의 정상적인 구성원들에게 부여되는 권리나 지위를 부여해야 한다는 제안은 거부해야만 한다.[201]

그렇다면 싱어는 실험실에서 인간과 접촉하면서 자의식의 맹아를 보여준 와슈라는 예외적인 침팬지를 거론하면서 마치 모든 침팬지가 자의식적인 존재인 듯이 말해서는 안 될 것이다. 그는 매우 특이한 사례를 일반화시키고 있는데, 이는 와슈라는 개체를 개체로 다루는 것이 아니라, 평균적인 침팬지로 간주하는 것이 된다. 흥미롭게도 싱어는 이처럼 자신의 이런 주장이 자신을 공격한다는 사실을 의식하지 못하고 있다. 이런 문제점은 제쳐두더라도 싱어는 가장자리경우논증을 비판하는 사람들이 '종족의 일반적 성질'을 언급할 때, '종족의 평균지능'을 언급한 것으로 받아들이는데, 이는 우스꽝스런 해석이다. 그는 비판자의 주장을 이렇게 해석한다.

---

200) P. Singer, *Practical Ethics*, 65쪽.
201) P. Singer, *Practical Ethics*, 66쪽. 앞의 강조는 싱어, 뒤의 강조는 필자에 의함.

> 흑인의 평균지능은 100이다. 백인의 평균지능은 105라고 하자. 그
> 러므로 흑인 신생아는 현재 지적 능력이 없지만, 흑인 성인들의
> 평균지능인 100으로 간주해주자. 그리고 백인의 신생아는 105로
> 간주해주자.

가장자리경우논증을 비판하는 사람들이 '종족의 일반적 성질'을 언급하면서 주장하고자 했던 것이 이처럼 황당한 주장이었을까? 그런 식으로 해석한다면, 종족의 일반적 성질을 종족의 일반적 몸무게나 종족의 일반적 신장(키)으로 해석하지 못할 이유가 무엇인가? 비판자들이 언급한 '종족의 일반적 성질'은 싱어가 그토록 인간 평등 사상의 기초로 인정하기를 거부했으나, 우리들의 앞선 검토가 옳다면 인정하지 않을 수 없는 것이었다. 바로 '자율적인 도덕적 행위주체'라는 성질이다. 신생아나 어린아이는 성인 인간이 가지는 그런 도덕적 행위주체의 능력을 (잠재적으로) 가진 것으로 보아야 한다는 것이다.

우리가 일단 인간의 '잠재적인 도덕적 권리'를 인정하게 되면, 신생아나 태아, 치유 가능한 정신장애인과 같은 가장자리 인간들의 잠재적인 도덕적 권리가 동물들의 현재적 권리보다 더 소중하다는 주장을 펼치더라도 아무런 문제도 없을 것이다. 그렇게 주장하더라도 종차별주의적 행위가 안 될 것이다. 오히려 종들 간의 차이를 인정하여 인간 종을 더 소중하게 대하는 것이 '종'에 대한 정당한 대접이 될 것이다. 그럼에도 불구하고 싱어는 여전히 자신의 주장을 굽히지 않고 '치료 불가능한 정신 질환자'의 사례를 거론할 것이다. 그런 사람은 치료가 불가능하기에 아무런 잠재적 도덕적 권리를 가질 수 없는 것처럼 보인다. 필자는 예전에는 치유 불가능했던 질병들이

지금은 치료 가능한 질병들로 분류되고 있는 것을 이유로 들어, 의학이 발달하면 언젠가 치료될 수 있을 것이라는 식으로 고집부리고 싶은 생각은 없다. 그러나 치료 불가능한 사람들도 과거 언젠가는 인격체였다. 중요한 것은 바로 이것이다. 가령 어떤 노인이 지금 심각한 치매를 앓고 있어서 자율적인 도덕적 행위주체가 아니라 하더라도, 그는 치매에 걸리기 전에는 자율적인 행위주체였다. 그가 존중받아야 하는 이유는 바로 이것이다. 이는 마치 예전에 한국전쟁 당시에 참전한 참전용사들에게 참전수당을 주는 것과 같은 이치이다. 참전용사들이 참전수당을 받는 것은 그들이 지금 사회에 기여하고 있는 공로 때문이 아니라 과거에 그들이 기여한 공로 때문이다. 현재 치매에 걸린 노인이라 할지라도 그는 과거에 온전한 도덕적 행위주체로서 가정과 사회와 국가의 발전에 기여한 공로가 있다. 그 공로는 도덕적 행위주체가 아니었다면 이룩해 내지 못했을 공로이다. 실상 훌륭한 책을 많이 쓴 학자, 위대한 정치적 업적을 남긴 정치가들 중에도 치유 불가능한 치매에 걸린 사람들이 있다. 그들이 치유 불가능한 치매노인이 되었다는 이유로 그들의 생명의 가치가 성체 침팬지의 가치보다 못하다고 결론 내린다면 과연 그 결론이 합당하다고 말할 사람이 몇이나 될 것인가?

싱어는 또 다른 사례를 거론할 것이다. 선천적 무뇌아의 경우이다. 이 경우는 미래에 온전한 도덕적 행위주체가 될 가능성도 없고, 과거에 도덕적 행위주체였던 적도 없으며, 현재에도 도덕적 행위주체가 아닌 경우이다. 그러므로 무뇌아는 그 자체로만 본다면 잠재적으로건 현재적으로건 인격체로서의 도덕적 지위를 갖지 않는 듯이 보인다. 그렇다고 하더라도 무뇌아를 도덕적 행위주체가 아닌 동물들과 똑같이 다루어서는 안 될 것이다. 왜냐하면, 무뇌아 역시 인간의 유전적 특징을 갖고 있으며, 따라서 부모가 존재하며, 그 아이가 부모와 맺고 있는 유대가 그 아이의 미약한 도덕적 지위를 뒷받침해주기 때문이다. 사실 반려동물의 경우, 그 동물들은 도덕적 행위주체가 아님에도 불구하고 그것들이 주인과 관계 맺고 있는 유대감으로 인하여 매우 특별한 대접을 받는 경우가 허다하다. 심지어는 반려견이 죽으면 천도제를 지내주는 경우도 있으며, 주인의 유산도 상속받는 경우가 있다.202)

지금까지 필자는 인간이 동물에 비해 특별한 대접을 받아야 한다고 생각하는 세 가지 이유를 제시했다. 첫째는 '미래 잠재성 개화 이론'이다. 이는 어린아이나 치유 가능한 치매환자나 정신 질환자들에게 해당하는 이론이다. 어린아이들은 현재로서는 도덕적 행위주체로서의 인격체의 특성을 전혀 보여주지 못하지만, 언제가 정상적으로 성장하면 반드시 도덕적 행위주체로서의 인격체가 된다는 필연적 가능성을 갖고 있으며, 그 때문에 어린아이는 도덕적 권리를 갖는다. 둘째는 '과거 인격체 이론'이다. 이는 첫 번째와 방향이 정반대일 뿐 본질적으로 같은 것이다. 과거 인격체 이론은 현재는 도덕적 행위주체가 아니며, 미래에도 그렇게 될 가능성이 없지만, 과거에 도덕적 인격체였다는 사실로 말미암아 동물들이 갖지 못하는 도덕적 지위를 갖는다는 이론이다. 이 이론은 치료 불가능한 치매 환자나 식물인간에게 해당하는 이론이다. 과거에 국가를 위해 큰 공을 세운 사

---

202) 반려견뿐만이 아니라 무생물인 야구공조차도 인간이 부여하는 특별한 의미로 말미암아 커다란 가치를 갖게 되는 경우가 있다. 예컨대 유명한 야구선수의 500호 홈런 공은 물리적으로 봤을 때 여타의 다른 공과 다를 것이 하나도 없음에도 불구하고 매우 값비싸게 거래되기도 한다.

람은 평범한 사람이 된 현재의 관점에서는 특별한 대접을 받을 이유가 없음에도 불구하고 과거에 공을 세웠다는 이유 하나만으로 특별한 대접을 받는 것이 정당화된다. 마찬가지로 과거에 도덕적 행위주체로서 인격체였던 적이 있는 사람도 비록 지금은 그렇지 못하더라도 과거에 그런 적이 있었다는 이유 하나만으로 특별한 대접을 받는 것이 정당화된다. 셋째는 '현재 인간 유대감 이론'이다. 이는 과거나 현재나 미래에도 도덕적 행위주체가 된 적도 없고 될 가능성도 없는 인간들에게 해당하는 이론이다.

Ⅳ. 맺음말

필자는 지금까지 동물윤리학을 지탱시켜 주고 있는 핵심 논증인 가장자리인간논증이 얼마나 허술한 논증인가를 비판적으로 분석하였다. 이런 분석 작업을 할 때, 필자는 칸트의 인격개념을 항상 염두에 두고 있었다. 필자가 보기에 동물의 복지나 권리를 이론적으로 정당화하려는 다수의 연구자들이 가장자리인간논증의 허점을 간파하고 있지 못하다는 것은 현대 응용윤리학계의 스캔들이라고 생각한다. 필자는, 가장자리경우논증을 이용하여 자율적인 도덕적 행위자의 집합은 곧 인간 종의 집합과 일치하지 않는다는 주장을 펼치는 동물 옹호론자들의 주장에 맞서, 전통적인 인간 존엄사상을 수호하려 하였다. 자율적인 도덕적 행위자의 집합은 곧 인간 종의 집합과 일치한다는 칸트 이래의 윤리학적 전통은 문명국 시민들의 윤리학적 상식이 되었는데, 필자가 보기에 이 상식은 여전히 건전하고 타당한 상식이다. 물론 만약 일부 고등동물들 중에서 자율적인 도덕적 행위자의 모습을 보여주는 동물이 발견된다면, 그 동물들도 인간과 같은 방식으로 대접받아야 할 것이다. 그런 동물들에 대해서 인간은 직접적 의무를 가진다. 그러면 자율적인 도덕적 행위주체의 모습을 보여주지 않는 동물들에 대해서는 인간이 그들을 아무렇게나 다루어도 되는가? 필자는 그렇게 생각하지도 않는다. 쾌고를 느낄 줄 아는 동물들을 인도적으로 다루는 것은 동물들에 대한 간접적 의무이기 때문이다.

제5장

환경윤리의 관점에서
본 피터 싱어의
이익평등고려원칙

필자는 이미 제1장에서 피터 싱어의 생명윤리사상을 떠받치고 있는 '이익평등고려원칙'이 갖고 있는 문제점을 지적한 바 있다. 그 장에서 필자는 싱어의 그 원칙이 우리의 직관적·도덕적 진리와 상치될 뿐만 아니라, 그의 이익평등고려원칙이 기실은 동물의 이익과 비교해서 인간의 이익을 불공정하게 고려하는 원칙이며 결과적으로 인간의 지위를 부당하게 낮추는 원칙임을 밝혔다.

본 장에서 필자는 동물해방론을 떠받치고 있는 싱어의 이익평등고려원칙과 환경윤리의 불화를 집중적으로 고찰해 보고자 한다. 다시 말해서 싱어가 그 원칙을 철저하게 밀고 나갈 때, 다음의 몇 가지 문제점을 드러내게 됨을 밝히고자 한다. 첫째로, 멸종위기에 처한 종의 보존이나 복원사업을 정당화할 수 없다. 둘째로, 식물이나 미생물들은 지구 생태계의 조화와 건강을 위해 반드시 중시되어야 하지만 쾌고감수능력이 없으며 따라서 이익을 갖는 존재들이 아니기에 무시되어도 된다는 결론에 도달하게 되며, 따라서 그 원칙으로는 생태계의 조화와 안정을 도모할 수가 없다. 셋째로, 이익평등고려원칙에 기초한 싱어의 동물해방론은 그 원칙에 내재해 있는 공리주의적 요소로 인해 실천 가능성이 전혀 없다. 마지막으로, 필자는 이 장에서 피터 싱어의 윤리관이 잘못된 것임을 주장하고자 한다. 쾌락과 고통은 우리가 도덕적 판단을 내일 때 고려해야 하는 한 가지 요소일 수 있으나 전부는 아니라는 것이다.

I. 이익평등고려원칙과 종의 문제

1) 종 복원사업의 문제

싱어에 의하면 영장류를 위시한 고등동물들은 쾌고감수능력을 갖고 있으며, 낮은 수준의 사고능력도 갖고 있다. 그러나 사람들은 그들이 단지 인간이 아니라는 이유로 사물처럼 취급한다. 그렇게 취급하는 중에서 동물들은 엄청난 고통을 당한다. 그러나 신생아, 정신적으로 심하게 지체된 인간, 회복이 불가능하며 의식 없는 식물인간 등등은 단지 그들이 인간 종의 구성원이라는 이유만으로 신성시된다. 이는 인간과 동물의 이익을 평등하게 대접하지 않는 것이며, 이는 필경 종차별주의로 연결된다는 것이 싱어의 확고한 주장이다. 이는 싱어의 동물해방론에 관한 상식적인 이야기이지만, 필자는 이하에서의 논의를 매끄럽게 전개시키기 위해 최대한 간단하게 요약하였다. 싱어가 그 원칙에서 언급하고 있는 '이익'은, 쾌고감수능력을 가진 유정적인 생명체들이—그것이 인간이건 동물이건 구분할 필요 없이—고통이나 기쁨에 대해 갖는 민감성에 비례해서 고통을 받지 않고 기쁨을 누리고 싶어 하는 욕구를 말한다. 싱어는 그 욕구가 평등하게 대접받는 것이 정의롭다고 믿는다. 싱어는 철학도로서 젊은 시절 자신이 가졌던 고민을 다음처럼 소개하고 있다.

많은 철학자들은 기꺼이 인간은 모두 평등하다고 선언했지만, 동물은 왜 평등하지 않은지 결코 질문하지 않았다. … (중략) … 동물의 지위가 왜 그렇게 열등한지 적어도 질문하며 대답했던 철학자들도 있기는 했다. 하지만 그들은 그 자체로 더 많은 설명을 필요로 하는 고상한 개념들에 호소하는 방식으로 그 물음에 답하려 했다. 그들은 모든 인간은 동물에게는 결여된 '존엄'이나 '내재적 가치'가 있다고 말하곤 했다. 그러나 아무리 도덕적으로 괴물스럽더라도 그리고 사유와 감정의 능력이 결여되었다 하더라도 모든 인간은 그런 존엄성과 내재적 가치를 가지고 있다고 하면서도, 왜 동물은 그런 것을 가지지 못하는지 설명하지 않고서 다음 주제로 넘어갔다. 또 다른 철학자들은 이들보다는 이성능력, 자의식, 삶을 계획하는 능력, 혹은 도덕감의 소유 등 더 구체적으로 근거를 댔지만 그들 역시 그런 능력이나 감각을 갖지 못한 인간존재도 있다는 명백한 사실을 언급하지 않았다.203)

싱어에 의하면, 우리가 종차별주의로부터 해방되기 위해서는 우리는 어떤 생명체가 어느 종에 속해 있는가를 완전히 무시한 뒤, 개개의 생명체가 고통과 기쁨에 대해 보여주는 민감성의 정도에 따라 생명체를 대해야 한다. 그리고 이런 방식으로 생명들을 줄 세우는 서열표를 생각해볼 수 있을 것이다. 꼭대기에는 정상적인 인간 개체가 있을 것이고 정상적인 성체 침팬지는 비교적 상층부에 자리할 것이며, 태어난 지 12개월이 안 된 아이들은 성체 침팬지 밑에 자리 잡게 될 것이다. 성체 사자나 코뿔소나 얼룩말도 그 아이들보다 위에 자리 잡을 것이다. 특히 3개월 이전의 태아나 식물 상태의 인간 어른들은 다 자란 개구리나 새우 혹은 붕어 밑에 놓이게 될 것이다. 생명체가 속한 종을 무시하고 이런 식으로 철저하게 개개 생명체가 보여주는 고통과 기쁨에 대한 민감성만을 생명의 경중을 가리는 기

203) P. Singer, *Ethics into Action* (New York, Rowman & Littlefield Publishers, Inc., 1998), 47-48쪽.

준으로 삼는다면, 우리는 멸종위기에 처한 특별한 종들의 보존을 위해 노력해야 할 이유를 가질 수 없을 것이다. 예컨대 자연 상태의 시베리아 호랑이는 다 죽어버린 상황에서, 동물원에서 사육한 시베리아 호랑이 열 마리를 자연 상태에 풀어놓으려는 생물학자들이 있다고 가정해 보자. 생물학자들은 동물원의 호랑이를 그대로 자연 상태에 방사하면 굶어 죽는다는 것을 잘 알고 있다. 그래서 생물학자들은 동물원 호랑이들의 사냥본능을 일깨워주려고 살아 있는 소들을 호랑이 우리에 집어넣는다고 하자. 만약 싱어처럼 종차별주의의 잘못을 범하지 않기 위해, 생명체가 보여주는 고통과 기쁨에 대한 민감성만을 생명의 경중을 가리는 기준으로 삼는다면, 생물학자들의 호랑이 복원사업은 중지되어야 할 것이다. 호랑이가 소를 잡아먹음으로써 생겨나는 기쁨의 양보다 소가 잡아먹히면서 느끼는 고통의 양이 더 클 것이기 때문이다. 한 마리의 호랑이를 살아 있는 상태로 유지시키려면, 적어도 한 달에 중간 크기의 소 한 마리 정도가 필요할 것이다. 우리가 '그럼에도 호랑이 복원사업은 계속되어야 한다'라고 말한다면, 그는 소의 이익보다 호랑이의 이익을 더 중시하는 종차별주의적 발언을 하는 것이 된다. 결국 우리가 종차별주의자가 되지 않으려면, 시베리아 호랑이 야생 방사 계획을 포기하는 수밖에 없다.

이익평등고려원칙을 일관되게 적용하면 종 복원사업뿐만이 아니라 종 보존사업도 할 수 없게 된다. 갈라파고스군도에 외래종인 염소가 100년 전에 유입된 이후 지금은 과도하게 번식하여 많은 식물들을 먹어치우자, 그 섬에서 식물을 먹고 사는 섬 고유종인 땅거북이 멸종할 처지에 놓이게 되었다. 에콰도르 정부는 염소들을 제거하기로 결정했다.204) 그러나 쾌고감수능력에 기초한 이익이란 관점에서 본다면, 포유류인 염소가 파충류인 땅거북보다 더 중시되어야 한다. 그럼에도 불구하고 많은 사람들은 염소 퇴치운동에 찬성할 것이다. 이는 어떤 도덕적 결정을 함에 있어서 쾌고감수능력에 기초한 이익만이 유일한 고려대상이 아니라는 것이다. 달리 말해서 윤리학은 쾌락과 고통의 계산기만을 두드리는 학문은 아니라는 것이다.

2) 이익평등고려원칙과 초기 태아 상태에서의 동물 종의 구분

싱어의 이익평등고려원칙에서 말하는 '이익'은 동물들이 속한 종의 구분을 무시한 상태로 이해되고 있다. 이런 이유로 싱어의 이 원칙은 생태계에서 특정 동물 종이 과다하게 번식하더라도 무방비로 내버려 두어야 한다. 싱어가 이익평등고려원칙의 입장에서 '이익'을 계산할 때, 동물들의 현재적 능력만을 고려해서 계산한다. 바로 그 때문에 싱어가 다 자란 새우의 이익을 3개월이 안 된 태아의 이익보다 더 크게 평가한다.205) 그는 태아는 성장하여 새우와는 비교될 수 없는 인격체가 된다는 것을 무시한다. 잠재성을 부정하는 싱어의 논리에 따르면 종의 구분이 불필요하고 무의미하게 될 것이다. 포유류들은 초기 태아 상태에서는 모두 신경계가 발달하지 않고 기관 분화도 충분히 이루어지지 않아서 고통을 잘 느끼지 못한다는 점에서 똑같다. 이익평등고려원칙에 의하면, 이 상태에서는 개의 태아를 죽이건 침팬지의 태아를 죽이건 인간의 태아를 죽이건 그들이 받을 고통의 양은 거의 비슷할 것이다. 그러나 우리가 개와 침팬지와 인간 태

---

204) 마이클 서머, 『도덕의 궤적』, 381-382쪽 참조.
205) P. Singer, *Practical Ethics* (2nd edition), 118쪽 참조.

아가 갖고 있는 잠재성을 고려한다면, 인간의 태아를 죽이는 것이 훨씬 비도덕적임을 즉각적으로 알 수 있다. 만약 늑대의 태아, 침팬지의 태아, 사자의 태아가 있다고 하자. 그런데 늑대가 멸종위기에 처해 있는데, 우리는 이 세 동물의 태아 중 하나만 살려야 한다고 하자. 그러면 어느 동물의 태아를 살려야 하는가? 당연히 늑대의 태아를 살려야 할 것이다. 그러나 이익평등고려원칙을 신봉하는 싱어는 우리가 늑대의 태아를 살려야 한다고 말할 수 있는 근거를 제공하지 못한다. 우리로 하여금 그렇게 말하도록 하는 것은 그 태아들이 속한 종에 대한 인식 때문인데, 싱어는 어떤 생명체가 어느 종에 속하는가라는 것은 중요하지 않다고 생각하기 때문이다.

이것은 무엇을 말해주는가? 생명체에 관한 판단에서 고려해야 할 중요 사항은 그 생명체의 현재적 특징이나 모습뿐만이 아니라, 그 생명체의 잠재적 능력이라는 것이다. 어떤 동물이 어떤 종의 구성원이 된다는 것은 어떤 하나의 점이 어떤 원의 내부에 속하는 것과는 다르다. 그 원의 내부에 속해 있는 점에 대해서 우리는 그 점의 현재적 모습과 잠재적 모습을 구분해서 언급할 수 없다. 오로지 현재적 모습만을 갖고 판단해서 그 점이 원 내부에 있는지 외부에 있는지 말할 수 있다. 그러나 **동물은 현실태와 잠세태를 구분할 수 없는, 원 안의 점과 같은 존재가 아니다.** 예컨대 '사자'라는 개념이 구성하는 원이 있다고 하자. 이 원은 실은 하나의 원이 아니라, 이중의 원을 만든다. 하나는 사자의 유전적 특징을 구비한 종의 구성원이다(원 A). 사자의 태아나 갓 태어난 사자 새끼는 이 원에 들어간다. 또 하나의 다른 원은 육식동물로서 성체 사자의 특징들을 구비한 동물의 구성원이다(원 B). 원 A에 속한다는 것은 원 B에 속하기 위한 필요조건이다. 육식동물로서 성체 사자의 특징들을 구비한다는 것은 사자가 되기 위한 필요조건이다. 표범 같은 육식동물은 원 B에 속한다고 판단할 많은 특징을 구비하고 있지만 사자로 불리지는 않는다. 표범은 성체 사자가 보여주는 사냥 기술과 유사한 사냥 기술을 갖고 있지만, 사자가 되기 위한 필요조건을 갖추지 못했기 때문이다. 동물들의 생명의 경중을 논할 때, 우리는 그 동물이 생태계 내에서 하는 역할을 고려해야 하고, 따라서 그 잠재성을 고려해야 한다. 잠재성을 중시하게 되면 우리는 필연적으로 생명체가 속한 종을 중시할 수밖에 없다. 바로 이런 이유에서 코헨은 다음처럼 말한다.

> 어떤 장애로 말미암아 인간에게는 자연스러운 도덕적 기능을 충분히 수행할 수 없는 사람들이 바로 그 이유로 말미암아 도덕공동체로부터 축출되지 않는다는 것은 분명하다. 문제가 되는 것은 종이다. 인간은 자발적인 동의를 통해 실험대상자가 될 수 있는 존재이다. 인간의 자유로운 선택은 존중되어야 한다. 동물들은 자발적인 동의를 하거나 유보하거나 할 수 없으며 또한 도덕적 선택을 할 수 없는 존재이다. 인간이 장애 상태가 될 때 갖고 있었던 것을 동물은 결코 가져본 적이 없다.206)

---

206) C. Cohen, "The Case for the Use of Animal in Biomedical Research", 3쪽. 최근에 코헨에 대해 비판적으로 분석한 국내 논문이 발표되었으나, 필자에게는 그 비판이 설득적인 것으로 보이지 않았다. 이채리는 리건의 주장에 의지하여 다음처럼 말한다. "도덕적 능력은 고통을 피할 이익에 대한 배제 여부를 결정할 적절한 근거가 될 수는 없다. 도덕적 능력이 있든 없든 고통은 고통일 뿐 양자는 서로 상관이 없기 때문이다. ... (중략) ... 즉 코헨은 무관한 근거를 통해 차별을 정당화하려는 것이다. 그래서 리건은 코헨의 논증을 무관함의 오류라고 비판한다. 도덕적 능력을 근거로 고통을 회피할 이익을 차별해야 한다면, 거주지의 우편번호를 근거로 봉급을 차별하지 말아야 할 이유도 없을 것이다"(이채리, 「코헨의 종차별 옹호 논쟁은 옳은가?」, 범한철학회, 『범한철학』 제77집, 2015년 여름, 315쪽). 그러나 도덕적 능력을 거주지의 주민번호와 비교하는 것은 아주 잘못된 것이다. 어떤 존재가 도덕적 사유능력을 갖고 있다는 것은 그 존재의 오른쪽 팔에 반점이 있다는 것과는 다른 것이다. 어떤 존재에게 도덕적 능력이 있다는 것은 이성적 사유능력이 있다는 것이고 이성적 사유능력이 있다는 것은 총체적인 사유능력─그 대상이 지구 생태계 전체이건 우주이건 간에─이 있다는 것이며, 총체적인 사유능력이 있는 존재들은 자신이 속한 종의 이익뿐만이 아니라 전체 생태계의 조화와 안정성을 걱정할 수 있는 존재이다. 따라서 그런 존재들을 함부로 죽이는 것은 잘못이다. 물론 현실의 인간들 중에는 생태계 파괴에 앞장선 사람들도 있다. 문제는 인간만이 생태

우리가 앞서 살펴보았듯이, 리건은 '삶의 주체'라는 개념을 도입하여, 동물들에게도 권리가 있음을 주장하였다. 그리고 그는 '생후 1년 이상 된 정상의 포유류'들이 그런 권리를 갖게 되는 동물들의 집합에 들어가는 것으로 생각했다. 그러나 동물들이 갖고 있는 잠재성을 고려하지 않는다면, 포유류들을 일 년 이전에 죽여버리면 아무런 문제가 생겨나지 않게 된다. 왜냐하면 일 년이 안 된 포유류들은 생명권을 갖지 못하게 때문이다. 그뿐만 아니라 우리는 리건에게 왜 동물권을 가지는 동물을 포유류에 국한시키는지를 물어볼 수 있다. 왜 파충류나 어류는 안 되는가? 파충류나 어류는 생후 1년 이상 된 파충류들이 보여주는 삶의 주체다운 모습을 보여주지 못하기 때문이라고 말할 것이다. 결국 이는 어류나 파충류는 일 년 미만의 포유류가 가진 잠재성을 갖고 있지 않기 때문에 배제되는 것이다.

계의 전체적인 조화와 안정을 도모할 수 있는 가능성을 가진 존재라는 사실이다. 동물들은 오로지 자기이익만을 걱정할 뿐이다. 인간에게 기대할 수 있는 이 가능성을 어떤 경우건 동물들에게 기대할 수는 없다. 이런 관점에서 본다면, 도덕적 능력과 고통을 당하지 말아야 할 이유는 매우 밀접한 연관성이 있다고 말할 수 있겠다. 지구 전체, 생태계 전체, 우주 전체를 사유하고 걱정하면서 삶의 방향을 탐색할 수 있는 존재인 한, 인간을 함부로 죽이는 것은 오로지 자신의 배를 불리고 고통당하지 않으려는 동기에 의해서만 움직이는 한 마리의 동물을 죽이는 것과는 차원이 다른 행위이다. 물론 이채리가 말하듯이 "도덕적 능력이 있든 없든 고통은 고통이다." 그러나 같은 논리로 말한다면, 도덕적 능력이 있든 없든 생명은 생명이다. 그러나 도덕적 능력은 고통이라도 같은 고통이 아니게 만들며, 생명이라도 같은 생명이 아니게 만든다는 것이다. 생명의 연속성을 신봉하는 진화론자들이 쾌고감수능력이 있는 동물들의 생명만을 보호받아야 할 생명으로 인정하고 식물들의 생명을 보호받아야 할 생명의 범주에서 제외시키는 것은 이해할 수 없는 일이다.

II. 이익평등고려원칙과 생태계 균형

1) 이익평등고려원칙과 생태계의 부조화

싱어는 채식주의가 환경보존에 긍정적임을 역설한다.

> 인간의 복지와 환경보존에 관심이 있다고 주장하는 사람들은 바로 그렇게 주장한다는 이유만으로도 채식주의자가 되어야 한다. 그들이 채식주의자가 됨으로써 다른 곳의 사람들이 먹을 수 있는 곡식의 총량이 증가하게 되고, 공해가 감소하고, 물과 에너지가 절약되며 숲이 사라지는 것을 막을 것이다. 게다가 채식은 육식에 비해 값이 저렴하기에 기아 구제, 인구 통제, 또는 더욱 긴급하다고 생각되는 사회적 혹은 정치적 문제의 해결을 위해 더 많은 돈이 사용될 수 있게 될 것이다.[207]

채식은 환경파괴라는 질병에 만병통치약이 될 것처럼 예찬되고 있다. 그러나 싱어의 윤리적 채식주의를 떠받치고 있는 이익평등 고려의 원칙은 싱어가 자랑하는 것만큼 환경에 친화적이지 않다. 싱어의 이익평등고려원칙이 환경과 불편한 관계를 맺게 되는 것은 그가 말하는 '이익'의 개념은 매우 협소하기 때문이다. 고등동물들은 이익을 가지고 있기에 보호해야 하고 식물들과 하등동물들은 이익을 갖지 않기에 보호하지 않아도 된다. 그에 의하면 식물은 쾌고감수능력을 가진 존재가 아니어서 이익을 가질 수 없다. 이쯤에서 우리는 싱어의 이익평등고려원칙이 환경에 그리 친화적이지 않음을 밝혀내기 위해, 하나의 사고실험을 해보기를 제안한다. 우리는 종종 어떤 원칙이 함축하는 비상식적 측면을 노출시키기 위해 그 원칙을 극단

---

207) P. Singer, *Animal Liberation*, 221쪽.

적으로 밀고 나가보는 사고 실험을 하는 것이 때로는 우리의 사유를 분명하게 만들어주는 장점이 있음을 알고 있다. 식물은 싱어가 그토록 중시하는 이익을 갖지 않기 때문에, 도덕적 고려의 대상이 아니므로 이 지구상에서 모든 식물들을 다 제거한다고 해보자. 물론 이런 제안은 현실화하는 것이 불가능에 가까우며 굳이 그렇게 해야 할 이유가 있는 것도 아니지만, 우리는 지금 일종의 사고 실험을 하고 있음을 상기하자. 싱어의 윤리체계에서는 지구상의 모든 식물을 다 제거하는 것은 전혀 문제가 될 수 없다. 그러나 당장 이 결론은 누구도 받아들일 수 없는 우스꽝스러운 결론이다. 식물들이 없으면, 동물들도 존재할 수 없기 때문에, 식물의 존재는 동물의 '이익'에 직접적으로 연결되어 있다. 싱어의 주장대로라면 식물뿐만이 아니라 바다의 플랑크톤이나 수많은 종류의 박테리아들도 '이익'을 가질 수 없다. 그러니 이런 것들을 모두 제거해 버려도 종차별주의의 잘못을 범하게 되는 것은 아닐 것이다. 그러나 우리가 싱어의 이익평등고려원칙에 따라 행동함으로써 종차별주의의 잘못을 범하지 않았다 하더라도, 우리는 더 커다란 문제점에 봉착하게 된다. 생태계를 복원할 수 없을 정도로 파괴하게 된다. 이는 무엇을 말해주는가? 싱어의 '이익' 개념과, 그것에 기초하여 만들어진 이익평등고려원칙과, 그 원칙에 기초하여 구축된 그의 윤리설은 생태계 전체의 연관구조를 설명하는 데 아무런 도움이 되지 않는 협소한 개념이요, 원칙이요, 윤리설이라는 것이다. 마크 사고프 역시 필자의 주장과 같은 맥락에서 싱어의 동물해방론이 환경문제에 제대로 답을 줄 수 없음을 다음처럼 지적하고 있다.

자연에 대한 존중이 아니라 동물 복지를 존중하는 인도주의 윤리 (humanitarian ethic)는 우리가 환경 윤리를 이해하거나 정당화하려 할 때 우리에게 도움이 되지 않을 것이다. 그것은 환경법 (environmental law)을 위한 필요하고도 타당한 기초를 제공하지 못할 것이다.[208]

이런 비판에 대해 싱어는 자신이 식물의 존재가 동물의 이익에 밀접하게 연결되어 있음을 부정한 적이 없으며, 동물의 이익을 고려하는 사람은 당연히 식물을 보살펴야 한다고 말할 것이다. 그는 식물에까지 도덕적 고려를 해야 한다는 슈바이처의 생명외경사상이나 자연 그 자체를 도덕적으로 고려해야 한다는 레오폴드 같은 환경론자들을 비판하면서 다음처럼 반문한다.

자연 파괴가 고통과 즐거움을 느낄 수 있는 존재에 미치는 이 모든 영향과 무관하게 **그 자체로** 나쁘다고 할 수 있을까?[209]

그러나 싱어는 이렇게 반문하면서 스스로 함정에 빠져드는 것을 깨닫지 못하고 있다. 이는 생태계의 상호 연관성을 인정한다는 말인데, 그것을 인정하는 한, 그 역시 자연 전체가 도덕적 고려의 대상이 되어야 함을 받아들여야 할 것이다. **싱어는 딜레마에 직면하게 된다.**

---

208) Mark Sagoff, "Animal Liberation and Environmental Ethics: Bad Marriage, Quick Divorce" (in: *Applied Ethics: Critical Concepts in Philosophy*, Vol. 7, ed. Ruth Chadwick and Doris Schroeder, London and New York, Routledge, 2002), 123쪽.

209) P. Singer, *The Expanding Circle: Ethics and Sociobiology*, 221쪽. 강조는 싱어에 의함. 싱어는 식물이나 산과 들 같은 자연물들은 도덕적 고려의 대상이 될 수 없음을 다음처럼 말한다. "아무런 이익을 갖지 못한 어떤 것을 우리가 아무리 고려하려 해도, 그것들은 여전히 고려되어야 할 아무것도 우리에게 남겨주지 않는다. 만약 윤리학이 모든 유정적 존재의 이익을 고려하는 데까지 도달하게 되면, 우리들의 도덕적 지평의 확장은 드디어 그 길고도 불규칙한 여정을 마무리하게 된다고 믿는 이유이다"(*The Expanding Circle: Ethics and Sociobiology*, 124쪽).

이익을 갖지 못하는 식물들을 제거하는 것은 종차별주의가 아니기에 도덕적으로 아무런 문제가 없다는 주장을 고집하거나, 아니면 식물과 동물 간의 생태적 연관성을 인정하면서 식물뿐만 아니라 자연 전체가 도덕적 고려의 대상이 된다는 것을 인정하든지 해야 한다.

"싱어가 환경을 그 자체로 존중해야 한다고 생각하기보다는 다른 존재들에게 필요하다는 수단적인 가치만을 환경에 인정하고 있다"[210]라고 말하면서 싱어를 지지하는 김성한은 이렇게 말하면서 필자의 입장을 우회적으로 비판하는 듯이 보인다.

> 우리는 모든 생명을 다 동등하게 고려하는 윤리적인 입장보다는 동물중심주의를 선택하는 것이 나을 수 있을 것이다. 만약 모든 생명을 동등하게 고려한다면, 우리가 먹을 수 있는 것은 아무것도 없다. … (중략) … 이에 반해 동물중심주의를 채택한다면 우리가 비록 육식을 포기해야 할지 몰라도 채식을 함으로써 생명을 유지할 수 있게 되며, 이 외에도 동물들의 고통을 줄이는 등의 여러 긍정적인 결과가 산출될 것이다.[211]

김성한은 자연 전체를 도덕적 고려의 대상으로 삼는 환경윤리는 인간을 굶어 죽게 만든다는 주장을 펼치는 듯이 보인다. 그러나 무기물, 유기물, 식물, 동물 그리고 인간의 생태적 연관성을 인정하여 동물뿐만 아니라 식물이나 무기물조차도 도덕적 고려의 대상이 되어야 한다는 주장을 인간의 아사와 연결 짓는 것은 기괴한 논리적 비약으로 보인다. 또한 우리가 싱어가 요구하는 동물중심주의를 받아들이면 채식을 해야 한다는 논리도 이해하기 힘든 것은 마

---

210) 김성한, 「피터 싱어 윤리체계의 일관성」, 242쪽.
211) 김성한, 「피터 싱어 윤리체계의 일관성」, 243쪽.

찬가지이다. 싱어나 그 추종자들이 즐겨 사용하는 가장자리경우논증을 이용하면, 우리는 얼마든지 갓 태어난 동물의 새끼들을 이용해서 먹을 수 있기 때문이다. 그런 가장자리 동물들은 쾌고감수능력이 충분히 발달하지 않아서 존중해주어야 할 이익을 가지지 않고 있으며, 따라서 그들을 인간이 식용으로 사용하는 것은 종차별주의가 아닐 것이기 때문이다.

지구상에 존재하는 수많은 생명체 중에서 4%에 불과한 고등 포유류만을 인격체로 간주하여 존중해야 한다는 싱어의 동물해방론은 생태계 전체의 조화와 통일성과 안정성을 해치는 반생태적인 동물중심주의로서, 새로운 종류의 종차별주의의 오류를 범하고 있는 것으로 보인다.[212]

2) 이익평등고려원칙과 두 종류의 도덕적 의무

싱어의 동물해방론이 생태계의 균형과 조화를 깨트리게 된다는 필자의 이런 비판에 대해 최훈은 싱어의 입장을 지지하기 위해 필자에게 다음처럼 답할 것이다.

> 고통을 느끼지 못하는 식물은 자신이 다뤄지는 방식에 대해 신경 쓸 수가 없기 때문에 우리는 그런 존재를 그 자체로 도덕적으로 고려할 필요가 없다. 물론 이 말이 식물을 함부로 대해도 된다는 뜻은 아니다. 식물을 훼손하는 것은 간접적으로 인간이나 동물에게 영향을 끼칠 수 있으므로 우리는 식물에게 간접적으로 도덕적

---

212) Holmes Rolston III, "Respect for life: Courting what Singer Finds of no Account" (in; D. Jamieson. ed., *Singer and His Critics*, Blackwell Publishers LTD, 1999), 247쪽.

의무를 진다. … (중략) … 환경론자들 중에는 생태계나 종에 도덕적 지위가 있다고 주장하는 이들도 있다. 그러나 개체만이 도덕적 지위를 가질 수 있는 대상이다. 생태계는 직간접으로 도덕적 지위를 갖는 동식물의 총합일 뿐이다.[213]

최훈의 이런 입장에 대해 어떻게 평가할 수 있을까? 그의 입장을 제대로 평가하려면 우선 '직접적인 도덕적 의무'와 '간접적인 도덕적 의무'의 개념을 이해해야 한다. 최훈에 의하면, 인간은 고등동물들에 대해서는 직접적인 도덕적 의무를 진다. 필자는 이 두 가지 의무를 구분하는 최훈의 의도를 아래처럼 정리한다.

> 고등동물들은 쾌고감수능력을 가지고 있기에, 어떤 경우에든 **동물 그 자체를 위해서** 동물에게 고통을 주는 일을 해서는 안 된다. 따라서 특정 고등동물, 예컨대 천적이 없는 상태에서 멧돼지의 개체 수가 극단적으로 많아져 그것들이 삼림을 황폐화시키며, 방치할 경우 심각한 환경문제가 발생한다 하더라도 인간이 개입하여 인위적으로 개체 수를 조절하면 안 된다. 그러나 인간이 식물의 생명을 고려하는 것은 식물 그 자체를 위해서가 아니라, 식물이 동물과 인간의 이익을 실현하는 데 도움을 주기 때문이다. 식물에 대해서 인간은 간접적인 도덕적 의무만 갖고 있다는 말은 이런 의미이다. 고등동물들은 쾌고감수의 주체로서 인간의 이익을 위해 유린되지 말아야 할 그들 고유의 이익을 갖고 있다. 그러나 식물들은 쾌고감수능력의 주체가 아니기에 그런 이익을 갖고 있지 않다. 따라서 그들은 얼마든지 인간과 동물의 이익을 위해 수단적으로 사용될 수 있다.

동물이 직접적인 도덕적 지위를 갖는다는 것을 이런 식으로 이해한다 하더라도, 여전히 그 말은 이해하기 힘든 말이다. 식물이 가지는 도덕적 지위는 간접적인 도덕적 지위인데, '간접적'이라는 수식

---

213) 최훈, 『동물을 위한 윤리학』(고양: 사월의 책, 2015), 168쪽.

어가 앞에 붙은 이유는 그 지위가 인간에 의지해서 갖게 되는 지위이기 때문이다. 그렇다면 동물이 직접적인 도덕적 지위를 갖는다는 것은 동물이 가지는 도덕적 지위가 인간에 의지해서 갖게 되는 것이 아니라, 동물 스스로의 힘으로 갖게 되는 것이라는 것일 것이다. 그러나 여기에 어폐가 있다. 동물이 직접적인 도덕적 지위를 갖는다고 인정하는 주체는 동물이 아니고 인간이다. 결국 동물들은 자신들이 '직접적인 도덕적 지위'를 갖고 있음을 인간들을 통해 '간접적으로' 인정받고 있는 셈이다. 그러나 '인간을 통해 간접적으로 인정받은 직접적인 도덕적 지위'라는 말이 과연 말이 되는지는 심히 의심스럽다. 가령 인간보다 지적으로 우월하며 도덕을 갖고 있는 외계인이 지구를 침략하여 인간을 지배하여 인간을 그들 멋대로 다룬다고 가정해 보자. 이 경우, 인간은 자신들을 멋대로 다루는 외계인들을 향해, '너희들만 이성적인 존재가 아니고 너희들만 도덕적인 존재가 아니다. 우리에게도 이성과 도덕이 있으니, 우리를 물건 다루듯이 함부로 다루지 말라'고 항변했다고 해보자. 이 경우 인간은 자신의 도덕적 지위를 인식하고 있으며, 또 스스로의 힘으로 그 지위에 부합하는 권리를 내세우고 그 권리에 상응하는 의무를 외계인에게 요구할 수 있을 것이다. 그 외계인이 인간의 그런 권리를 인정해 주지 않는다면 우리는 외계인과 싸울 수도 있다. 이 경우 인간은 외계인들에게 그들이 인간을 '직접적인 도덕적 지위'를 가진 존재로 대우해주기를 요구하는 셈이다. 물론 그 외계인들이 칸트적인 정언명법의 신봉자라면, 인간을 함부로 다루지 않을 것이다.[214] 요컨대 필자

---

[214] 동물에게 간접적인 도덕적 지위만 인정하는 칸트를 사람들은 종차별주의자로 간주하기 쉬운데, 칸트는 인간종족중심주의자가 아님을 분명히 해둘 필요가 있다. 칸트에 의하면 자연의 체계 속에서의 인간, 즉 현상적 인간은 사소한 중요성만 가지며, 땅의 자손인 여타의 다른 동

가 말하고자 하는 바는 이것이다. 직접적인 도덕적 지위라는 것은
그 지위를 직접(스스로) 인지하고 그에 상응하는 권리를 요구하고

물들과 똑같은 가치를 가진다(I. Kant, *Metaphysik der Sitten*, in: Immanuel Kant Werkausgabe Bd. Ⅷ, hrgs., W. Weischedel, Suhrkamp Taschenbuch Verlag, 1982, 568쪽 참조). 싱어는 호모사피엔스라는 종의 유전적 특징을 가졌느냐 가지지 않았느냐 여부로 그 생명이 존엄하냐 존엄하지 않냐 하는 것을 결정하는 것을 인간 종족중심주의자라고 비난하는데, 칸트철학은 그 의도에서 봤을 때 싱어가 비난하는 그런 인간종족중심주의는 아니다. 칸트는 자신이 제시한 도덕법칙들은 인간 종에게만 적용되는 것이 아니라, 모든 이성적 존재 일반에 대해 적용될 수 있다고 생각했다(I. Kant, *Grundlegung zur Metaphysik der Sitten*, in: Immanuel Kant Werkausgabe Bd. Ⅶ, hrgs., W. Weischedel, Suhrkamp Taschenbuch Verlag, 1974, 63쪽 참조). 그러므로 외계인이 인간과 마찬가지로 자유로운 의지의 소유자로서 도덕적 존재라면, 그 외계인도 목적의 왕국의 구성원으로 간주되어야 하며, 그 외계인도 존엄성을 가진다고 생각했을 것이다. 만약 대형 유인원들 중에서 의지자유의 주체여서 도덕적 인격체인 존재가 있다면, 칸트는 그 유인원도 목적의 왕국의 성원으로서 존엄성을 갖는 존재로 인정되어야 한다고 말했을 것이다. 이런 점에서 본다면 칸트는 인간종족중심주의자가 아니라 도덕적 인격체중심주의자라고 말할 수 있겠다. 그리고 칸트에게 있어서 인격체가 된다는 것은 조셉 플레처가 소개하는 그런 특징들을 소유하는 것만으로는 부족하다. 그는 '인격성의 징표(indicator of humanhood)'라는 것의 목록을 제시하는데, 그 징표들로서 자의식, 자기통제, 미래감, 과거감, 타인과 관계 맺는 능력, 타인에 대한 관심, 의사소통, 호기심 등이 있다(P. Singer, *Practical Ethics*, 1979, 74-75쪽 참조). 그러나 칸트는 의지자유의 주체로서 자신의 행동에 책임을 질 수 있는 존재를 인격체로 간주한다. 자유의 주체인 인간에게만 도덕의 지평이 열리는 것이며, 그런 존재에게만 도덕적 지위라는 것이 주어진다. 칸트에 있어서 자유는 도덕법칙의 존재근거이기 때문이다. 따라서 자유가 없는 동물들에게는 도덕의 지평이 열리지 않으며, 그들은 도덕적 행위자가 아니다. 따라서 동물들은 직접적인 도덕적 지위를 가질 수가 없다. 싱어가 인간의 태아보다 그 생명이 더 소중하다고 주장하는 정상적인 성체 대형 유인원들이 설령 조셉 플레처가 말하는 인격성의 징표들을 다 가졌다면, 그들은 싱어나 플레처의 입장에서는 인격체로 간주될 수 있겠지만, 자유의지의 소유자가 아닌 한, 칸트의 입장에서는 인격체가 될 수 없다. 칸트의 인격체 개념과 플레처의 인격체 개념 중에서 어느 것이 더 올바른 것인가, 하는 문제가 제기될 수 있겠다. 싱어는 우리가 어떤 사람들을 향해 그(혹은 그녀)는 '참된 인간'이다거나 '참된 인간성'을 가졌다고 칭찬할 때, 우리는 그(혹은 그녀)가 앞서 언급된 인격성의 징표들을 다 갖고 있다는 뜻이라고 말한다(P. Singer, *Practical Ethics*, 1979, 74쪽 참조). 그러나 교도소에 복역 중인 수많은 범죄자들은 플레처가 말하는 인격체의 징표를 다 갖추었지만, 우리는 그들이 칭찬의 대상이라고 생각하지는 않는다. 칸트에 의하면 자유로운 행위주체는 인격체인데, 이때 '인격체'라는 말은 사실어이다. 그러나 자유로운 행위주체인 인격체가 도덕법에 부합하는 방식으로 자신의 자유를 올바로 행사할 수도 있고, 도덕법에 위반하는 방식으로 잘못 행사할 수도 있다. 이 경우 전자의 사람은 인격적이고 후자의 사람은 비인격적이다. 이 경우 '인격적'과 '비인격적'은 평가어이다. 이 경우 우리는 인격체로서의 인간에 대해 칭찬을 할 수도 있고 비난을 할 수도 있다. 이상과 같은 칸트의 인격체 개념을 채택할 때 칭찬과 비난의 행위가 설명될 수 있다. 그러나 플레처의 인격체 개념으로는 칭찬과 비난의 행위를 설명할 수가 없다. 앞서 언급했듯이 교도소에 복역 중인 살인자도 플레처가 말하는 인격성의 징표를 다 갖고 있으며, 익사 직전의 어린아이를 구출해낸 용감한 고등학생도 똑같은 인격성의 징표를 다 갖고 있기 때문이다. 인격성의 징표를 갖고 있다는 것은 칭찬거리도 비난거리도 아니다. 플레처가 말하는 인격체의 개념으로는 도덕현상을 설명할 수 없지만, 칸트의 인격체 개념은 도덕현상을 설명해 준다. 이런 이유에서 필자는 칸트의 인격체 개념이 옳다고 생각한다.

그에 상응하는 의무를 행할 수 있는 존재에게만 해당하는 말이라는 것이다. 그러나 동물들은 그렇게 하지 못한다. 자신의 도덕적 지위를 자기 자신을 통해서가 아니라, 다른 종을 통해서 인정받는 그 어떤 존재도 '직접적인 도덕적 지위'를 가질 수는 없다. 그러므로 동물은 '직접적인 도덕적 지위'를 가질 수가 없다. 혹여 동물들 중에서 칸트적인 의미의 의지자유의 주체인 도덕적 인격체가 있다면, 그 동물은 직접적인 도덕적 지위를 갖는 것이 될 것이다. 그 동물의 언어를 충분히 해독할 수 있다면, 아마 그 동물은 앞서 언급한 가상의 예에서 인간들이 외계인들에게 항변한 것과 같은 항변을 하고 있을지도 모른다. 그러나 현재까지는 지구상에는 인간 이외에는 동물들 중에서 의지자유의 주체인 도덕적 인격체가 존재하지 않는다는 것이 상식이다. 종종 신문지상에서 자기가 기르던 애완견에게 유산을 상속한다는 이야기가 보이지만, 개나 고양이나 어떤 다른 고등 유인원들도 재산을 상속받거나 재산권을 행사할 수는 없다. 만약 고등동물들이 직접적인 도덕적 지위와 권리를 갖는다고 해 보자. 그렇게 되면 우리 사회의 법체계는 엄청난 혼란에 직면하게 될 것이다. 동물들에게도 정당방위라는 이름의 자기방어권을 인정해야 할 것이다.

필자가 보기에 식물이건 동물이건 만약 그들이 도덕적 지위를 갖는다면 그 지위는 모두 간접적인 것일 뿐이다. 최훈처럼 동물들은 직접적인 도덕적 지위를 갖지만 식물들은 간접적인 도덕적 지위를 갖는다는 방식으로 도덕적 지위를 구분하는 것은, 단지 쾌고감수능력이 있는 동물들을 대하는 방식과 그것을 갖지 못한 식물들을 다루는 방식의 구분을 촉구하는 말 이상의 의미를 가질 수 없다고 생각한다. 문제는 생태계 전체가 직접적인 도덕적 지위를 가지고 있는 생명체들, 예컨대 정상적인 성인 인간들의 이익과 연결되어 있으므로, 돌멩이, 바람, 파도, 오존층 등등 무생물들조차 포함된 생태계 전체가 간접적인 도덕적 지위를 갖게 된다는 것이다. 이를 인정하는 순간에 최훈 역시 싱어와 마찬가지로 생태계 전체의 유기적 통합성을 인정하는 것이 되며, 결국 개체론적 환경윤리를 포기하지 않을 수 없게 된다. 따라서 생태계의 균형과 조화와 안정성을 위하여, 개체 수가 늘어난 멧돼지는 그 수를 조절해야 하며, 결국 쾌고감수능력만을 고려한 동물해방의 윤리학을 포기해야 한다는 것이다.

인간을 포함한 모든 동물들이 고통을 회피하고 쾌락을 추구하기에, 동물과 인간을 동일 차원에 놓고 평등하게 쾌락과 고통을 계산해서 대해 주어야만 종차별주의의 잘못을 피할 수 있다는 것이 싱어의 주장이다. 그러나 인간만이 이 지구상에서 생태계 전체의 메커니즘을 걱정하는 존재이다. 심지어 인간은 지구와 혜성의 충돌로 초래될 수 있는 전 지구적 차원의 생태계 재앙을 방지하기 위한 프로젝트도 구상하는 존재이다. 침팬지도 사자도 개코원숭이도 그런 걱정을 하지 않는다.[215] 인간은 단지 고통을 피하고 쾌락을 추구하기만 하는 그런 존재가 아니다. 인류의 복지, 더 나아가서 싱어 자신이 그런 모범을 보여주듯이 동물들의 복지를 위한 일이라면, 고통스럽더라도 힘든 일을 감내한다. 그러므로 당연히 인간의 이익은 동물들의

---

215) 칸트에 있어서 오성(Verstand)과 이성(Vernunft)은 구분되는데, 오성은 가능한 경험세계의 **한계 내에 갇혀서** 사유하는 제약된 사유능력이라면, 이성은 그 한계를 넘어서서 그 세계와 거리를 두고, **그 세계 바깥에서** 그 세계의 근거이유까지 사유하는 능력이다. 즉 무제약자를 추구하는 사유능력이다. 그러므로 칸트에게 있어서 이성은 총체성을 사유하는 능력이다(문성학, 『인식과 존재』, 서울: 서광사, 1991, 25쪽 참조). 고등동물들의 사고능력을 오성의 능력이라고 한다면, 인간의 사고능력은 이성의 능력이라고 할 수 있다. 이 구분은 중요한 의미를 지니는데, 인간의 사유능력과 동물의 사유능력 간의 질적인 차이를 제시하기 때문이다. 우주의 기원과 존재의 신비를 해명하려는 동물이 발견되지 않는 이유도 여기에 있다.

이익과 같은 차원에 놓일 수 없다. 싱어의 이익 개념에는 두 가지가 빠져 있다. 생태계의 균형에 필수적인 식물들이나 미생물들을 포함한 하등동물에 대한 관심과 생태계의 균형을 걱정해야 하는 인간의 관심이 빠져 있다. 말하자면 싱어의 이익 개념은 싱어 자신이 주장하듯이, 어느 정도 생태친화적이지만, 근본적으로는 반(反)생태적 개념이다.216) 우리는 싱어의 이익평등고려원칙에 근거하여 모든 동물들의 씨를 말리는 파괴행위에 거리낌 없이 가담할 수도 있다. 유아의 앙증맞고 귀여운 모습에서 생겨나는 감정조차도 무시하기를 권유하면서 유아살해를 정당화하는 싱어의 입장에서는 모든 동물들의 갓 태어난 새끼들을 죽이는 것에는 아무런 도덕적 문제가 발생하지 않을 것이기 때문이다.

Ⅲ. 이익평등고려의 원칙과 실천 가능성

싱어의 이익평등고려원칙을 해외원조의 문제에 적용시키면서, 그는 다음의 비근한 예를 사용한다.217) 강의를 들으러 가다가 학교 연못에 어떤 어린아이가 빠져서 허우적대는 것을 발견했다고 하자. 내가 강의를 포기하고 그 아이를 구하는 것이 마땅하다는 것을 누가 부정할 수 있겠는가? 내가 아이를 구해야만 한다는 판단을 지지하는 설득력 있는 원칙은 다음과 같다. 즉 만약 어떤 사람에게 매우 나쁜 일이 일어나는 것을 방지할 수 있는 힘을 우리가 갖고 있고, 그 일을

---

216) 김일방도 이 점을 정확하게 지적하고 있다(김일방, 「피터 싱어의 동물해방론 비판」, 대한철학회, 『철학연구』 제84집, 2002.11., 236쪽 참조).

217) P. Singer, *Practical Ethics*(1979), 168쪽 이하 참조.

방지함으로써 그 일에 상응하는 도덕적 중요성을 가진 다른 일이 희생되지 않는다면, 우리는 그렇게 해야만 한다는 것이다. 그런데 이 원칙은 연못에서 아이를 구하는 그런 드문 상황에만 적용될 것이 아니라, 절대빈곤에 처한 사람들을 도울 수 있는 그런 일상적인 상황에도 적용될 수 있다. 이런 관점에서 생각한다면 원조는 반드시 행해야 할 하나의 의무가 된다. 원조의 의무를 지지하는 논증은 다음과 같다.

첫 번째 전제: 만약 우리가 상당히 중요한 어떤 일을 희생시키지 않고서도 어떤 나쁜 일을 막을 수 있다면, 우리는 그것을 해야만 한다.
두 번째 전제: 절대빈곤은 나쁘다.
세 번째 전제: 상당히 중요한 다른 일을 희생시키지 않고서도 우리가 막을 수 있는 어떤 절대빈곤이 있다.
결   론: 우리는 그 절대빈곤을 막아야 한다.[218]

싱어는 빈민국가의 많은 사람들의 생명을 구할 수 있는 거액의 돈으로 사치품을 사는 사람, 사치품 구입의 동기가 자기과시임에도 불구하고, 그 행위는 사람을 죽이는 일이라고 생각한다.[219] 사치품을 사는 것은 그 사람들을 '죽도록 내버려두는 것'인데, 싱어에 의하면, '죽도록 내버려두는 것(allowing to die)'과 '죽이는 것(killing)'은 같은 것이다.[220] 그는 결과주의자이다. 싱어는 '사람을 죽이지 말라'는 부정적으로 표현되는 도덕적 명령은 그에 상응하는 긍정적으로 표현되는 도덕적 의무, 다시 말해서 '우리가 할 수 있는 한, 우리는 사람

218) P. Singer, *Practical Ethics*(1979), 169-170쪽.
219) P. Singer, *Practical Ethics*(1979), 165쪽 참조.
220) P. Singer, *Practical Ethics*(1979), 164쪽 참조.

의 생명을 구해야 한다'는 명령을 함축하는 것으로 생각한다. 살인을 피하는 것은 그다지 어려운 일이 아닌 반면, 구할 수 있는 모든 생명을 구하는 것은 대단히 어려운, 어떤 점에서는 불가능한 일이다. 그러나 그 사실이 우리가 사람을 죽이지 않는 것으로 만족해도 된다는 것을 보여주지는 못한다.221) 물론 우리는 사람을 죽이지 않는 것으로 만족해서는 안 된다. 그렇다고 우리가 구할 수 있는 모든 생명을 구해야만 도덕적인 인간이 된다고 말해서도 안 될 것이다. 만약 그렇게 말한다면, 우리 모두는 비도덕적인 인간이 될 것이다. 그뿐만 아니라 동물의 이익까지 도덕적 고려의 대상이라고 굳게 믿고 있는 싱어의 입장에서는 자연 상태에서 죽어가는 수많은 동물들의 생명을 구하기 위해서 애쓰지 않으면 안 될 것이다. 우리는 아프리카에서 강을 건너다가 죽어가는 수많은 윌드 비스트(누)들이 죽도록 내버려 두어서는 안 되며, 부상당한 가젤이 죽도록 내버려 두어서도 안 될 것이다.222) 그러나 이야기가 이쯤 전개되면 이는 도저히 지킬 수 없는 도덕적 명령이 된다.223) 싱어가 해외원조의 의무를 논증할 때 사용했던 논증방

---

221) P. Singer, *Practical Ethics*(1979), 167쪽 참조.

222) 실제로 동물권리론 진영의 일부 학자들은 포식자들이 그들의 먹이에 가하는 고통을 핑계로 포식자들을 제거하는 것을 찬성하기도 한다. C. R. Sunstein & M. C. Nussbaum(eds.), *Animal Right: Current Debates and New Directions*, (Oxford University Press, 2004), 179쪽 참조.

223) 싱어는 『동물해방론』 말미에서 자신의 동물해방론에 대해 동물들은 서로가 서로를 잡아먹는데 왜 인간은 동물을 먹어서는 안 되는가, 하는 물음이 제기될 것이라고 말하면서, 이에 대해 우리는 동물들 간에 서로 잡아먹는 자연에 대해서는 간섭하지 말자고 한다(P. Singer, *Animal Liberation*, 226쪽 참조). 그러나 지구상에 있는 고통의 총량을 줄이고 쾌락의 총량을 극대화하는 것을 윤리적 의무로 간주한다는 공리주의자가 동물들 간에 발생하는 목전의 고통을 줄이지 않는 것은 의무를 저버리는 것이 될 것이다. 그뿐만 아니라 싱어는 동물해방에서 "어떤 경우건, 이 책에서 논증되고 있는 결론들은 오로지 고통을 최소화해야 한다는 원리로부터 도출된다"(*Animal Liberation*, 21쪽)라고 말한다. 그러나 우리가 공리주의를 받아들이면, 지구상에 있는 동물들의 '고통을 최소화하는' 노력만으로는 부족하다. 우리는 '지구상에 있는 동물들의 쾌락을 최대화하는 노력도 해야 한다.

식을 변용해서 동물에게 적용해 보자.

첫 번째 전제: 만약 우리가 상당히 중요한 어떤 일을 희생시키지
않고서도 어떤 나쁜 일을 막을 수 있다면, 우리는
그것을 해야만 한다.
두 번째 전제: 쾌고감수능력이 있는 동물들이 고통을 당하는 것은
나쁘다.
세 번째 전제: 상당히 중요한 다른 일을 희생시키지 않고서도 우
리가 막을 수 있는 어떤 동물들의 고통이 있다.
결   론: 우리는 그 동물들의 고통을 막아야 한다.

거리를 떠돌아다니는 길고양이들의 처지를 불쌍히 여겨 그들에게
먹이를 제공하는 소위 '캣맘'[224]들은 이 결론에 부합하는 행동을 하
는 사람들로 간주될 수 있을 것이다. 그러나 문제는 이 논증의 결론
은 우리들 중의 일부만이 캣맘처럼 행동하기를 권유하는 것이 아니
라는 것이다. 그 결론은 우리 **모두가** 그렇게 행동해야 한다는 것이
다. 그러나 그렇게 할 수가 없을 뿐만 아니라, 그렇게 하는 것이 과
연 바람직한 것인지도 의문이다.

왜 싱어는 우리가 도저히 지킬 수 없는 도덕적 명령에 따라야 한
다는 결론에 도달하게 되었는가? 그 이유는 두 가지가 있다. 그중
이익평등고려원칙과 연관된 한 가지 이유에 대해서만 이 자리에서
고찰할 것이다.[225] 싱어는 자신이 주장하는 원조의 의무에 대하여

---

224) 거리의 고양이들에게 먹을 것을 제공하는 나이 든 여성들.

225) 싱어 스스로도 인지하고 있듯이(*Practical Ethics*, 1979, 180쪽 참조) 그가 제시하는 윤리적
의무론의 심각한 문제점은 의무의 기준을 과도하게 높게 잡아 사람들이 그 기준을 충족시킬
수 없다는 것이다. 그렇게 된 또 다른 이유는, 그가 '동기가 같다면 죽이는 것과 죽도록 내버
려두는 것은 동일하다'는 조건적 명제를 '죽이는 것과 죽도록 내버려두는 것은 동일하다'는
무조건적 명제로 만든 뒤, 이처럼 동기를 빼버린 불법적인 결과론적 명제에 의거해서 도덕적
의무를 설명하려 하기 때문이다. 필자는 이 두 번째 문제에 대해서는 이 자리에서는 이 정도
로만 언급하고자 한다.

있을 법한 반론 중의 하나로 다음의 반론을 소개한다.

> 해외 원조를 늘리기 위하여 일하는 어떤 사람이든 우연히 다음과
> 같은 논쟁, 즉 멀리 떨어진 가난을 걱정하기에 앞서 우리 가까이
> 에 있는 사람들, 우리 가족들, 그다음에 우리나라의 가난한 사람
> 을 돌봐야 한다는 논쟁을 만날 수 있다.226)

이런 반론에 대해 그는 다음처럼 답변한다.

> 만약 흑인들이 백인들보다 음식을 더 필요로 하고 있음에도 불구
> 하고 백인에게 우선권을 주는 것은 이익평등고려원칙을 위배하는
> 것이 된다. 국적이나 시민권에 대해서도 같은 말을 할 수 있다. 모
> 든 풍요로운 나라에도 상대적으로 가난한 약간의 시민은 존재한다.
> 그러나 절대빈곤은 주로 가난한 나라에 한정된다. … (중략) … 이
> 런 상황에서 우리 사회의 시민이 될 정도로 운 좋은 사람들만이
> 우리의 풍요로움을 나누어 갖도록 결정하는 것은 잘못된 일이 될
> 것이다.227)

이익평등고려원칙에 따르면, 쾌고감수능력이 있는 모든 인간과
동물들은 고통을 받지 않고 즐거움을 향유할 이익을 가진다. 그리고
그 이익은 동등하게 고려되어야 한다. 그런데 절대풍요를 누리는 부
자 나라 사람들에게는 하찮은 재화가 절대빈곤의 상태에 있는 가난
한 나라의 사람들에게는 생명을 구하는 귀중한 재화가 될 수 있다.
이익평등고려원칙에 의하면, 그 재화를 부자 나라 사람이 가지는 것
은 가난한 나라 사람들의 커다란 이익보다 부자 나라 사람들의 조그
만 이익을 더 중시하는 것이 된다. 이는 이익평등고려원칙에 위배되

---

226) P. Singer, *Practical Ethics*(1979), 171쪽.
227) P. Singer, 앞의 책(1979), 171-172쪽.

는 일이다. 이뿐만 아니라 원조는 지구상에 존재하는 즐거움의 총량을 증가시킨다는 점에서 공리주의적으로 선한 행위이다. 경제학에서 말하는 한계효용체감의 법칙에 의하면, 세계적 갑부인 빌 게이츠에게 10억 달러의 재산이 늘어나거나 줄어드는 것은 그에게 큰 기쁨이나 고통을 주지 않겠지만, 하루하루 먹을 것을 걱정해야 하는 처지의 극빈자에게 그 돈은 엄청난 기쁨을 줄 것이다. 최대다수의 최대행복을 고려해야 한다는 공리주의의 입장에서 보면, 빌 게이츠는 자신의 재산 대부분을 극빈자들에게 나누어주어야 한다. 빌 게이츠로부터 재산을 기부 받은 극빈자들도 자신의 재산 중 일부를 자신이 소유하는 것보다 다른 사람이 가지면 더 큰 즐거움을 산출할 경우, 그 일부의 재산을 다시 그에게 기부해야 한다. 마치 큰 호수에서 높은 파도가 주변으로 퍼지면서 거울처럼 편편해질 때까지 퍼져가듯이, 공리주의적 이익평등고려원칙에 의하면 전 세계인의 이익이 완전히 평등해질 때까지 원조 행위가 지속되어야 한다.

통상 우리는 우리 삶의 제한된 반경 내에서 약간의 희생을 무릅쓰고 가급적 곤경에 처한 남을 도와야 한다고 생각한다. 그러나 싱어가 제시한 이 논증은 우리 삶의 무제한한 범위에서 어느 정도의 희생을 무릅쓰고 반드시 남을 도와야 할 의무가 있음을 주장한다. 왜 '가급적' 해야 할 일이 '반드시' 해야 할 일로 바뀌는가? 굶주림에 처한 사람을 돌보지 않는 것은 살인이 되기 때문이다. 정말로 우리가 싱어의 주장대로 한다면 우리의 삶과 세계는 근본적으로 바뀔 것임이 분명하다. 그렇다면 우리는 싱어의 제안에 따르기로 해 보자. 우리는 당장 어떻게 행동해야 하는가? 나는 200만 원짜리 에어컨을 사려고 했던 계획을 포기하고 그 돈을 소말리아에 보내야 할 것이다. 나는 에어컨이 없어도 인간다운 삶을 유지하는 데 별문제가 없지만, 그 돈은 소말리아 사람의 절대빈곤을 막는 데 매우 커다란 역할을 할 것이기 때문이다. 그다음에 나는 출퇴근용으로 몰고 다니는 자동차를 처분해야 할 것이다. 자동차 역시 인간다운 삶을 위해 결정적으로 중요한 것은 아니다. 그다음에 나는 살인죄를 저지르지 않기 위해서는 지금 내가 살고 있는 아파트의 규모를 줄여야 할 것이다. 내가 20평짜리 아파트에 자동차나 에어컨이 없이 산다고 해서 인간다운 삶을 살지 못하는 것도 아니고 내가 몸담고 살고 있는 공동체 내에서의 책임을 다하지 못하는 것도 아니기 때문이다. 중요한 것은 살인을 하지 않는 것이다. 과연 사람들이 이렇게 해야만 하는 것이 약속을 지키고 거짓말을 하지 말아야 하는 것과 같은 종류의 도덕적 의무라고 말할 수 있는가? 물론 누군가가 그렇게 한다면 우리는 그가 불필요한 일을 하고 있다고 말해서는 안 된다. 그렇게 하는 것은 대단한 용기와 결심을 필요로 하는 바람직한 일이다. 이 사실을 우리는 부정해서는 안 된다. 그럼에도 불구하고 우리는 그렇게 하는 것이 약속을 지키는 것과 같은 종류의 도덕적 의무라고 말해서는 안 된다.

싱어는 자신이 제시하는 의무의 기준을 충족시키는 것이 너무 이상적이어서 실천하기 어렵다는 점을 인정하면서 현실적인 타협안을 제시한다. 그 안에 의하면, 과도한 재산을 기부하는 것은 너무 부담스럽고, 동전 몇 개를 던지는 것은 너무 낮다. 동전 기부보다는 많고 성자만 할 수 있는 것보다는 적은, 수입의 10%를 기부하기를 제안한다.228) 그러나 우리는 얼마를 기부할 것인가, 하는 문제로 정치적 협상을 하는 상황이 아님을 기억할 필요가 있다. 학자가 자신의 논리를 일관되게 밀고 나가야 하는 책에서 이런 타협안을 제안한다는 것 자체가 자신의 원칙을 포기하는 일이 될 것이다. 싱어는 절대풍요의 삶을 누리는 선진국의 시민들이 절대빈곤의 삶을 살아가는 후진국 빈민들에게 원조를 하지 않는 것은 살인 행위라고 주장한다. 그러면 수입의 10% 이하를 기부하면 살인이 되고, 10% 정도를 기부하면 살인을 면하는 것이 된다는 말이 되는데, 이것이 이치에 닿는 말인지 심히 의심스럽다.

우리는 이 시점에서 『도덕형이상학원론』에서 의무를 네 가지로 나누고 있는 칸트의 견해를 살펴볼 필요가 있다. 칸트에 의하면 의무를 크게 네 가지로 구분한다. 의무의 대상이 내 자신이냐 타인이냐에 따라, 1. 우리 자신에 대한 의무와, 2. 타인에 대한 의무가 있으며, 의무의 예외를 허용할 수 있느냐 없느냐에 따라, 3. 완전한 의무와(허용할 수 없는 경우), 4. 불완전한 의무가 있다. 칸트는 '완전한 의무'를 "경향성(Neigung)의 이익을 위한 그 어떤 예외도 허용하지 않는 의무"로 정의한다. 그런데 칸트는 약속은 반드시(예외 없이) 준수되어야 한다고 생각하므로, 약속은 타인에 대한 완전한 의무가 된다. 이런 식으로 조합하면 우리는 다음과 같은 네 종류의 의무를 가지게 된다. 1. 자신에 대한 완전한 의무, 2. 자신에 대한 불완전한 의무, 3. 타인에 대한 완전한 의무, 4. 타인에 대한 불완전한 의무가 그것이다.229) 완전한 의무는 그것을 수행하지 않는 것이 악한 일이 되는 그런 의무로서 칸트는 그것을 '협의의 의무'로 혹은 '법의무'로

---

228) P. Singer, *Practical Ethics*(1979), 181쪽 참조.

229) I. Kant, *Grundlegung zur Metaphyssik der Sitten* (in: Immanuel Kant Werkausgabe, Bd. Ⅶ, hrsg. W. Weischedel, Frankfurt, SuhrKamp, 1982), 52-54쪽 참조.

부르기도 한다.230) 불완전한 의무는 그것을 행하는 것이 공적(功積)이 되기는 하지만 그것을 행하지 않는 것이 범죄가 되는 것은 아닌 그런 의무다. 그러므로 불완전한 의무는 오로지 덕의무일 뿐이다. 예컨대 자선은 불완전한 의무다. 칸트는 이런 의무를 '광의의 의무' 혹은 '윤리적 의무'로 부르기도 한다. 거짓 약속은 타인에 대한 완전한 의무를 위반하는 것이 된다. 칸트의 이런 의무구분론에 의하면 굶어 죽어가는 소말리아 사람에게 원조를 하는 것은 타인에 대한 불완전한 의무다. 싱어는 이 불완전한 의무를 죽이는 것은 죽도록 내버려 두는 것과 동일한 것이라는 잘못된 주장에 의거하여 칸트가 말하는 완전한 의무로 만들고 있다. 불완전한 의무는 우리가 그 의무가 명령하는 것을 '가급적' 하기를 권유하지, '반드시' 해야만 한다고 명령하지 않는다. 물론 우리 모두가 도덕적 영웅이 될 수 있다면 얼마나 좋겠는가? 그러나 싱어의 입장으로는 우리는 도덕적 영웅이 되거나 살인자가 되거나 둘 중의 하나가 될 수밖에 없다는 데 문제가 있다. 우리는 도덕적 영웅이 되지 못하면 살인자가 될 수밖에 없다는 것은 얼마나 불합리하고 비참한 일인가? 내가 생활의 편리함을 위해 차를 몰고 다니는 것은 소말리아 사람을 죽이는 살인 행위가 된다는 것은 아무래도 지나친 주장이다. 싱어의 주장을 진지하게 받아들이면, 우리는 일상의 삶에서 끊임없이 살인강박증에 시달리게 될 것이다. 한 편의 영화를 관람하거나 한 편의 연극을 보거나 혹은 한 벌의 옷을 사면서도 우리는 이렇게 자문해야 한다. 과연 이런 것들이 내게 매우 중요한 것인가? 내가 영화를 보고 연극을 보고 옷을

---

230) I. Kant, *Metaphyssik der Sitten* (in: Immanuel Kant Werkausgabe, Bd. Ⅶ, hrsg. W. Weischedel, Frankfurt, SuhrKamp, 1982), 520쪽 참조.

사는 대신에 그 돈을 세계적 빈민구제기관인 옥스팜(Oxfam)에 보내야 하는 것이 아닌가? 그래야만 나는 살인을 면하는 것이 아닌가? 이런 불합리를 모면하기 위해 수입의 10% 기부론을 제시하지만, 이는 싱어 자신의 이론에 허점이 있음을 보여주는 궁색한 제안에 불과하다. **이익평등고려원칙에서 파생된 주장, 즉 '죽이는 것'과 '죽도록 내버려 두는 것'은 도덕적으로 중요한 아무런 차이를 만들지 못한다는 주장을 일관되게 밀고 나가면, 우리는 동물해방론자가 되든지 아니면 동물살해자가 되든지 둘 중의 하나가 되어야 한다.**

Ⅳ. 맺음말

지금까지의 논의를 요약할 필요가 있겠다. 싱어의 이익평등고려원칙은 문제가 많은 것임이 드러났다. 첫째로, 싱어가 '이익평등고려원칙'에서 말하는 이익의 개념은 인간이나 동물의 쾌고감수능력에만 초점을 맞추고 있어서, 그 개념으로는 식물이나 미생물, 산과 강과 같은 자연을 포괄하는 생태계 전체의 조화와 건강성을 설명할 수가 없다. 둘째로, 쾌고감수능력이 있는 생명체의 이익은, 그 생명체가 인간이건 동물이건 평등하게 고려해 주어야 하며, 그런 능력을 가진 생명체의 쾌락을 극대화시키는 것이 윤리적 의무라는 싱어의 주장은 실천할 수 없는 윤리적 요구이다.

공리주의자로서 싱어는 고통을 싫어한다. 이 세상에서 쾌고감수능력이 있는 생명체의 고통을 극소화하고 쾌락을 극대화하는 것이 윤리적으로 옳은 일이라고 생각한다. 이는 누구나 인정할 수 있을 법한 사상이다. 그러나 싱어는 이런 상식에서 출발하여 다 자란 새우는 3개월 이전의 태아보다 더 소중하다는 비상식적인 주장으로 나아간다. 왜 이렇게 되는가? 그 이유는 세상의 고통을 줄이는 것은 바람직한 것일 수 있지만, 도덕의 관심은 고통을 없애는 것에만 국한되지 않기 때문이다. 벤담은 인간을 지배하는 두 군주는 쾌락과 고통이라고 했다. 그러나 인간을 지배하는 두 군주는 의미와 무의미이다. 우리는 의미 있는 일이라면 고통스럽더라도 참고 행한다. 그러나 무의미한 일이라면 즐겁더라도 멀리한다. 무엇보다도 **고통을 제거한 채로 생태계를 설명하는 것은 불가능하다.** 어떤 측면에서 보면 생태계는 고통의 구조물이다. 인간의 삶도 마찬가지이다. 고통을 제거한 채로 인생을 설명하는 것도 불가능하다. 우리의 삶을 지배하는 두 군주는 쾌락과 고통이 아니라, 의미와 무의미이다. 다시 말해서 우리는 즐거움이 가득한 삶만을 추구하고 고통스러운 삶을 회피하는 게 아니라, 쾌락이 가득하더라도 무의미한 삶을 경멸하고 고통스럽더라도 의미 있는 삶을 추구한다. 우리가 어떤 행위를 할 때 도덕적 차원에서 고려해야 할 많은 요인들이 있는데, 고통은 그중의 하나일 뿐이다. 그러나 벤담의 추종자로서 싱어는 고통을 고려해야 할 전부라고 생각한다. 바로 그 때문에 벤담과 마찬가지로 불구아나 병든 아기를 살해하는 것을 정당화하게 되고, 바로 그 때문에 그는 독일의 장애인 협회로부터 독일 입국을 거부당했던 것이다. 그의 윤리관은 벤담의 윤리관이 보여주는 잘못을 그대로 답습하고 있다. 이 점에서 공리주의자들은 다음처럼 말한 니체의 통찰에 미치지 못하고 있다. "고통은 삶의 의미를 배가시킨다."

참고문헌

고미숙, 『채식주의를 넘어서』, 서울: 푸른세상, 2011.

김명식, 「산업형 농업시대의 동물윤리」, 한국환경철학회, 『환경철학』 18권, 2014.

김성환, 『동물인지와 데카르트 변호하기』, 서울: 지식노마드, 2016.

김성한, 「피터 싱어의 윤리체계의 일관성」, 새한철학회 논문집, 『철학논총』 제70집, 2012.

_____, 「피터 싱어의 동물해방론」, 고려대학교 철학연구소, 『철학연구』 22권, 1999.

김영철, 『윤리학』, 개정판, 서울: 학연사, 1994.

김일방, 「피터 싱어의 동물해방론 비판」, 대한철학회, 『철학연구』 제84집, 2002.11.

문성학, 「싱어의 동물해방론에 대한 비판: 이익 평등고려의 원칙을 중심으로」, 새한철학회, 『철학논총』 84집, 2016.

_____, 「환경윤리의 관점에서 본 피터 싱어의 이익평등고려원칙」, 범한철학회, 『범한철학』 81집, 2016.

_____, 「동물해방과 인간에 대한 존중(I); 피터 싱어의 이익평등고려원칙 비판」, 새한철학회, 『철학논총』 84집, 2016.

_____, 『인식과 존재』, 서울: 서광사, 1991.

_____, 『철학과 삶의 의미』, 대구: 새빛출판사, 2019.

_____, 『현대사회와 윤리』, 대구: 새빛출판사, 2018.

변순용 외 공저, 『음식윤리』, 서울: 어문학사, 2015.

이동진, 『채식주의가 병을 부른다』, 서울: 이상미디어, 2014.

이병욱, 「인도종교에 나타난 동물존중태도」, 박상언 엮음, 『종교와 동물 그리고 윤리적 성찰』, 서울: 모시는사람들, 2014.

이채리, 「코헨의 종차별 옹호 논쟁은 옳은가?」, 범한철학회, 『범한철학』 제77집, 2015년 여름호.

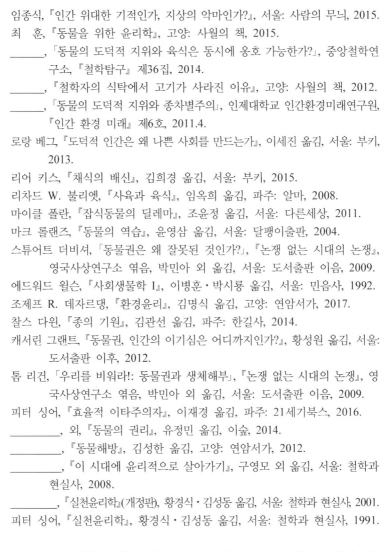

임종식, 『인간 위대한 기적인가, 지상의 악마인가?』, 서울: 사람의 무늬, 2015.

최 훈, 『동물을 위한 윤리학』, 고양: 사월의 책, 2015.

_____, 「동물의 도덕적 지위와 육식은 동시에 옹호 가능한가?」, 중앙철학연구소, 『철학탐구』 제36집, 2014.

_____, 『철학자의 식탁에서 고기가 사라진 이유』, 고양: 사월의 책, 2012.

_____, 「동물의 도덕적 지위와 종차별주의」, 인제대학교 인간환경미래연구원, 『인간 환경 미래』 제6호, 2011.4.

로랑 베그, 『도덕적 인간은 왜 나쁜 사회를 만드는가』, 이세진 옮김, 서울: 부키, 2013.

리어 키스, 『채식의 배신』, 김희경 옮김, 서울: 부키, 2015.

리차드 W. 불리엣, 『사육과 육식』, 임옥희 옮김, 파주: 알마, 2008.

마이클 폴란, 『잡식동물의 딜레마』, 조윤정 옮김, 서울: 다른세상, 2011.

마크 롤랜즈, 『동물의 역습』, 윤영삼 옮김, 서울: 달팽이출판, 2004.

스튜어트 더비셔, 「동물권은 왜 잘못된 것인가?」, 『논쟁 없는 시대의 논쟁』, 영국사상연구소 엮음, 박민아 외 옮김, 서울: 도서출판 이음, 2009.

에드워드 윌슨, 『사회생물학 I』, 이병훈·박시룡 옮김, 서울: 민음사, 1992.

조제프 R. 데자르댕, 『환경윤리』, 김명식 옮김, 고양: 연암서가, 2017.

찰스 다윈, 『종의 기원』, 김관선 옮김, 파주: 한길사, 2014.

캐서린 그랜트, 『동물권, 인간의 이기심은 어디까지인가?』, 황성원 옮김, 서울: 도서출판 이후, 2012.

톰 리건, 「우리를 비워라!: 동물권과 생체해부」, 『논쟁 없는 시대의 논쟁』, 영국사상연구소 엮음, 박민아 외 옮김, 서울: 도서출판 이음, 2009.

피터 싱어, 『효율적 이타주의자』, 이재경 옮김, 파주: 21세기북스, 2016.

_____, 외, 『동물의 권리』, 유정민 옮김, 이숲, 2014.

_____, 『동물해방』, 김성한 옮김, 고양: 연암서가, 2012.

_____, 『이 시대에 윤리적으로 살아가기』, 구영모 외 옮김, 서울: 철학과 현실사, 2008.

_____, 『실천윤리학』(개정판), 황경식·김성동 옮김, 서울: 철학과 현실사, 2001.

피터 싱어, 『실천윤리학』, 황경식·김성동 옮김, 서울: 철학과 현실사, 1991.

Arneson R. J., "What, if anything, renders all humans morally equal?" in: D. Jamieson, ed., *Singer and His Critics*, Blackwell Publishers Ltd, 1999.

Baggini J., *The Virtues of the Table: How to Eat and Drink,* Granta, 2014.

Bentham J., *Introduction to the Principles of Moral and Legislation,* New

York, Prometheus Books, 1988.

Cavalieri P. & Singer P., (eds.) *The Great Ape Project: Equality beyond Humanity,* New York, St. Martin's Griffin, 1993.

Cohen C. & Regan T., *The Animal Right Debate,* New York, Rowman & Littlefield Publishers, Inc., 2001.

_____, "The Case for the Use of Animals in Biomedical Research", *New England Journal of Medicine*, Vol. 315: issue 14, October 2, 1986.

Cohen C., "The Case for the Use of Animal in Biomedical Research", *The New England Journal of Medicine,* 315, 1986.

Crisp R., "Utilitarianism and Vegetarianism", *International Journal of Applied Philosophy* 4, 1988 *Ethics for Everyday,* David Benatar ed., Mcgraw-Hill, 2002.

Curnutt J., "A New Argument for Vegetarianism", in: *Ethics for Everyday*, David Benatar ed., Mcgraw-Hill, 2002.

Darwin, C., *The Origin of Species*, in: Great Books of the Western World Vol. 49, Chicago, Encyclopedia of Britannica, Inc., 1990.

Dennet, D. C., *Consciousness Explained*, New York, Back Bay Books, 1991.

Garner R., *A Theory of Justice for Animal: Animal Right in a Nonideal World* (Oxford University Press, 2013.

Hare R. M. 'Why I am only a Demi-vegetarian', in *Singer and his Critics,* Dale Jamieson(ed.), Blackwell Publishers Ltd, 2000.

Holmes B., "Veggieworld: Why Eating Greens Won't Save the Planet", *New Scientist,* issue 2769, 2010. 7. 20.

Hopkins P. D. & A. Dacey, "Vegetarian Meat: Could Technology Save Animals and Satisfy Meat Eaters?", *J Agric Environ Ethics*, 2008.

Jamieson D.,(ed.), *Singer and His Critics*, Blackwell Publishers Ltd, 1999.

Jonas, H., *Das Prinzip der Verantwortung,* Frankfurt am Mein, Insel Verlag, 1984.

Joy M., *Why We loves Dog, eat Pigs and wear Cows,* Conari Press, 2011.

Kant I., *Metaphysik der Sitten*, in: Immanuel Kant Werkausgabe Bd. Ⅷ, hrgs., W. Weischedel, Suhrkamp Taschenbuch Verlag, 1982.

Kant I., *Grundlegung zur Metaphysik der Sitten*, in: Immanuel Kant Werkausgabe Bd. Ⅶ, hrgs., W. Weischedel, Suhrkamp Taschenbuch Verlag, 1974.

LaFollette H. and N. Shanks, *Brute Science: Dilemmas of Animal Experimentation, London,* Routledge, 1996.

Locke J., *An Essay Concerning Human Understanding,* Oxford, Oxford University Press, 1975.

Marin N., *Vegetarianism: The History and Different Types of Vegetarianism Including the Ethics and Religious Reasons for Vegetarianism,* Websters Digital Service, 2011.

Patton S., "Meat is Good for You", in *The Ethics of Food: A Reader for the Twenty-First Century,* G. E. Fence, ed., Rowman & Littlefield Publishers, Inc, 2002.

Rachels J., *Created from Animals: Moral Implication of Darwinism,* Oxford University Press, 1990.

Regan T., *The Case for Animal Right,* University of California Press, 2004.

Regan T., "The Moral Basis of Vegetarianism", in *Ethical Vegetarianism: From Phytagoras to Peter Singer,* K. S. Walters & L. Portmess (eds.) State University of New York Press, 1999.

Reich W. T. & S. G. Post(eds), *Encyclopedia of Bioethics,* Vol. 5, Simon & Schuster Macmillan, 1995.

Rolston Ⅲ H., "Respect for life: Courting what Singer Finds of no Account" in; D. Jamieson. ed., *Singer and His Critics*, Blackwell Publishers LTD, 1999.

Rowlands M., *Animals Like Us*, New York & London, Versto, 2002.

Sagoff M., "Animal Liberation and Environmental Ethics: Bad Marriage, Quick Divorce", in: *Applied Ethics: Critical Concepts in Philosophy,* Vol. 7, Ruth Chadwick and Doris Schroeder(eds.), London and New York, Routledge, 2002.

Scarre G., 'utilitarianism', in; Encyclopedia of Applied Ethics Vol.4, Academic Press, 1998.

Singer P., *Ethics into Action,* New York, Rowman & Littlefield Publishers, Inc., 1998.

Singer P., *Practical Ethics,* Cambridge University Press, 1979.

_____ , *Practical Ethics,* 2nd edition, Cambridge University Press, 1993.

Singer P., *Animal Liberation,* 2nd edition, New York, A New York Review Book, 1990.

Singer P., *The Expanding Circle: Ethics and Sociobiology* (London, Oxford University Press, 1981).

_____, *The Life You Can Save,* Picador, 2009.

_____, *Practical Ethics,* Cambridge University Press, 1979.

_____, *Animal Liberation,* second edition, A New York Review Book, 1993.

_____, *A Darwinian Left,* Yale University Press, 1999.

_____, *Rethinking Life and Death: The Collapse of Our Traditional Ethics,* New York, St. Martin's Griffin, 1994.

Singer P. and J. Mason, *The Ethics of What We Eat,* Rodale, 2006.

Sunstein C. R. & Nussbaum M. C.(eds.), *Animal Right: Current Debates and New Directions,* Oxford University Press, 2004.

Visak T., Do Utilitarian Need to Accept the Replaceability Argument?, in: *The Ethics of Killing Animals*, T. Visak and R. Garner eds. Oxford University Press, 2016.

http://www.huffingtonpost.kr/aftertherain/story_b_11556988.html?utm_hp_ref=naver

http://bluelight.tistory.com/396

색인

글의 출처

제1장은 새한철학회 학술논문집 『철학논총』 84집, 2016년 4월에 「동물해방과 인간에 대한 존중(I): 피터 싱어의 이익평등고려원칙 비판」이란 제목으로 게재했던 논문이다.

제2장은 대한철학회 학술논문집 『철학연구』 143집, 「동물해방과 인간에 대한 존중(II): 피터 싱어의 인간개념과 문제점」이란 제목으로 2017년 8월에 게재했던 논문이다.

제3장은 새한철학회 학술논문집 『철학논총』 92집, 2018년 4월에 게재했던 논문인 「동물해방과 인간에 대한 존중(III): 피터 싱어의 윤리적 채식주의 비판」을 대폭 보충한 것이다.

제4장은 대한철학회 학술논문집 『철학연구』 148집, 「동물윤리학과 가장자리 경우논증」이란 제목으로 2018년 11월에 게재했던 논문이다.

제5장은 범한철학회 학술논문집 『범한철학』 81집, 「환경윤리의 관점에서 본 피터 싱어의 이익 평등고려원칙」이란 제목으로 2016년 6월에 게재했던 논문이다.

동물해방 대 인간존중

초판인쇄 2019년 7월 5일
초판발행 2019년 7월 5일

지은이 문성학
펴낸이 채종준
펴낸곳 한국학술정보㈜
주소 경기도 파주시 회동길 230(문발동)
전화 031) 908-3181(대표)
팩스 031) 908-3189
홈페이지 http://ebook.kstudy.com
전자우편 출판사업부 publish@kstudy.com
등록 제일산-115호(2000. 6. 19)

ISBN 978-89-268-8874-2 93190